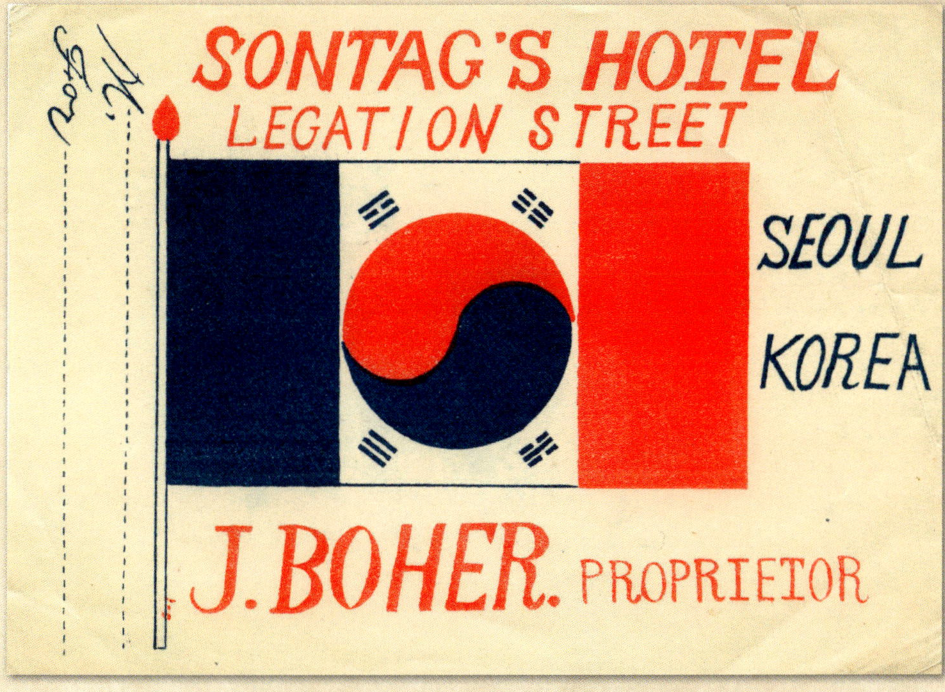

SONTAG'S HOTEL
LEGATION STREET

SEOUL KOREA

J. BOHER. PROPRIETOR

SONTAG HOTEL Seoul Korea.   J. BOHER Proprietor.

MISS SONTAG HOTEL SEOUL, COREA — MAIN ENTRANCE
J. BOHER, PROPRIETOR AND MANAGER

사진설명 :
　(제1면~제3면) 1909년 이후 보에르(J. Boher)가 발행한 손탁호텔 사진엽서.
　(제4면) 일제강점기 서울 소재 일본인 호텔(여관)의 라벨(Label)과 태그(Tag).

사진제공 :
　이돈수 한국해연구소장

근대서울의 역사문화공간 : 손탁호텔

| 감사의 글

이 책에 수록된 『꼬레아 에 꼬레아니』 관련도판을 비롯한 여러 장의 사진자료들, 특히 책머리에 수록된 컬러 도판은 이돈수 한국해연구소장의 컬렉션에서 빌려 온 것입니다. 이미지 자료의 사용을 흔쾌히 허락해주신 것에 대해 이 소장님께 특별한 감사의 뜻을 여기에 적어둡니다.

아울러 근대개화기 서울 및 인천지역에 존재했던 서양식 호텔들의 연혁을 정리하는 데에 많은 참고가 된 『더 크로니클 앤드 디렉토리』 관련자료는 한상복 한수당자연환경연구원장께서 수집 보관하고 있던 것에서 빌려 왔습니다. 이 자료의 열람과 인용을 기꺼이 허락해주신 점에 대해 한 원장님께 감사의 마음을 표합니다.

근대서울의 역사문화공간: 손탁호텔

1판 1쇄 펴낸날   2012년 3월 20일
1판 2쇄 펴낸날   2012년 11월 20일

지은이 | 이순우
펴낸이 | 조현주
펴낸곳 | 도서출판 하늘재

편집 | 김경수

등록 | 1999년 2월 5일 제20-140호
주소 | 서울시 마포구 망원1동 384-15 301호

전화 | (02)324-2864
팩스 | (02)325-2864
이메일 | haneuljae@hanmail.net

ISBN 978-89-90229-34-2   03910

값 | 15,000원

ⓒ2012, 이순우
※ 잘못된 책은 바꿔드립니다.
※ 이 책은 저작권법에 의하여 보호를 받는 저작물이므로 무단 전재와 복제를 금합니다.

근대 서울의 역사문화공간

손탁 호텔

이순우 지음

하늘재

들어가는 말

근대개화기 미국인 선교사 아펜젤러(Henry G. Appenzeller, 亞扁薛羅; 1858~1902)와 헐버트(Homer B. Hulbert, 訖法, 紇法, 轄甫; 1863~1949)가 발행했던 월간 영문소식지 『더 코리안 리포지토리(The Korean Repository)』 1896년 7월호에는 다음과 같은 문안의 '부동산 임대 광고(For Rent)'가 처음 등장했다. 이 내용은 그해 10월호에 이르기까지 연속으로 게재되었을 뿐만 아니라 동일한 내용이 『독립신문』 1896년 6월 30일자 이후에도 수록된 것이 눈에 띤다.

두 채의 말끔한 상업용 벽돌건물이 서울 유럽인 거주지(European quarter)의 공사관거리(Legation Street) 맞은편에 건립되어 이제 막 사용될 찰나에 있습니다. 각각의 건물은 1층에 네 개의 큰 창고방과 2층에 두 개의 훌륭한 거실과 연회실로 구성되어 있으며, 공사를 마치고 외국인의 입주를 기다립니다. 모든 방들은 벽돌방화벽으로 옆방과는 분리되어 있고, 각 방에는 부엌이 하나씩이 있으며, 뒤로는 넓은 뒤뜰이 있습니다. 집세는 모퉁이 방이 한 달에 단지 22엔이고 나머지는 20엔이며, 선불입니다.

서울은 약국을 필요로 하는데, 이들 공간의 하나는 이러한 목적에 잘 부합할 뿐만 아니라 가게주인을 위해서도 훌륭한 거처가 될 것입니다. 서울은 소규모 호텔도 몹시 필요로 하는데, 이들 가옥은 이 같은 목적에 부응하는

데도 잘 맞을 것입니다.

　문의는 서울 임프루브먼트 회사(Seoul Improvement Co.)로, 더 코리안 리포지토리(The Korean Repository)에서도 응답이 가능합니다.

이 광고가 말해주는 한 가지 사실은 1896년의 시점에서 서울이라는 도시가 소규모 호텔이나마 '몹시(greatly)' 필요로 하는 상황이었다는 것이다. 이는 바꾸어 말하여 그 당시에 서울에는 이렇다 할 '호텔'이 전혀 없었다는 얘기가 된다.

『더 코리안 리포지토리』 1896년 7월호, 301~302쪽에 수록된 '노트와 논평'란에서는 서울에서 호텔 개설의 필요성이 커지고 있는 까닭을 계속해서 다음과 같이 강조했다.

　서울은 공사관거리 동쪽 출입구를 지키고 선 단단한 벽돌상업건물들에 대해 뿌듯함을 느낄 것이다. 이것들은 16 내지 20피트 깊이로 콘크리트 기초공사를 했으므로, 땅 위로 보이는 것보다 훨씬 더 크고 튼튼하다. 이 건물들의 여러 칸들은 이미 은행회사로, 또 식료품가게로, 그리고 직물류 및 잡화점으로 임대되었다. 이것들의 위층은 매우 깔끔하고, 창문으로 바라보는 조망도 빼어나다. 믿을 만한 사람이 이들 건물의 2층마다에 있는 여덟 개의 방과 4개의 연회공간을 하나 빌려, 지속적으로 증가하는 숫자의 방문객들이 적절한 접대를 받게 될 어떤 호텔을 개설하는 것을 보게 된다면 우리들은 틀림없이 흡족할 것이다. 그렇게 되면 지금 이 도시가 필요로 하는 것에 맞춰, 밖으로는 베란다가 연결되어 있고 아래층에는 가게의 한쪽에 식당과 사무실이 갖춰진 안락한 호텔이 확보될 수 있을 것이다. 제물포로 연결되는 철도가 완공되면 호텔이 필수적인 것이 되고, 첫 탐방객은 의심할 바 없이 이곳을 애용하게 된다.

우리는 어떤 진취적인 인물이 이들 건물의 한쪽에 약국과 치과진료소를 개업하는 것을 보고 싶다. 서울에는 150명의 유럽인과 미국인이 있고, 많은 숫자의 외국군인과 해병대가 이곳에서 그들의 봉급을 지출하고 있으므로 이 같은 종류의 사업은 마땅히 성공적인 출발을 만들어줄 것이다.

아닌 게 아니라 근대개화기에 이 땅을 찾아온 숱한 여행가, 외교관, 선교사, 특파원, 탐험가, 사냥꾼, 기업가 등이 한결같이 한국에서 불편함과 어려움을 호소하는 대상은 주로 '숙박시설'과 관련된 것이었다. 서울로 오는 서양사람들은 대개 자국의 외교공관이거나 조금이라도 안면이 있을 만한 다른 정착 서양인들의 선의(善意)에 기대하거나, 그것도 아니라면 누추한 조선식 주막이나 숙박시설을 감수하는 도리밖에 없었다. 이러한 탓에 그 누구라도 일단 자기 나라에서 설치한 공사관이나 영사관에 신세를 지는 것을 하나의 관례로 여기고 있을 정도였다.

코사카 사다오(小坂貞雄, 1899~1942)의 『외국인이 본 조선외교비화(外人の 觀たる 朝鮮外交秘話)』(1934), 260쪽에는 관립법어학교의 교사였던 프랑스인 에밀 마르텔(Emile Martel, 馬太乙; 1874~1949)의 증언이 다음과 같이 채록되어 있다.

[나의 숙사(宿舍)가 호텔] 일청전쟁(日淸戰爭, 청일전쟁) 당시에는 아직 호텔이 없었으므로 인천(仁川)에서 놀기 위해 찾아온 친구들이랑 일반 손님(물론 외국인)은 전부 나의 숙사(宿舍, 숙소)로 와서 머물곤 했다. 그 무렵에 나도 아직은 총각이었던지라, 토요일부터 일요일까지에 걸쳐서는 안전히 호텔처럼 떠들썩했다. 다만 골치가 아팠던 일은 야구(夜具, 이부자리)가 부족했다는 것이었는데, 궁하면 통한다고 급할 때에는 진작부터 알고 있던 파성관(巴城館, 하죠칸)으로 가서 뒷문으로 콧소리로 포단(布團, 이불)을 가져와

서 아쉬운 대로 사용했던 것이다.

『한국과 그 이웃나라들(Korea and Her Neighbors)』(1897)의 저자로 우리에게 친숙한 영국인 여행작가 이사벨라 버드 비숍(Isabella Bird Bishop, 1831~1904) 여사의 경우에도 예외는 아니었다. 그는 1894년 3월에 처음 서울을 찾은 이래로 여러 차례 방한 때마다 영국공사관을 숙박지로 삼곤 했다.

이에 관해서는 주한미국공사를 지낸 호레이스 알렌(Horace Newton Allen, 安連; 1858~1932)이 저술한 『조선견문기(Things Korean)』(1908), 226 및 236쪽에 당시의 형편이 잘 서술되어 있다.

철도가 놓이기 전의 초창기에는 서울에 적합한 호텔이 없었으므로, 탐방객들은 대개 어떤 종류의 소개장을 가져와서 자기네 나라의 공사관에서 접대를 받곤 했다. 다른 서양사람들보다 나타나는 미국사람들이 훨씬 더 많았고 또한 우리는 여러 해 동안 이런 여행자들의 접대에 알맞은 별관 시설을 유지하고 있었던 탓에, 유럽에서 출판된 어떤 가이드북에는 서울의 호텔들이라는 제목의 목록에다 "게스트 하우스(Geust House), 미국공사관"이라고 써넣기까지 하였다. 우리의 공적인 시설물에 의한 환대는 그리하여 한국과 관련하여 국제적인 특종감이 되었던 것이다. …… 우리들의 공직생활 가운데 가장 흥겨운 임무의 하나는 고국의 방문객을 접대하는 것이었다. 서울은 관광여행의 주요 경로에서 크게 동떨어진 곳이어서 그다지 과다한 업무는 되지 않았는데, 그러면서도 이곳 먼 데까지 찾아올 수단이나 의지를 지닌 사람들은 늘 흥미롭고 만나볼 가치가 있었다. 호텔들이 이름뿐이고, 여행안내서에 "게스트 하우스, 미국공사관"이 숙박지로 기재되어 있던 초창기 시절에, 공사관들은 자연스레 여행자들을 위한 체류지 역할을 했다.

이러한 상황은 1891년에 하야시 부이치(林武一, 1858~1892)가 펴낸 『조선안내(朝鮮案內)』, 83쪽에도 잘 채록되어 있다.

> 경성(京城)에는 여관(旅館)이 없어서 구미인(歐美人)은 대저(大抵) 지인(知人)의 댁(宅) 아니면 공관(公館) 안에서 숙박하는 것이 많으며, 우리 거류민(居留民) 가운데 여점(旅店)으로써 영업하는 경우는 다음과 같다. …… (하략)

우리나라에 있어서 근대호텔의 첫 등장은 인천지역에서 이루어졌다. 일찍이 인천에서는 1880년대 이래 일본인 호리 큐타로(堀久太郞)가 운영한 대불호텔(大佛호텔, 다이부츠호텔, Daibutsu Hotel; 이 호텔 주인의 덩치가 아주 크다고 해서 붙여진 이름), 중국인 이태(怡泰)의 스튜어드호텔(Steward's Hotel; 이 호텔의 주인이 한때 미국 군함 모노카시호에서 급사로 지냈다고 해서 붙여진 이름), 그리고 오스트리아계 헝가리인 스타인벡(Joseph Steinbeck)이 주인이었던 꼬레호텔(Hotel de Coree) 등이 생겨나 성업 중이었다. 그러니까 서울은 인천에 비한다면, 서양식 호텔이 등장한 것이 늦어도 한참이 늦다.

'팔레호텔'과 '임페리얼호텔' 등 '서양인 호텔'들이 포진한 경운궁 대안문 주변의 전경이다. 사진의 왼쪽 끝에 보이는 2층 벽돌건물이 팔레호텔이다.

이러한 상황에서 명실상부하게 호텔(hotel)이라는 이름을 내건 서양식 숙박시설이 마침내 본격적으로 서울의 거리에 그 모습을 드러낸 것은 1900년 무렵의 일이다.

새로운 황궁인 경운궁 영역과 인접한 곳에 자리했던 '서울호텔(Seoul Hotel, 뻬이노호텔, 1897년 4월 개업)', 정동 경운궁 대안문(大安門, 덕수궁 대한문) 앞의 '프렌치호텔'과 '임페리얼호텔', 그리고 성문 밖 서대문정거장 부근의 '스테이션호텔'이 바로 그것들이었다. 이 가운데 프렌치호텔은 궁궐 바로 앞에 있다 하여 '팔레호텔(Hotel du Palais)'이라고도 하였다. 인천에 근거를 둔 스튜어드호텔도 한때 '이태호여관(怡泰號旅館)'이라는 이름의 분점을 따로 정동 대안문 앞쪽에 개업했던 시절도 있었다.

『더 디렉토리 앤드 크로니클』에 표시된 서울지역 서양식 호텔의 존속현황[1]

발행연도	팔레호텔	임페리얼호텔	스테이션호텔	손탁호텔
1901년판	X	X	X	X
1902년판	O	X	O	X
1903년판	O	X	O	X
1904년판	O	O	Grand Hotel	X
1905년판	O	O	O	X
1906년판	X	X	Astor House	X
1907년판	Central Hotel	X	O	X
1908년판	Palace Hotel	X	O	X
1909년판	O	X	O	X
1910년판	X	X	O	O
1911년판	X	X	O	O

---

[1] 본 내용은 한상복 한수당자연환경연구원장께서 수집 보관하고 있는 '홍콩 데일리 프레스' 발행『더 디렉토리 앤드 크로니클(The Directory & Chronicle)』 관련자료를 바탕으로 소장자의 허락을 받아 발췌 정리한 것임을 밝혀둔다.

새문 밖(충정로 1가 75-2번지, 현 농협중앙회 후면)에 있었던 '스테이션호텔(정거장호텔)'은 한강철교의 준공과 더불어 경인선이 완전 개통되면서 1901년 4월 영국인 엠벌리가 서대문역 바로 앞에서 개업하였다. 이 호텔은 1905년에 원래 '팔레호텔'을 운영했던 프랑스인 마르텡에게 인수되면서 그 이름도 '애스터 하우스(Astor House)'로 변경되었으며, 이곳은 마르텡의 한자이름을 따서 '마전여관(馬田旅館)'으로도 알려졌다. 1907년 이후에는 단순한 숙박시설에만 그치질 않고 활동사진연극장으로도 널리 이름이 높았다. 또한 이곳 '애스터 하우스'는 대한매일신보 사장이었던 영국인 어네스트 베델(Ernest Bethell, 裵說, 1872~1909)이 일제의 탄압으로 마지막 숨을 거둔 장소로도 기억되어야 하는 공간이다.

흔히 '미스 손탁(孫澤孃)'으로 알려진 앙트와네트 손탁(Antoinette Sontag, 1854~1925)이 주인이었던 손탁호텔(정동 29번지)의 존재도 물론 여기에서 빼놓을 수 없다.

'손탁빈관(孫澤賓館)' 또는 '한성빈관(漢城賓館)'이라는 이름으로도 알려진 이 호텔은 아관파천이 있던 해인 1896년을 전후한 시기에 러시아공사관 건너편 자리를 사들이는 것으로 시작되었고, 1902년에는 벽돌건물이 신축되어 궁내부의 '프라이빗 호텔(Private Hotel : 예약된 손님만 투숙하는 특정 호텔)의 형태로 운영되었다. 일찍이 그의 집은 반일친미 세력의 대명사인 '정동구락부(貞洞俱樂部, Chongdong Club)'의 회합소였던 적도 있었고, 또 한창때는 서울 거주 서양인들의 일상공간처럼 자리매김되기도 했다.

1904년 러일전쟁을 고비로 러시아 세력이 크게 위축되면서 호텔은 그럭저럭 명맥만 유지하는 수준으로 전락하였으나, 이 와중에 특히 1905년 당시 일본의 특파전권대사 이토 히로부미가 이곳에 머물며 이른바 '을사조약'을 배후에서 조종했던 비운의 역사를 간직한 공간이 된 순간도 없지 않았다.

이렇듯 주요한 정치인물의 회합소나 외국인 탐방객의 숙소로 널리 이름을 떨쳤던 손탁호텔은 결국 1909년에 이르러 다른 서양인 호텔이었던 팔레호텔의 주인 보에르에게 경영권이 넘겨지는 행로를 걸었다. 그 이후 '손탁이 없는 손탁호텔'은 경영난 탓인지 1917년에 건물부지가 이화학당에게 넘겨져 여학생 기숙사로 전환되어 사용되다가, 1922년 그 자리에 프라이홀의 신축을 위해 헐리면서 그 이름마저 역사 속으로 사라지고 말았다.

이처럼 근대개화기 서울의 서양인 호텔들은 그 자체가 하나의 중요한 역사현장이었던 순간들이 수두룩했다. 우리가 이들 서양인 호텔들을 단순히 커피나 사교문화와 같은 근대서양문물이 퍼져 나가는 진원지로만 이해해선 안 될 까닭은 바로 이러한 대목 때문이 아닌가 싶다.

다른 서양인 호텔들의 경우에도 손탁호텔의 운명과 크게 다르지 않았다. 이것들 역시 1910년 경술국치(庚戌國恥)를 전후한 시기에 잇달아 문을 닫아 더 이상 그 명맥을 잇지 못하였다. 일제강점기로 접어든 이후에는 일본인들의 손에 의해 꾸려지는 '서양식' 호텔만이 서울 거리에 존재했을 따름이었다.

근대시기 정동 일대와 돈의문 지역을 중심으로 자리한 서양인 호텔의 흔적을 담아낸 이 책이 그 시절 우리들 스스로의 모습과 형편을 그려내고 이해하는 데에 유용한 참고자료가 되길 바라는 마음이다.

: 차 례 :

들어가는 말 _4

제1부 근대개화기 서울의 서양인 호텔

1. 서울호텔 _17

2. 팔레호텔 _27

3. 임페리얼호텔 _40

4. 스테이션호텔(애스터 하우스) _47
- 서대문정거장의 내력 _69

5. 보론 1 : 인천지역의 호텔 _78
- 해리호텔 _86
- 다이부츠호텔 _88
- 스튜어드호텔 _98
- 꼬레호텔 _104
- 오리엔탈호텔 _108
- 터미나스호텔 _110

6. 보론 2 : 철도호텔(조선호텔) _115
- 초창기의 일본인 숙박시설 _133

제2부 손탁호텔과 미스 손탁

1. 손탁호텔과 그 주변 _143
- 이화학당 프라이홀 _169
- 손탁양관(옛 하남호텔 자리)의 내력 _176

2. 손탁과 정동구락부 _181

3. 미스 손탁에 관한 평전 _187
  1) 코마츠 미도리의 『명치사실 외교비화』(1927) _187
  2) 키쿠치 켄조의 『조선잡기』 제2권 (1931) _193
  3) 경성부의 『경성부사』 제1권 (1934) _199
  4) 코사카 사다오의 『외국인이 본 조선외교비화』(1934) _201
  5) 문일평의 『사외이문비화 : 호암전집 제3권』(1945) _203

제3부 개화기 풍물의 이모저모

1. 커피의 전래시기에 관한 오해와 진실 _207

2. 활동사진과 애스터 하우스 _219

3. 고쳐 써야 할 당구장 도입의 역사 _235

4. 신식결혼식의 기원에 관한 자료 _248

5. 철도개통 이전에 서울과 인천을 오가는 방법 _256

6. 이 땅에 처음 자전거가 등장하던 시절의 풍경 _270

7. 서울탐방 외국인이 궁궐을 구경하는 절차 _282

제1부 근대개화기 서울의 서양인 호텔

서울호텔
팔레호텔
임페리얼호텔
스테이션호텔(애스터 하우스)
보론 1 : 인천지역의 호텔
보론 2 : 철도호텔(조선호텔)

1. 서울호텔

정동(황궁 구내; 지번미상), 1897년 4월 개업(공사관거리 16호), 1899년 상반기까지 존속

서울 시내에 서양인에 의한 근대식 숙박시설이 '본격적'으로 등장하는 것은 1900년대 이후의 일로 알려져 있다. 실제로도 가장 대표적인 호텔이라고 할 수 있는 팔레호텔, 임페리얼호텔, 스테이션호텔, 손탁호텔 등이 모두 1901년 내지 1902년을 전후한 시기에 개업하였으므로 이 얘기는 사실관계에 비춰보더라도 크게 틀리지 않는다. 제물포에 근거를 둔 스튜어드호텔(Steward's Hotel) 또한 1904년 가을 무렵 서울 정동의 대안문 언저리에 따로 '이태호여관'이라는 이름으로 존재했던 흔적도 눈에 띈다.

그렇다면 서울 최초의 서양식 호텔은 이들 가운데에 있는 것일까? 그게 아니면 이보다 더 앞선 시기에 존재했던 별도의 호텔이라도 있었던 것일까?

이 문제와 관련하여 먼저 검토해봐야 할 사항은 의료선교사이자 주한 미국공사를 지낸 호레이스 알렌(Horace Newton Allen, 安連; 1858~1932)의 기록이다. 그가 남긴 일기책의 1884년도 해당분에는 다음과 같은 내용이 남아 있다.[1]

---

1) H. N. 알렌(김원모 완역), 『알렌의 일기』(단국대학교출판부, 1991), 25~26쪽 및 402~403쪽.

1884년 9월 24일 (수)

…… 나는 새로 지은 조선호텔(a new Corean Hotel)에 투숙하였는데, 이 집은 조선보빙사를 태우고 온 미국해군기함 트랜톤(Trenton)호의 장병들을 접객하기 위하여 마련한 호텔이었다. 미국해군무관 버나도우(John B. Bernadou)도 이 호텔에 유숙하고 있었는데, 그는 스미소니안 박물관을 위해 조선골동품을 수집하고 있는 명석한 인사이다. 타운센드(W. D. Townsend)도 그의 일본인 정부(情婦)와 함께 이 호텔에 유숙하고 있었는데, 그는 아메리카 무역상사(American Trading Co.) 제물포대리인이다.

1884년 10월 11일 (토)

지난 한 달 동안 나는 새로운 경험을 얻었다. 나는 구두를 베개 삼아 목판 마룻바닥 위에서 잠을 자야 했고, 추위를 막을 큰 숄 이외에는 옷이 없었다. 밤이 되면 한기가 심했다. 나는 호텔 숙식비로 하루 1.50달러를 지불했지만, 내가 음식을 마련하는 것 이외는 먹을 것이 없었고 게다가 난방시설도 없었다.

여길 보면 거듭 호텔이라는 표현이 등장하고, 주요 투숙객이 서양인들이었다는 것도 특징적이다. 하지만 이 호텔이라는 이름의 숙소가 외국사절을 위한 접대용 객관(客館)이었는지, 아니면 온전한 의미의 호텔에 더 가까운 형태였는지는 정확히 알 수 없다. 더구나 이곳이 일시적으로 운영된 것인지 아니면 상당 기간에 걸쳐 존속했던 것인지에 대해서는 별다른 사항이 전해지지 않는다.

이들보다 약간 앞서 1883년 12월에 우리나라를 찾은 퍼시벌 로웰(Percival Lowell, 魯越; 1855~1916)이 남긴 『조선, 고요한 아침의 나라(Choson, The Land of Morning Calm)』(1885)에는 그가 조선보빙사(朝鮮報

聘使) 일행을 수행한 후 미국에서 먼저 귀국한 부대신 홍영식(副大臣 洪英植, 1855~1884)과 함께 서울에 왔을 때 외아문(外衙門)에서 접대용 관저로 마련한 집에서 일본 나가사키에서 불러들인 일본인 요리사에 의해 서양요리를 대접받았다는 얘기가 서술되어 있다. 알렌이 묵었다는 집 또한 로웰이 대접받은 객관과 크게 다르지 않았거나, 혹여 동일한 공간이었을 가능성도 없지 않다.[2]

이러한 점에서 알렌이 거처했던 호텔을 서울 최초의 서양식 호텔로 분류하는 것에는 주저되는 바가 없지 않다고 하겠다.

그런데 이보다 한참 나중의 일이지만, 독립신문 영문판인 『디 인디펜던트(The Independent)』 1898년 1

『디 인디펜던트(The Independent)』 1898년 1월 4일자에 처음 수록된 '서울호텔'의 광고문안이다. 이 호텔의 소재지를 '황궁 구내'로 적은 점이 특이하다.

---

2) 이에 관해 호레이스 알렌(Horace N. Allen)의 『외교사연표(A Chronological Index)』(1904), 165쪽에 "[1884년 5월 31일] 미국에서 돌아오는 민영익(閔泳翊), 서광범(徐光範), 변수(邊燧) 등 보빙사 일행과 서울주재 미국공사관의 해군무관 조지 포크(George C. Foulk)를 태우고 미국 군함 트렌톤호(The U. S. S. Trenton)가 당도했다. 피시안 함장(Captain Pythian)과 휘하 장교들이 당시 일본공사관(日本公使館) 맞은편에 있던 한 '호텔(hotel, 현재 헐버트 씨의 학교)'에서 접대를 받았다"는 구절로 정리하고 있다. 이 당시 일본공사관은 1884년 4월 16일 이후 교동(校洞)의 박영효(朴泳孝) 집으로 이전했다가 그해 11월 3일에 새로 공사관을 지어 완공을 보았으나 한 달 만인 1884년 12월 7일 갑신정변의 와중에 불타버렸다. 한편, 헐버트 씨의 학교라고 한 부분은 '한성사범학교(경운동 18번지 교동공립보통학교 자리)'를 말하는데, 일본공사관이 있던 곳과는 서로 길 건너편에 해당한다. 따라서 알렌이 언급하는 '호텔'의 위치는 지금의 교동초등학교 자리였던 것으로 정리된다.

월 4일자에는 '서울호텔(Seoul Hotel)'의 광고문안이 눈에 띈다. 이 광고는 그 이후 날짜에도 연속 게재되어 있으며, 일부 내용만 수정한 채로 1898년 11월에 이르기까지 그대로 등장한다.

(1) 『디 인디펜던트(The Independent)』 1898년 1월 4일자 '서울호텔' 광고문안 :
서울호텔, 이 호텔은 황궁 구내에 위치하고 있으며, 탁 트인 널찍하고 잘 갖추어진 침실이 갖추어져 있음. 요리는 최상의 프랑스 스타일임. 부속된 식료품 상회에는 새로 입하된 프랑스, 독일, 이탈리아, 러시아산 와인과 병조림, 그리고 상등급의 영국산 및 미국산 캔제품 등이 갖추어져 있음. F. Bijno, 소유주, 전신주소 Bijno-Seoul.

(2) 『디 인디펜던트(The Independent)』 1898년 2월 8일자 '서울호텔' 광고문안 :
서울호텔, 이 호텔은 황궁 구내에 위치하고 있으며, 탁 트인 널찍하고 잘 갖추어진 침실이 갖추어져 있음. 요리는 최상의 프랑스 스타일임. 막 도착한 상품 : 스위스 및 이탈리아 치즈, 이탈리아제 와인과 소시지, 식탁용 버터, 샴페인, 캘리포니아산 와인, 꼬냑, 럼주, 비터(쓴맥주)와 우유가 매일 대기 중. F. Bijno, 소유주, 전신주소 Bijno-Seoul.

(3) 『디 인디펜던트(The Independent)』 1898년 3월 29일자 '서울호텔' 광고문안 :
서울호텔, 이 호텔은 황궁 구내에 위치하고 있으며, 탁 트인 널찍하고 잘 갖추어진 침실이 갖추어져 있음. 요리는 최상의 프랑스 스타일임. 러시아, 프랑스 및 이탈리아산 통조림과 술, 샴페인, 상급의 라인 및 모젤 와인, 독일 맥주, 상급의 독일산 및 일본산 광천수, 이탈리아산 완두콩, 세르놀리나 아몬드, 해즐넛, 농축 및 무가당 우유, 상급의 식탁용 건포도 및 커런트(파운드당), 러시아산 및 이집트산 담배, F. Bijno, 소유주, 전신주소 Bijno-Seoul.

(4) 『디 인디펜던트(The Independent)』 1898년 5월 10일자 '서울호텔' 광고문안 :

서울호텔, 이 호텔은 황궁 구내에 위치하고 있으며, 탁 트인 널찍하고 잘 갖추어진 침실이 갖추어져 있음. 요리는 최상의 프랑스 스타일임. 별관의 식료품 상회에 방금 도착한 상품 : 롤 버트, 각설탕 포장, 깡통에 든 최고급 닝게하우 차 및 상자포장의 스카치위스키, 와인 스피리트, 크림, 사탕과 여타 과자류, 이집트산 담배, F. Bijno, 소유주, 전신주소 Bijno-Seoul.

(5) 『디 인디펜던트(The Independent)』 1898년 11월 5일자 '석탄판매' 광고문안 :

석탄! 석탄! 수일 내로 도착하는 양질의 일본산 석탄을 저렴한 가격에 판매함. F. Bijno, 식품점 겸 서울호텔, 서울, 1898년 11월 5일.

(6) 『독립신문』 1899년 4월 28일자 광고문안 :

정동서 외국사람 주막 하는 뻬이노 씨 전에서 작일에 각색 세간을 팔려고 미리 광고하였더니 마침 공교한 일이 있어서 5월 2일 상오 열 시로 물려 공박하려 하는데 마널라 여송연과 이집트 권련초와 법국과 영국과 미국에 여러 가지 다과와 총과 육혈포와 총과 육혈포에 맞을 탄환과 탁자와 글씨 쓰는 상과 여러 가지 상과 침방과 목욕방 세간들과 평상과 여러 가지 교의들과 접시와 잔과 화덕이며 또 음식 만들기 좋은 미국 화덕과 또 여러 가지 좋은 물건을 많이 팔 터이니 첨군자는 왕림하심을 바라옵나이다. 정동 뻬이노.

여길 보면 광고문안에 '서울호텔'이라는 표시가 엄연히 들어 있고, 제공되는 요리와 숙박시설 일체가 서양식이란 것을 알 수 있다. 게다가 이 호텔을 운영했던 주체가 뻬이노(F. Bijno, 邴魯)라는 이름의 이탈리아인이었다. 이러한 점에서 이 호텔은 '명실상부하게' 근대시기 서울소재 서양식 호텔의 원조쯤으로 간주될 여지가 충분하다. 다만, 그 장소가 '황궁 구내(Imperial Palace grounds)'에 있다고 한 것은 특이하다.

그런데 이 서울호텔이 개업하기 7개월 앞서 『디 인디펜던트』 1896년 9월 24일자에는 주목할 만한 기사 한 토막이 수록된 사실이 포착된다.

> 우리들 한가운데 일등급 유럽호텔이 들어선 전망이란 것을 한번 생각해 보자! 한 프랑스인 호텔 소유주(a French hotel keeper)인 텐진의 필리포 씨(Mr. Philipo of Tientsin)가 프랑스공사관 건너편의 빈터에다 몇 달 내로 새로운 호텔을 건립할 작정이다. 이곳은 모든 면에서 일등급이 될 것이며, 요리는 경험 있는 프랑스인 요리사가 담당할 것이라고 전해진다. 우리는 지금 이때 이 도시에서 그 같은 사업의 성공을 예견한다.

이 기사가 나온 때는 물론 서울 거리의 그 어느 곳에도 서양식 호텔이 전무하던 때였다. 정체불명의 '필리포'라는 사람이 시도했던 이 계획이 그대로 진행되었는지의 여부는 정확히 알 수 없다.

그렇다면 이 삐이노라는 사람의 정체는 무엇이며, 이 호텔이 등장한 때는 정확히 언제부터였을까? 이에 대해서는 다시 『디 인디펜던트』 1897년 4월 24일자에 수록된 다음의 광고를 통해 그 단서를 찾아낼 수 있다.[3]

> [알림] 아래 사람은 공사관거리 16호(No. 16 Legation Street)에서 오늘, 정규 식사가 제공되고 하숙인(table boarder)도 받는 호텔을 개업했기에 대중들에게 알려드리기를 간청합니다.
>
> 최상의 프랑스 스타일인 요리는 여러 해 동안의 경험을 가진 실력 있는 요

---

3) 이 광고는 『디 인디펜던트(The Independent)』 1897년 6월 5일자까지 동일한 내용으로 연속 게재되었다.

리사에 의해 만들어지며, 더구나 여기에는 엄선한 재료가 사용될 것입니다.

개별 주거지에서 하시는 식사도 즉시 주문에 따라 제공됩니다.

잘 꾸며진 가구를 갖추고 안락한 여러 개의 객실도 또한 이용이 가능합니다.

그는 공사관거리 14호(No. 14)에도 이와 똑같은 가게를 개업했으며, 여기에서는 최고급 와인, 주류, 식료품, 루카 오일, 시가와 담배를 구할 수 있습니다.

오셔서 구경해주시길 간절히 바랍니다. 23-5. 뻬이노(F. Bijno).

이것으로 서울호텔은 1897년 4월에 개설되었으며, 그 위치는 '공사관거리, 16호'에 있었던 것으로 파악된다. 물론 여기에 나오는 16호라는 것은 지금의 지번(地番)과는 무관하고, 그 당시에 사용된 정동 소재 가게나 건물들의 일련번호로 짐작된다.[4] 따라서 지금으로서는 그 위치를 단정하기는 어려우나, 이에 관한 자료를 좀 더 취합하고 이를 살펴본다면 서울호텔의 위치를 개략적이나마 추적할 수 있으리라 여겨진다.

그리고 알렌이 저술한 『조선견문기(Things Korean)』(1908), 154~155쪽에는 1897년 11월 21일과 22일에 걸쳐 진행된 명성황후의 장의(葬儀)에 관한 목격담이 수록되어 있는데, 여기에는 "이 행사에 초대된 외교사절들의 접대를 위해 줄 지워 세운 작은 집들과 함께 식당을 마련하였고, 이것은 서울에 있는 프렌치호텔(The French Hotel)의 주인이 이를 담당하여 설치하였다"고 적었다. 이 당시 서울 시내에는 뻬이노가 운영했던 서울호텔 이외에 다른 서양식 호텔이 존재했다는 흔적이 발견되지 않으므로, 알렌이 말한 프렌치호텔은 다름 아닌 서울호텔을 가리키는 것이 아닐까 하는 추론이 가능하다.

---

4) 가령 『독립신문』 1896년 6월 11일자에 수록된 '서울 그로서리 컴파니(Seoul Grocery Company)'의 광고문안에는 그 주소지를 "15호 공사관거리 정동(No. 15 Legation St. Chong Dong.)"으로 적고 있는 것이 눈에 띈다.

하지만 실상 서울호텔의 주인 삐이노는 이탈리아 사람이었다.[5] 『독립신문』1897년 5월 22일자에는 그가 연루된 사건 하나가 수록되어 있다.

이달 16일 오후 세 시에 정동 은행소 서편 방옥에 머무는 이태리국 사람 삐인노가 솔갑이 잡으려고 총 두 방을 놓았으니 도성 안에서 총 놓는 것은 나라에 금법이라. 해국 겸관한 영사에게 지조하여 사핵증판케 하여 지라고 경무청에서 외부에 보고하였다 하나 이태리국 사람 삐인노가 처음으로 와서 조선 국법을 알지 못하고 무망 간에 한 일이라고들 한다더라.

이것 말고도 서울대학교 규장각에 보관된 『궁내부래안(宮內府來案)』(청구기호: 奎 20074; 1897년 12월 29일)에는 "이탈리아인 삐이노가 광업문(廣業門) 동쪽 목책을 부수고 청국인(淸國人)을 고용하여 물을 길러 왕래하기에 본서 순검을 시켜 파수하게 하고 곧바로 목책을 복구하였으나, 다시 목책을 뽑아버리고 궐내에 마음대로 출입하니 영국공사관에 조회하여 다시는 그런 일이 없도록 해달라"는 내용이 표시되어 있다. 이로써 그가 이탈리아인이라는 사실은 분명해진다.

그의 호텔에 머문 투숙객들에 대해서는 『디 인디펜던트』에 간혹 수록된 사항을 확인할 수 있는데, 가령 1898년 9월에 외부 고문관 그레이트하우스(Clarence Ridgley Greathouse, 具禮, 葛賈士; 1846~1899)의 주도하에 황궁 수비를 목적으로 중국 상하이에서 고용해 온 30명의 외국인 경호대(Greathouse Guards; Imperial Body Guards; Foreign Guards)가 숙소로 정한

---

5) 『디 인디펜던트』1898년 6월 25일자에는 그의 결혼식에 관한 소식이 수록되어 있다. "[제물포 뉴스] 서울의 삐이노 씨(Mr. F. Bijno of Seoul)는 상하이의 라바곳 양(Madmoiselle Ravagot of Shanghai)과 수요일 로마카톨릭 성당에서 결혼하였는데, 같은 날인 이달 22일 저녁에 신부와 신랑은 이 행사를 위해 정성껏 메뉴가 마련된 오리엔탈 호텔(The Oriental Hotel)에서 그들의 우인들을 위해 디너파티를 열었다."

곳이 바로 서울호텔이었다. 미국인 9명, 영국인 9명, 독일인 5명, 프랑스인 5명, 2명의 러시아인으로 구성된 이들의 존재는 즉각 만민공동회(萬民共同會)에서 우리 스스로의 힘으로 황궁도 지키지 못하느냐는 논란을 일으켰고, 이에 따라 이들은 임무에 투입되기는커녕 공연히 1년 치의 봉급이 주어진 채로 즉시 해산하는 소동이 벌어지기도 했다.

그렇다면 이 서울호텔은 언제까지 존속했던 것일까?

아쉽지만 이 부분에 대한 명쾌한 대답을 찾기는 어렵다. 하지만 『독립신문』 1899년 5월 1일자에 "정동서 외국사람 주막하는 삐이노 씨 전에서 작일에 각색 세간을 팔려고 …… (운운)"하는 내용의 광고문안이 수록되어 있으므로 적어도 이 시점까지는 호텔의 형태가 유지되었던 것으로 판단할 수 있다. 그리고 그 이듬해 『제국신문』 1900년 3월 3일자에는 다음과 같은 내용의 광고문안이 수록된 것이 눈에 띈다.

> [금계랍] 지금 우리 전에서 극상품 금계랍과 회충약을 외국에 구하여 왔사온데 내가 작년에 정동서 팔던 것과 같소. 제물포 각국거류지 일본우편국 근처 삐이노상점 고백.[6]

이 내용에 따르면 삐이노는 정동에서 장사를 계속하다가 1899년 내지 1900년에 근거지를 제물포로 옮겼다는 얘기가 된다.[7] 아래층에 식품점과 잡화점을 겸하여 운영하긴 했지만 서울호텔은 대략 2년가량 존속했던 셈이다.

---

6) 이 광고문안은 그 이후로도 『제국신문』 1900년 4월 7일자까지 반복 수록되었다.
7) '더 홍콩 데일리 프레스(The Hongkong Daily Press)'에서 해마다 발행한 『더 크로니클 앤드 디렉토리(The Chronicle & Directory)』 「1900년판」과 「1901년판」에 걸쳐 '제물포' 항목에 "Bijno, F., Hotel and Storekeeper"라는 구절이 수록되어 있다. 그 이후 시기에는 그의 이름이 등장하지 않는 것으로 보아 이곳에서의 사업마저 중단한 것으로 짐작된다.

삐이노라는 사람의 정체는 무엇이고 그 이후의 행적은 어떠했는지, 서울호텔이 자리했던 정확한 위치가 어디였는지, 또 그곳이 왜 하필이면 '황궁 구내'에 포함되어 있었던 것인지 등을 포함하여 아직 풀어야 할 의문은 많이 남아 있지만, 적어도 지금까지 드러난 자료만 놓고 본다면, 근대시기 서울에서 건립된 최초의 서양식 호텔이라는 타이틀은 확실히 그가 운영했던 서울호텔(삐이노호텔)의 몫으로 돌려지는 게 맞을 것 같다.

2. 팔레호텔

태평로 2가 358번지(정동 대안문 앞), 1901년경 개업, 1905년 2월 화재로 영업중단, 1906년 하반기 재개업, 1909년 9월 폐업, 건물은 일제강점기 후반 이후까지 잔존; 프렌치호텔, 법국여관, 센트럴호텔, 중앙여관, 팰리스호텔 등으로도 표기

근대시기 서울의 서양인 호텔이라고 하면 손탁호텔(Sontag Hotel)부터 퍼뜩 떠올리는 것이 보통이지만, 그 시절 서울 거리에는 이미 호텔(hotel)이라는 이름을 내건 서양식 숙박시설이 여럿 등장한 상태였다. 흔히 손탁호텔을 일컬어 서울 최초의 호텔이라고 알려져 있지만, 이는 명백히 잘못된 얘기이다.

많은 사람에게 익숙한 손탁호텔은 기본적으로 황실에서 운영한 특정호텔(private hotel, 예약된 손님만 투숙하는 형태)이었으므로, 아무에게나 개방된 공간은 아니었다. 더구나 호텔 건물의 신축은 1902년에 와서야 이루어졌으며, 손탁호텔이라는 이름을 공개적으로 내걸고 통상의 호텔 영업을 개시한 것은 프랑스인 보에르(J. Boher)에게 경영권이 넘겨진 1909년 이후의 일이었다. 이러한 관점에서 손탁호텔을 서울에 있어서 근대 서양식 호텔의 효시로 보는 것은 잘못된 고증이다.

경운궁 대안문 앞에 자리했던 팔레호텔(Hotel du Palais)의 경우에도 개업한 때로만 보면 손탁호텔보다 확실히 그 시기가 앞섰다. 그런데 법어학교 교장 출신으로 1934년에 코사카 사다오(小坂貞雄, 1899~1942)의 손을 빌려『외국인이 본 조선외교비화(外人の 觀たる 朝鮮外交秘話)』라는 회

프렌치호텔로 표시되어 있는 경운궁 대안문 앞 팔레호텔(Hotel du Palais)의 전경이다(버튼 홈즈, 『버튼 홈즈의 여행강의』 제10권, 1901).

고담을 남겼던 프랑스인 에밀 마르텔(Emile Martel, 馬太乙; 1874~1949)은 팔레호텔에 대해 다음과 같은 증언을 남겼다.

(227쪽) 호텔이라는 것은 1899년에 파레스호텔이라고 하는 것이 있었는데, 이것은 대한문(大漢門)의 옆에 있었으므로 '파레스'라는 이름이 붙었던 것이다. 또 당시 경인철도(京仁鐵道)의 기점인 서대문역(西大門驛)의 부근에는 '애스터 하우스'가 있었다. 이로부터 나중에 유명한 손탁 부인의 손탁호텔이 등장하였다.

여기에서 마르텔은 '팔레호텔'이 등장한 때가 1899년이라고 분명히 적고 있다. 하지만 이 부분에 대한 그의 기억은 착오일 가능성이 아주 높다.

1901년 늦여름에 우리나라를 찾은 미국인 사진여행가 엘리아스 버튼 홈즈(Elias Burton Holmes, 1870~1958)가 남긴 『버튼 홈즈의 여행강의(The Burton Holmes Lectures)』(1901) 시리즈에는 그가 경운궁을 나와 기분전환을 위해 들렀던 '프렌치호텔(French Hotel)'의 사진자료와 더불어 "(110쪽) …… 바로 궁궐 앞 길 건너편에 최근 막 개업한 새 프렌치호텔"이라는 설명구절을 담고 있다. 이것으로 보면 "1899년 운운"한 마르텔의 회고는 착각일 가능성이 높다고 봐야 할 것이다.

버튼 홈즈가 이곳을 프렌치호텔이라고 적은 것은 운영자가 프랑스사람인 탓이 아니었나 짐작된다. 그가 남긴 사진 속의 간판글씨에서도 확인되듯이 이곳의 정식명칭은 팔레호텔(Hotel du Palais)이었다.

그렇다면 이 팔레호텔로 사용된 건물의 내력은 어떠한 것일까? 이에 대해서는 자세한 자료를 찾기 어려우나 팔레호텔의 화재사건을 알리는 『더 코리아 리뷰(The Korea Review)』 1905년 2월호에 수록된 관련기사를 통해 몇 가지 단서를 찾아낼 수 있다.

2월 2일 목요일 한밤중에 팰리스호텔이 화재에 휩싸인 것이 발견되었다. 서울에는 사실상 소방기관이 존재하지 않으므로, 이 건물에서 건져낸 것은 거의 없었고 몇몇 투숙객은 옷도 제대로 걸치지 못한 채 피신하였다. 모든 가재도구는 소실되었고, 이 건물의 검게 탄 벽돌벽만이 앙상하게 남겨졌다. L. 마르텡이 주인이었던 이곳은 도성 내에서는 가장 큰 호텔이었다. 온청회사(On Cheong & Co.)는 이 빌딩의 소유주였다.

여기에 나오는 온청회사는 중국인 상점인 안창회사(安昌店, 安昌號, An

Chang)를 일컫는데, 『황성신문』 1899년 12월 4일자에 수록된 광고문안에 따르면 이들이 "대정동 대안문전 신전양방(大貞洞 大安門前 新磚洋房)으로 이전 개장한 것이 음력(陰曆) 11월 초4일"이었던 것으로 드러난다. 따라서 팔레호텔로 사용된 새로 지은 벽돌건물은 1899년 말께에 완공된 것으로 보이며, 안창회사가 1층에다 '제너럴 스토어(General Store, 잡화점)'를 운영하고 그 이후 위층을 호텔의 용도로 사용하는 형태가 아니었나 싶다.

그런데 한 가지 흥미로운 것은 팔레호텔을 이용한 서양인 투숙객들은 한결같이 이 호텔에 대해 그다지 좋은 인상을 갖지는 못했던 것으로 보인다. 그것은 무엇보다도 이곳에 '목욕시설'이 구비되지 못한 불편함 때문이었다.

가령, 1902년 11월부터 이듬해인 1903년 5월까지 7개월가량을 한국에 머물며 제3대 주한이탈리아영사를 지낸 카를로 로제티(Carlo Rossetti, 魯士德; 1876~1948)가 그러했다. 현역 해군중위의 신분이었던 그는 전임 이탈리아영사였던 프란체세티 디 말그라 백작(Count Ugo Francesetti di Malgra, 佛安士瑞德; 1877~1902)이 살아 있던 당시 1902년 7월의 한 달을 꼬박 '절친한 친구'였던 그와 함께 서울에 머물렀던 적이 있었다. 이에 관해서 그는 『꼬레아 에 꼬레아니(Corea e Coreani)』 제1편(1904), 51쪽에 이렇게 적었다.

> 서울에는 팔레호텔(Hotel du Palais, 궁전호텔)이라는 화려한 이름이 붙은 호텔이 있었지만, 나는 지난번 서울방문 때 하룻밤을 묵었던 일을 떠올렸고 그 기억은 다시 그런 모험을 하지 않도록 만들기에 충분했다. 누군가 '전시에는 전시상황에 맞게'라고 말하지만 우선 나는 전쟁터에 있지 않았고, 서울에 올 때 이미 이곳에 꽤 오래 머물 것이란 점을 알고 있었으며, 그러

고도 '팔레호텔'이 나에게 맞지 않다고 생각할 만한 다른 고려사항이 무수히 많았다.

이것 말고도 1903년 11월 무렵에 서울을 찾은 폴란드 태생 러시아인 작가 바츨라프 세로셰프스키(Watslav Sieroszewski, 1858~1945)도 이와 비슷한 경험담을 남기고 있다. 그는 팔레호텔에 직접 투숙하지는 않았고, 그 인근에 있던 '임페리얼호텔'에 머문 것으로 확인된다. 그가 지은 『코레야(Korea)』(1909)라는 책에는 다음과 같은 내용이 수록되어 있다.

> 고백하거니와 서울에서 무엇보다도 마음에 들었던 것은 일본인 거주지역인 진고개였다. 그곳은 말끔하게 잘 정리되어 있었고 가게와 상점들이 가득하고 통행인도 많았다. …… 물리스(Moulis) 씨도 유럽을 향한 자신의 애국심과는 무관하게, 내가 가볼 만한 좋은 곳이 있는지 묻자마자 일본인 거주지역에 꼭 가보라고 권했다. 그곳에는 목욕탕도 있었다. 목욕탕은 '프랑스호텔'에도 없었는데, 여행에서 돌아온 후 나는 장기간의 여행길에서 쌓인 먼지와 더러움을 씻어내고 싶었다.[1]

그렇다면 이 호텔을 운영했던 주인은 과연 누구였을까?

하지만 '더 홍콩 데일리 프레스(The Hongkong Daily Press)'에서 해마다 발행한 『더 디렉토리 앤드 크로니클(The Directory & Chronicle)』에는 「1902년판」에 처음 '팔레호텔(Hotel du Palais)'이 등재되어 있는데, 여기에는 소유주가 론돈(L. Rondon)으로 되어 있고 점원으로 야마다(S. Yamada)가 함께 표기되어 있다. 그러니까 이 호텔의 첫 주인은 론돈

---

1) 바츨라프 세로셰프스키(김진영 외 옮김), 『코레야 1903년 가을』(개마고원, 2006), 392쪽.

(Louis Rondon, 龍東, 龍同)이었던 모양이다. 론돈은 제물포 지역은 물론이고 경운궁 대안문 바로 옆에서 대창양행(大昌洋行, 泰昌, Rondon, Plaisant & Co.)을 운영했던 거대 무역상인이었다.

이 때문인지 팔레호텔은 간혹 '롱동여관'으로도 불렸다. 예를 들어 『황성신문』 1902년 2월 17일에 수록된 다음의 광고문안은 그러한 흔적의 하나이다.

「대한매일신보」 1904년 8월 4일자에 처음 수록된 '팔레호텔'의 광고문안이다.

> 본인(本人)이 남문외정거장(南門外停車場)에서 흑피대(黑皮袋)에 넣은 장(長) 7촌(寸), 광(廣) 5촌(寸)되는 촬영기(撮影器) 1건(件)을 견실(見失)하였는데 해기(該器)의 명(名)은 고닥(코닥)이오 해피대상(該皮袋上)에 마태을(馬太乙, 마르텔)이라 사(寫)하였으니 수모(誰某)든지 습득(拾得)하셨거든 대안문전(大安門前) 롱동여관(旅館)으로 지래(持來)하시면 십원(十元)을 사급(謝給)하오리다. 마태을 고백(馬太乙 告白).

그러던 것이 『더 디렉토리 앤드 크로니클』 「1903년판」에 앞서는 팔레호텔의 소유주가 마르텡(L. Martin)으로 바뀐 것을 알 수 있는데, 이 마르텡이라는 이름은 그 전년도에 제물포 론돈상회의 점원으로 표기된 사항이 포착된다. 이러한 관계에 비춰보면, 팔레호텔은 론돈에 의해 개설되었

THE SEOUL PRESS.

CENTRAL HOTEL.

Opposite Imperial Palace.
Best Situation in Town.
Five Minutes by Ricksha from Station.

New Hotel.

Lately Opened. Latest accommodation.
Cuisine under experienced
French chef.

J. BOHER,
Proprietor and Manager.

Seoul, Mrach 5, 1907.

『더 서울 프레스(The Seoul Press)』 1907년 3월 5일자에 수록된 '센트럴호텔'의 광고문안이다. 이 당시 주인은 마르텡에서 보에르로 바뀐 사실을 확인할 수 있다. 보에르는 나중에 손탁호텔을 인수하는 인물과 동일인이다.

으나 이내 이 호텔의 운영권은 자기 가게의 점원이었던 마르텡에게 넘겨진 상태였다고 볼 수 있다.

이곳 팔레호텔의 주인인 L. 마르텡은 그 시절에 흔히 마전(馬田)이라는 이름으로도 알려졌다. 특히 그는 1905년 3월에 서대문밖의 '애스터 하우스(예전의 스테이션호텔)'를 인수하여 이곳에서 영화상영관을 설치하기도 하였는데, 이곳을 통칭 '마전여관(馬田旅館)'이라고도 불렀으므로 나름으로 지명도가 있던 인물이었다.

이 팔레호텔은 원래 주인이었던 론돈이나 새 주인인 마르텡이 모두 프랑스 사람이었으므로 이곳은 자연스레 프랑스호텔로도 통용되기에 이른다. 이곳에 관한 흔적은 『대한매일신보』 1904년 8월 4일자 이후 연속에 게재된 광고문안에 그대로 드러나 있다.

팔레호텔(Hotel du Palais), 서울
서울 유일의 일등호텔
궁궐 맞은편, 도시 중심부에 위치
숙련된 프랑스 요리사가 감독하는 주방
통풍원활, 비품완비

요금표적용

L. 마르텡(L. Martin), 소유자 겸 경영주

그런데 『대한매일신보』의 지면을 정기적으로 장식했던 팔레호텔의 광고문안은 이듬해인 1905년 2월 3일자를 마지막으로 더 이상 등장하지 않는다. 이것은 앞에서 이미 언급했듯이 그해 2월 2일에 발생한 화재사건으로 이 호텔이 잠정 영업중단 상태에 들어갔기 때문이었다. 팔레호텔의 화재사건에 관해서는 『대한매일신보』 1905년 2월 4일자에 다음과 같은 내용이 수록되어 있다.

[여관실화] 2월 1일 밤 두 시량에 정동 법국여관에서 실화하였는데 그때에 일본병정과 한국순검이 합력하여 구화하는데 불행 중 다행히 바람이 없었는 고로 미구에 화염을 박멸하였고 또 해 여관의 집물을 대강 운출하였고 그 노방에 섰던 전선주와 전선이 소화하였으므로 통신원에서 그 소화한 전선을 수리하는 중이라더라.

그리고 이로부터 2년의 세월이 흐른 뒤에 『더 서울 프레스(The Seoul Press)』 1907년 3월 6일자에는 다음과 같은 내용의 광고문안이 등장하였다.

센트럴호텔
황궁 맞은편, 시내에서 최상의 위치
정거장에서 인력거로 5분 거리
새 호텔, 최근에 개업, 최신식 숙박시설
경험 있는 프랑스 주방장의 식사제공

J. 보에르(J. Boher), 소유자 겸 경영주

서울, 1907년 3월 5일

여기에는 프랑스인 보에르(J. Boher)가 "최근에" 경운궁 대한문 앞에다 센트럴호텔(Central Hotel)을 새로 개업하였다는 소식을 싣고 있다. 그런데『더 디렉토리 앤드 크로니클』「1907년판」에 센트럴호텔이 호텔 명단에 포함되어 있고, 이러한 목록 작성은 통상 전년도의 상황을 반영하여 이뤄지는 것이므로 이 센트럴호텔은 신문광고에 앞서 늦어도 이미 1906년도 하반기에는 재개업을 한 상태였던 것으로 보인다. 아무튼 이 호텔은 다시 해를 넘겨 '팰리스호텔(The Palace Hotel; 프렌치호텔)'로 개칭되었다.

『더 서울 프레스(The Seoul Press)』 1908년 5월 16일자에 수록된 광고문안에는 "서울 성안에 소재하는 유일한 유럽식 일급호텔, 남대문역에서 인력거로 5분 거리, 우체국 및 각국영사관과 인접함, 근사한 새 건물, 통풍이 잘되는 객실, 여행객들을 위한 훌륭한 가이드 대기, 숙련된 프랑스인 주방장이 제공하는 식사, 적정한 요금표" 등의 내용이 포함되어 있다.

여기에 나오는 프랑스인 보에르는 1905년 12월까지 인천에서 터미나스호텔(Terminas Hotel)을 운영한 적이 있었고, 다시 1909년 9월에 손탁호텔의 여주인인 앙트와네트 손탁(Antoinette Sontag, 孫澤; 1854~1925)이 재산을 처분하고 본국으로 떠날 때에는 손탁호텔의 경영권을 넘겨받았던 인물이었다.

이런 관계로 미루어보면, 초창기 팔레호텔의 주인이었던 마르탱은 1905년 2월에 발생한 팔레호텔의 화재를 계기로 이를 정리한 다음 서대문 밖의 '그랜드호텔(정거장호텔)'을 인수한 다음 이를 '애스터 하우스 호텔'로 전환하였고, 그 대신에 불타버린 원래의 팔레호텔은 또 다른 프랑

THE PALACE HOTEL.
(FRENCH HOTEL.)

SEOUL, KOREA.
OPPOSITE THE MAIN GATE OF THE IMPERIAL PALACE.

The only European FIRST CLASS HOTEL inside the city walls.
Five minutes by Jinricksha from the South Gate Station. Close to the Post & Telegraph Office and the various Consulates.
Handsome New Building; Fine airy Rooms. Good Guides are attached to the Hotel for the benefit of tourists. Cuisine under experienced French chef.

MODERATE TARIFF.
Telephone: No. 739.

J. BOHER,
Proprietor et gerant.

Seoul, May 15, 1908.

『더 서울 프레스(The Seoul Press)』 1908년 5월 16일부터 1909년 9월 17일까지 반복 수록된 '팰리스호텔'의 광고문안이다.

스인 보에르에게 양도하는 과정이 이어졌던 것으로 짐작된다. 그리고 보에르는 이 건물을 새로 수리하여 1906년 하반기에 '센트럴호텔'로 재개업하였다가 이를 다시 '팰리스호텔'로 개칭하였던 것이다.

이러한 보에르 역시 팰리스호텔의 경험을 바탕으로 손탁호텔을 넘겨받아 운영하였으며, 나중에는 손탁호텔이 쇠퇴하던 시기에 '패밀리호텔(Family Hotel)'도 설립하였던 것으로 확인된다.[2] 그러고 보니 호텔 사업가들의 '돌고 도는' 관계가 자못 흥미롭게 받아들여진다.

그렇다면 근대식 서양인 호텔의 선두 그룹에 섰던 이 팔레호텔은 언제 사라졌던 것일까?

앞에서 소개한 『더 서울 프레스』에 수록된 팰리스호텔의 광고문안은

---

2) 뒤에서 다시 설명이 나오겠지만 『매일신보』 1916년 6월 3일자에 수록된 '패밀리호텔'의 광고문안에 "관주(館主) 미세스 호엘"이라는 표현이 나오는데, 이 당시에는 보에르의 부인이 이곳을 경영했던 것으로 보인다.

1909년 9월 17일자를 마지막으로 더 이상 등장하지 않는다. 그 대신에 그 다음 날부터는 같은 지면, 같은 자리에 '손탁호텔'의 광고가 수록된 것을 확인할 수 있다. 이로써 보에르가 손탁호텔을 인수한 즉시 그곳으로 옮겨 가게 되었으므로 기존의 팰리스호텔은 그대로 문을 닫는 상황이 이어졌던 것으로 파악된다.

일제강점기로 접어든 이후 1912년과 1913년에 걸쳐 이뤄진 태평통(太平通, 태평로) 확장개설 공사 때 옛 팔레호텔로 사용됐던 공간이 절묘하게도 도로의 모퉁이 자리에 위치하였으므로 건물이 철거되는 일은 간신히 모면하였다.

이 무렵의 모습은 조선총독부가 펴낸 영문편람 『애뉴얼 리포트(Annual Report on Reforms and Progress in Chosen)』 「1912년판」에 수록된 한 장의 사진을 통해 엿볼 수 있다.[3] 여기에는 덕수궁 대한문 앞쪽에 하수도 공사가 벌어지는 장면이 보이는 가운데 그 너머로 옛 팔레호텔의 건물이 온전하게 서 있는 상황이 담겨 있다.

일제강점기에 발행된 한 장의 사진엽서에서도 이 건물의 모습이 포착된다.[4] 여기에는 대한문 앞쪽의 전경과 아울러 그 바로 앞으로 옛 팔레호텔 건물이 등장하는데, 이 당시에는 "토미타야상점 양복부(富田屋商店 洋服部)"라고 쓴 간판이 큼지막이 걸려 있는 모습이 눈에 띈다. 『경성부관내지적목록(京城府管內地籍目錄)』(1927년도판)에 표시된 내용에 따르면, 옛 팔레호텔 자리(태평통 2정목 358번지, 104평 규모)의 소유주는 토미타 마츠타로(富田松太郎)라는 이였다.[5]

---

3) 이 사진은 서울특별시사편찬위원회, 『서울육백년사』 제4권(1981), 424쪽에 '덕수궁 앞의 하수도 공사'라는 제목으로 인용되어 재수록되어 있다.

4) 부산박물관, 『사진엽서로 보는 근대풍경 4 관광』(민속원, 2009), 181쪽에 수록된 '대한문(자료번호#04-1629)' 사진엽서를 말한다.

5) 이보다 10년 앞서 발행된 『경성부관내지적목록(京城府管內地籍目錄)』(1917년도판)에

『매일신보』 1914년 10월 23일자에는 막 신축 이전한 매일신보사(현 서울시청 자리)의 옥상에서 남대문 방향으로 담아낸 사진자료가 수록되어 있다. 사진의 오른쪽 끝에는 덕수궁의 궁장과 대한문의 모습이 보이고, 그 앞으로 도로에 접하는 모퉁이 자리에 보이는 이층 건물이 눈에 띈다. 이것이 태평로 확장공사 과정에서 간신히 철거를 모면한 옛 팔레호텔(팰리스호텔)이다.

이 건물이 정확히 언제까지 잔존했는지에 대해서는 잘 알 수 없다. 하지만 불과 10년 정도의 짧은 역사에도 불구하고 이 호텔의 존재는 오래도록 기억되어도 좋을 대상인 것은 틀림이 없는 사실이다. 대한제국의 쇠망기에, 그것도 가장 긴박했던 역사의 현장이 되었던 경운궁 턱밑의 대한문 광장에 자리했던 '장소성'의 의미가 결코 가볍지 않다. 누군가 이 호텔

는 '태평통 2정목 358번지'의 소유주는 담걸생(譚傑生)이라는 중국인으로 표시되어 있다. 한편, 토미타 마츠타로(富田松太郞)의 이력사항에 대해서는 『재주조선내지인실업가인명사전(在住朝鮮內地人實業家人名辭典)』 제1편(조선실업신문사, 1913), 53쪽과 『재조선내지인신사명감(在朝鮮內地人紳士名鑑)』(조선공론사, 1917), 98쪽 등에 수록되어 있으므로 이를 참조할 수 있다.

의 2층 베란다에 올라가서 그러한 현장을 생생히 목격하거나 채록했을 테지만, 이 호텔 역시 그러한 역사적 증언자의 하나였을 것이다.

3. 임페리얼호텔

지번미상(정동 대안문 건너편), 1903년 이전에 개업, 1904년에 폐업;
불러호텔, 여순관, 임피리알호텔 등으로도 표기

'임페리얼호텔'에 가려면 도시 전체를 통과해야만 한다. 호기심 어린 군중을 대동한 채 우리는 마침내 새로운 궁궐 앞 작은 광장에 도착했다. 광장 한쪽에는 왕실의 병영이 자리 잡고 있고, 그 맞은편에는 서울 최고의 유럽식 호텔이 두 채 서 있다. 블라디보스토크에서 오랫동안 요리사로 일했던 물리스(Moulis) 씨가 아주 서투른 러시아어로 나를 맞았다.[1]

이것은 폴란드 태생 러시아인 작가 바츨라프 세로셰프스키(Watslav Sieroszewski, 1858~1945)가 지은 『코레야(Korea)』(1909)라는 책에 등장하는 한 구절이다. 특이하게도 한국에서의 체험을 바탕으로 『기생 월선이』라는 제목의 소설을 남기기도 한 세로셰프스키는 1903년 10월 10일 부산에 도착하여 원산 방면을 거쳐 같은 달 30일 서울에 당도한 것으로 기록되어 있다. 따라서 위의 장면은 그가 막 서울에 당도한 때의 상황을 말하는 것이다.

여기에서 보듯이 경운궁 대안문(덕수궁 대한문) 바로 앞에는 팔레호텔

---

1) 바츨라프 세로셰프스키(김진영 외 옮김), 『코레야 1903년 가을』(개마고원, 2006), 241쪽.

말고도 또 하나의 서양식 호텔이 있었으니, 임페리얼호텔(Imperial Hotel)이 바로 그것이다. 하지만 잘 두드러진 존재는 아니었던 모양인지 이 호텔의 연혁에 대해서는 아쉽게도 뚜렷한 기록이 남아 있지 않다.

현재로서 분명하게 파악할 수 있는 사실은 이 호텔이 1903년 이전에 개업한 상태였다는 점, 이 호텔의 주인이 요리사 출신 물리스(M. Moulis, 물니쓰)라는 프랑스 사람이었다는 것 정도에 그친다.[2] '더 홍콩 데일리 프레스(The Hongkong Daily Press)'에서 해마다 발행한 『더 디렉토리 앤드 크로니클(The Directory & Chronicle)』에는 「1904년판」과 「1905년판」에 걸쳐 서울지역에 임페리얼호텔이라는 이름이 등재되어 있는데, 이것으로 보면 이 호텔은 이내 폐업된 것으로 보인다.

더구나 사진자료조차 제대로 확인할 수 없어서 대한문 앞 광장을 마주 보고 있었다는 사실만 확인할 수 있을 따름이다. 그리고 『대한매일신보』 1904년 9월 22일자에 수록된 '고살키 경매광고'에 보면, 임페리얼호텔을 여순관으로 불렀던 사실도 추가로 파악할 수 있다.

> 본인이 물니쓰 씨의 청탁으로 대안문 앞 여순관[임피리알호텔]에서 각항 즙물을 본월 이십팔일에 공박발매할 터이오니 첨군자는 내림하와 사가시기를 희망하압. 고살키 고백.

임페리얼호텔(여순관)에서 열린 박매행사광고(『대한매일신보』 1904년 9월 22일자)

---

2) 뒤에 나오는 5. 보론 1 : 인천지역의 호텔에 포함된 '터미나스호텔' 항목에서 인용한 '주한일본공사관기록'에 물리스의 행적과 간략한 인적사항에 관한 내용이 포함되어 있으므로 이를 참조할 수 있다.

경운궁 대안문(덕수궁 대한문) 앞 광장의 변천을 살펴볼 수 있는 세 장의 사진자료이다. 맨 위의 것은 1900년 직후의 시기이고, 나머지 두 장은 1907년의 상황을 담고 있다. 사진의 오른쪽에 보이는 2층 상가들 중의 하나가 '임페리얼호텔'로 짐작되지만 딱히 어느 것인지는 단정하여 가려내기가 어렵다.

3. 임페리얼호텔

그런데 이 임페리얼호텔의 경우 황제의 궁궐 바로 앞에 자리한 지리적 이점 덕분에 간간이 서울의 명사들이 이 호텔의 2층 난간을 이용하곤 했다는 얘기가 나온다. 이 부분에 대해 다시 세로셰프스키의 얘기는 이렇게 이어진다.

나는 서울로 들어가는 길목에서 엄청난 수의 보초병과 군인들을 보고 깜짝 놀랐다. …… 시내로 들어가 봐도 군인의 수가 조금도 줄어들지 않고, 오히려 점점 더 많아지니 좀 심각하게 걱정이 되었다.
"이게 무슨 일이오? 전쟁이 시작된 거요, 아니면 다시 혁명이 일어난 거요?"
나는 불러호텔의 주인인 물리스씨에게 물어보았다.
"왜 그러시지요? 무엇을 보셨길래요?"
주인도 근심스럽게 물었다.
"거리에 군인들이 저렇게 많지 않소!"
"아! 저건 아무것도 아니에요!"
불란서인은 큰 소리로 웃어대더니, 부정확한 러시아어로 다음과 같이 이야기했다.
"항상 그래요! 내일이면 보실 거예요. 모든 사람들이 여기를 지나갈 거예요. 바로 발코니 아래로요. 내일이면 보시게 됩니다! 우리 호텔은 자리가 좋거든요! 궁궐 전체가 다 보여요. 심지어 러시아공사께서도 가끔 이런저런 것들을 보러 오신다니까요. 잘 보실 수 있을 거예요!"
그는 상냥하게 나의 팔짱을 끼고 작은 궁전 앞 광장에 세워진 아담한 나무 발코니로 안내했다. 광장은 큰 석판으로 포장되어 있었고, 광장중앙에는 대문 입구의 포장된 테라스와 연결된 널찍한 돌계단 몇 개가 보였다. 저 안쪽으로는 처마 끝을 단단하게 들어 올린 육중한 지붕이 얹힌 중국풍의 화려한 삼각 문이 보였다. 어스름한 저녁 빛 사이로 문 위에 한자로 씌어진 황금빛 문구가 빛났다. 접합된 횡목 부분에 매달린 가느다란 색동띠가 아치 문 위로 드리워져 있었다. 오른편에는 회칠하지 않은 붉은 벽돌로 된 이층짜리 막사가 있고, 왼편에는 궁궐의 높은 잿빛 담장이 솟아 있었다. 벌거숭이가 된 가을 나뭇가지의 끝자락이 벽 뒤에서 내 쪽을 바라보고 있었고, 그 뒤로는 반은 무너져 내린 멋진 중국식 건물의 붉은 지붕이 보였다.
"저 폐허는 도대체 뭡니까?"
"아무것도 아니에요. 새 궁전입니다"
"새 궁전이라구요? 저렇게 허물어졌는데요? 황제가 정말로 저기서 삽니까?"(이하 생략)[3]

이처럼 궁궐 바로 옆에 자리한 탓에 이 호텔의 2층 베란다는 때로 훌륭한 전망대의 역할을 하곤 했다. 그런데 간혹 이렇게 위층에서 내려다보는 일이 '불경죄'로 질책을 받는 일도 있었던 모양이다. 『황성신문』 1909년 9월 10일자에는 다음과 같은 내용의 기사가 수록되어 있다.

[조씨피책(趙氏被責)] 대황제 황후 양폐하(大皇帝 皇后 兩陛下)께옵서 재작일(再昨日)에 동가(動駕)하사 대한문전(大漢門前)에 어도착(御到着)하실 시(時)에 조남승씨(趙南升氏)가 호테루 여관상층(旅舘上層)에서 관람(觀覽)하는데 경위(警衛)하는 경시(警視) 이헌규씨(李憲珪氏)가 기불경(其不敬)함을 논책(論責)하였다더라.

이 당시에는 임페리얼호텔이 이미 사라진 반면, 팰리스호텔은 남아 있

---

3) 바츨라프 세로셰프스키(김진영 외 옮김), 『코레야 1903년 가을』(개마고원, 2006), 365~366쪽.

었던 것이 확실하므로 이것은 후자 쪽의 건물에서 벌어진 일일 가능성이 높다. 하지만 그 어느 곳이나 비슷한 건물구조에다 2층 난간이 관람석 역할을 했던 것은 별반 다르지 않았을 것이다.

한편, 이 호텔과 쌍벽을 이룬 팔레호텔의 경우도 마찬가지였지만, 이곳 임페리얼호텔 쪽에도 시설상의 문제가 있었다. 바로 목욕시설이 제대로 갖추어지지 못하였다는 사실이 그것이었다. 세로셰프스키는 이 호텔에 처음 들어선 순간부터 목욕 준비가 가능한지를 물었지만, 호텔 주인 물리스는 "일본인 구역의 목욕탕에 가야 한다"는 얘기를 털어놓는 얘기도 등장한다.

이상에서 인용한 내용들을 종합해보면, 임페리얼 호텔은 대안문(대한문)을 마주 보고 있는 위치에 있었던 것을 짐작할 수 있다. 그러나 대한제국기에 촬영된 사진자료에도 이 부근의 모습을 담은 것들이 다수 남아 있기는 하지만, 어떤 건물이 '임페리얼호텔'이었는지는 정확하게 가늠하

사진의 왼쪽 끝에 보이는 건물이 '팔레호텔(팰리스호텔)'이다. 이곳의 2층 난간에서 경운궁 대안문을 통과하는 행렬을 지켜보는 사람들의 모습이 눈에 띈다. 그런데 간혹 이곳에서 황제의 행차를 내려다보다가 불경죄(不敬罪)로 처벌되는 사례도 있었던 모양이다(오다 세이고, 『덕수궁사(德壽宮史)』, 1938).

기가 정말 어려운 일이다.

임페리얼호텔의 존속기간은 1903~1904년 정도로 매우 짧았으므로 이 호텔에 대한 많은 기록들이 남겨질 기회조차 없었던 것은 아쉬운 부분이다. 그러고 보면 앞서 살펴보았던 『대한매일신보』 1904년 9월 22일자에 수록된 고살키의 박매행사광고는 필시 물리스가 임페리얼호텔을 폐업하기 위해 가재집물을 처분하는 내용이 아니었던가 싶다.

4. 스테이션호텔(애스터 하우스)

충정로 1가 75–2번지(현 농협중앙회 전면 주차장); 1901년 4월경 개업; 1905년 4월 마르텡이 경영권 인수하여 애스터 하우스로 전환, 건물은 일제강점기를 거쳐 한국전쟁 직후까지도 잔존; 정거장여관, 정거장여숙관, 그랜드호텔, 그랜드여관, 마전여관(馬田旅館), 애스터 호텔, 애스터 하우스 호텔 등으로도 표기

근대식 숙박시설이 전무하다시피 했던 서울의 거리에 편의시설을 골고루 갖춘 서양식 호텔이 잇달아 들어서기 시작한 것은 1900년을 전후한 시기의 일이다. 황궁 구내에 있었다는 서울호텔(Seoul Hotel, 쎄이노호텔)과 경운궁 대안문(덕수궁 대한문) 앞에 들어선 팔레호텔(Hotel du Palais, 프렌치호텔)과 임페리얼호텔(Imperial Hotel), 그리고 서대문 밖 경교(京橋, 京庫橋) 부근에 들어선 스테이션호텔(Station Hotel)이 그 선두를 이룬 호텔들이었다.

이러한 근대식 호텔의 등장은 서울과 인천 사이에 놓인 경인철도의 부설이 직접적인 계기가 되었다. 제물포와 노량진 구간의 경인철도(京仁鐵道)가 우선 개통된 것은 1899년 9월 18일이고, 한강철교의 준공과 더불어 서대문역(西大門驛)까지 경인철도가 완전 개통된 것은 이듬해인 1900년 7월 8일이었다.

예전 같았으면 제물포에 당도하는 외국인은 으레 하루 이틀쯤은 그곳에서 묵어야 하는 형편이었겠지만, 이제 기차시간만 맞춘다면 몇 시간 만에 후딱 서울로 들어갈 수 있는 시대가 되었으니 구태여 인천에 체류하는 일은 그만큼 줄어든 것이었다. 이를 계기로 1880년대 이래 일본인 호

버튼 홈즈의 『버튼 홈즈의 여행강의』 제10권(1901)에 수록된 스테이션호텔(정거장여관)의 초기 모습이다. 건물 뒤쪽으로 보이는 고목나무는 지난 1986년 농협대강당 신축 시 현재의 농협중앙회 본관 앞자리로 옮겨진 바로 그 '회화나무'인 듯하다.

리 큐타로(堀久太郞)가 운영한 대불호텔(大佛호텔, Daibutsu Hotel), 중국인 이태(怡泰)가 운영한 스튜어드호텔(Steward Hotel), 그리고 오스트리아계 헝가리인 스타인벡(Joseph Steinbeck)이 주인이었던 꼬레호텔(Hetel de Coree) 등 인천지역에서 성업 중이었던 서양식 호텔들은 서서히 쇠퇴의 길로 접어들게 되었다.

그 대신에 서울지역에서는 새로운 수요에 발맞추어 전에 없던 서양식 호텔들이 하나씩 등장하기 시작하였으니, 그 가운데 하나가 바로 스테이션 호텔이었다. 이 호텔은 "이름 그대로" 서대문정거장 옆에 있다 하여 '스테이션호텔(역전호텔)'이라고 하였고, 달리 '정거장여관'이라고 부르기도 하였다. 경인철도를 거쳐 제물포에서 곧장 서울로 들어오는 외국인 탑승객들이 당연히 이 호텔의 주요한 고객이 되었다. 이곳은 또한 1899년 초파일에 개통이 이루어진 청량리-서대문 구간의 전차가 종착점을 이루는 경교 부근에 있었으므로, 여러모로 교통상의 이점을 자랑하는 위치이기도 하였다.

1901년 늦여름에 우리나라를 찾아온 미국인 사진여행가 엘리아스 버튼 홈즈(Elias Burton Holmes, 1870~1958) 역시 기차를 타고 서울로 들어오는 길목에서 이 호텔에 투숙하였는데, 그는 자신이 남긴 『버튼 홈즈의 여행강의(The Burton Holmes Lectures)』 제10권(1901), 16~18쪽을 통해 그 당시의 상황을 이렇게 적었다.

    이 독특한 도시 서울의 정거장에 막 도착한 기차에서 우리가 내리자, 흰옷을 길게 늘어뜨린 한 젊은이가 우리에게 영어로 말을 걸며 카드 하나를 건네주었는데, 거기에는 "스테이션 호텔; 훌륭한 시설; 저렴한 가격; 군대나팔 소리와는 먼 곳"이라고 적혀 있었다. 그래서 우리는 모든 종류의 군대소음을 매우 좋아함에도 불구하고 그 점잖은 긴 머리의 총각을 따라 스테이션호텔로 따라갔는데, 그곳은 여러 채의 소규모 한국식 가옥이 이어진 곳에다 자리한 조용하고 아담한 숙박시설로 철도역에서도 몇 걸음 떨어지지 않는 거리에 있었다. 이곳 주인과 그의 부인은 영국사람으로, 예전에 중국에서 선교사로 활동했다는 것이다. 이들의 호텔은 차라리 작고 아늑한 가정집과 같았으며, 엠벌리 부인(Mrs. Emberly)의 어머니와 같은 보살핌 덕택에 우리가 한국에 머무는 동안 식사와 잠자리 문제는 별 걱정 없이 해결되었다. 게다가 엠벌리 씨(Mr. Emberly)는 한국의 언어와 관습에 관한 해박한 지식과 더불어 원주민이건 외국인이건 간에 모든 종류의 사람들과 안면을 트고 지내는 사이였던지라, 다양한 도판의 확보와 체험을 추구하는 우리들에게 무한한 힘이 되어주었다. 또한 엠벌리 씨의 아이들조차도 그들의 한국인 보모와 소꿉친구들과 더불어, 마당을 쏜살같이 가로질러 와서는 그루터기에 휙 부딪쳐 돌아가 그 순간 승객들이 맨땅에 내동댕이쳐지고 마는 "영한특급(Anglo-Korean Express; 세발자전거에 발판을 연결하여 여러 사람이 기차모양으로 타고 있는 데서 붙여진 표현)"이라는 장면을 연출하여 사진기록을 위한 소재를 제공해주는 것으로 의도하지는 않았지만 우리에게 도움을 주었다.

『황성신문』 1901년 7월 2일자에 수록된 '스테이션호텔(정거장여숙관)'의 개업안내 광고문안이다.

여기에 나오는 스테이션호텔의 주인 엠벌리(W. H. Emberley, 音法里, 顔布榮, 顔甫榮; 따라서 버튼 홈즈가 'Emberly'라고 표기한 것은 착오)는 『독립신문』이 정리될 때 이것을 최후로 인수하여 1899년 6월 1일 독립신문사의 사장으로 취임했던 인물이다. 이에 앞서 1898년 6월부터 삼문출판사(三文出版社, Trilingual Press)의 인쇄감독을 맡기도 하였는데, 『윤치호일기』 1899년 12월 31일자에는 그에 대한 평가가 다음과 같은 구절로 정리되어 있다.

> 엠벌리 씨가 독립신문의 경영권을 인수하였다. 주간으로 발행되는 영문판(English edition)은 구두점, 철자법, 문법의 문제로 아주 엉망인 채로 편집이 되어 있다. 영문판과 국문판은 모두가 12월에 중단되었다. …… 엠벌리 씨는 천박하고 잔인한 성품으로 인하여 사무실 내의 모든 사람들로부터 혐오의 대상이 되고 있다.

아무튼 그의 이름은 1904년 무렵의 일간지에서도 경매주선과 관련한 이런저런 상업활동 등의 광고문안을 통해 간간이 등장하는 것을 확인할 수 있다. 그리고 양화진외국인묘지에는 1903년 10월에 7살의 나이로 세상을 뜬 그의 딸(Pearlie E. Emberley) 무덤이 지금도 그대로 남아 있다.

그런데 이 스테이션호텔의 건립 시점을 가장 명확하게 확인할 수 있는 기록은 『더 코리아 리뷰(The Korea Review)』 1901년 4월호에 남아 있는 '뉴스 칼렌다' 항목이다.

> W. H. 엠벌리는 경부철도의 종착역 바로 부근에 있는 서양식 주택(foreign house; 외국인 가옥)을 확보하였으며, 목하 이것을 외국인호텔로 개장하고 있다. 이것은 우리들 숙원사업의 해소에 부응할 것이며, 그의 사업이 성공하길 축원하는 바이다.

이것으로 보면 버튼 홈즈 일행은 우연찮게도 금방 개업한 스테이션호

옛 스테이션호텔(그랜드호텔)이었던 애스터 하우스의 전경이다(로제티, 『꼬레아 에 꼬레아니』 제2편, 1905).

텔을 이용한 초기 투숙객이 된 셈인데, 다만 그들이 남긴 사진자료에 보면 이 기사와는 달리 스테이션호텔이 그냥 기와집 한옥으로 나타나고 있는 것은 다소 의아한 부분이다.

그리고 이것 말고도 스웨덴 출신의 전쟁통신원 아손 그렙스트(William Ason Grebst)가 남긴 『한국에서(I Korea)』(1912)라는 책[1]에도 스테이션호텔의 흔적이 남아 있어 주목이 된다. 그가 부산항에 당도한 것은 1904년 12월 24일이며, 곧장 개통 직전의 경부선 열차를 타고 서울로 올라와서 이듬해인 1905년 초까지 서울 근처에 머물렀는데, 대한제국 시절

---

1) 이 책의 원제목은 아손 그렙스트(William Ason Grebst), 『I Korea : Minnen och studier fran Morgonstillhestens land』(Elsnders Boktryckeri Aktiebolag, 1912)이며, 김상열 옮김, 『코레아 코레아 : 이것이 조선의 마지막 모습이다』(미완, 1986)으로 먼저 번역본이 나왔다가 다시 『스웨덴 기자 아손, 100년 전 한국을 걷다 : 을사조약 전야 대한제국 여행기』(책과함께, 2005)라는 제목으로 재출간된 바 있다.

궁내부 시의를 지낸 독일인 의사 리하르트 분쉬(Richard Wunsch, 富彦士; 1869~1911)의 일기책에도 간혹 그의 존재가 드러나고 있다.

그런데 그렙스트의 책에는 "스테이션호텔은 서구식으로 지어진 건물인데 엠벌리라고 하는 영국인 선교사가 운영하고 있었다"라고 하였고, 또한 "30분 만에 서울에 도착한 나는 멋지고 품위가 있는 스테이션호텔에 여장을 풀었다"고 하는 구절이 들어 있다. 이것으로 보아 스테이션호텔은 그 사이에 건물을 '서양식'으로 신축했던 것임을 짐작할 수 있다.

이에 앞서 주한이탈리아영사를 지낸 카를로 로제티(Carlo Rossetti, 魯士德; 1876~1948)가 지은 『꼬레아 에 꼬레아니(Corea e Coreani)』 제2편 (1905)에는 '서울 정거장 부근의 새 호텔'이라는 설명이 붙어 있는 스테이션호텔의 사진자료 한 장이 수록되어 있다. 그가 우리나라에 머문 때가 1902년 11월부터 이듬해인 1903년 5월까지 7개월가량이고, 이 사진을 서울에 있을 때에 구했거나 직접 촬영한 것이라면, 스테이션호텔이 서양식 건물로 전환된 때는 그 시기가 다소 앞당겨질 수 있을 것이다.

한편, 『대한매일신보』 1904년 8월 4일자 (영문판)에는 그랜드호텔(Grand Hotel)의 광고가 등장하는데, '이전의 스테이션호텔(formerly the Station Hotel)'이라는 표기와 더불어 "철도종착역 인접, 서대문, 서울, 한국 최고의 호텔, 근사한 새 건물, 멋지고 통풍이 잘되는 객실, 훌륭한 요리, 요금 저렴, 선교사 신분 및 상주투숙객에게는 특별요금, 도보로 2분 내 전차이용, W. H. 엠벌리, 소유주"라는 내용이 적혀 있다. 이와 아울러 『대한매일신보』 1904년 8월 10일자(국문판) 이후의 광고에도 "그랜드여관(정거장여관), 폐관은 황성 서소문 밖 정거장 근지에 있사오며 일등여관이옴, 여관 주인 엠벌니 고백"이라는 내용이 잇달아 수록된 바 있다.

하지만 여기에서 보듯이 어떤 이유에선지 그랜드호텔로 이름을 바꿨지만, 이 명칭이 등장한 것도 1년 남짓에 이내 '애스터 하우스(Astor

House)'라는 새로운 호텔 이름이 다시 그 자리를 대신하기에 이른다. 이러한 변화는 그 사이에 이 호텔의 경영권에 변동이 생겼기 때문이었다. 『더 코리아 리뷰(The Korea Review)』 1905년 3월호는 그랜드호텔의 주인이 바뀐 사실을 이렇게 전하고 있다.

> 서울의 그랜드호텔 소유주인 엠벌리(W. H. Emberley)가 몇 주 전에 불타버린 패리스호텔(Palace Hotel) 경영주였던 마르텡(L. Martin)에게 호텔을 넘기는 것으로 하는 내용의 거래가 완결되었다. 엠벌리 씨 부처는 자녀들을 데리고 며칠 내로 영국을 향해 출발할 예정이다. 그들은 여러 해에 걸쳐 한국에서 체류하였다. 엠벌리 부인이 일등급 식사 테이블을 잘 마련하기로는 동양권에서 주목을 받아왔는데, 많은 이들은 안전하고 유쾌한 항로와 더불어 고국으로 돌아가 딸들과 친구들을 행복하게 재회하기를 진심으로 기원할 것이다.

『대한매일신보』 1904년 8월 4일자에 수록된 그랜드호텔(종전의 스테이션호텔)의 광고문안이다.

여기에 나오는 마르텡(L. Martin, 馬田, 馬典, 마땅)은 기사의 본문에도 나와 있다시피 경운궁 대안문 앞에 있던 옛 팔레호텔(Hotel du Palais, 프렌치호텔)의 주인이었다. 하지만 이 호텔은 1905년 2월 2일 밤 화재로 내부가 전소되었고, 이로 인하여 문을 닫아야 하는 처지가 되었다. 7 이후 1906년 하반기에 J. 보에르가 이곳을 센트럴호텔로 재개장하여 운영했는데, 이러한 일련의 과정에 대해서는 앞서 '팔레호텔'의 항목에서 자세히 설명한 바 있었다.

순화동 신석교(新石橋, 의주로 1가 44번지) 앞 만초천 빨래터의 모습이다. 사진의 중간 위쪽에 보이는 뾰족한 지붕의 서양식 건물이 '애스터 하우스'이다. 하천의 바로 오른쪽은 당시의 서대문정거장 구역이다.

마르텡이 그랜드호텔을 넘겨받은 뒤의 첫 광고는 『황성신문』 1905년 5월 15일자에 등장한다. 여기에는 그해 4월 1일부터 여관을 넓게 확장하였다는 구절이 포함되어 있다.

> [광고(廣告)] 법국인 마전(法國人 馬典)이가 여관(旅館)을 신문외 경인철로 정거장후면 이층양옥(新門外 京仁鐵路停車場後面 二層洋屋)에 제반 요리(諸般 料理)와 여숙(旅宿)을 광장(廣張)이 양력(陽曆) 4월(月) 1일(日)로 위시(爲始)하였사오니 첨군자(僉君子)는 조량(照亮)하시압. 마전 고백(馬典 告白).

애스터 하우스라는 표현이 정확히 언제부터 사용된 것인지는 분명하지 않지만, 『윤치호일기』 1905년 11월 15일자에 "……오전 11시, 며칠 전에 당도하여 지금 애스터 하우스—이전의 스테이션호텔(the Astor House—formerly the Station Hotel)에서 묵고 있는 브라이언 씨(Mr. W. J.

Bryan)를 방문했으나 만나지 못했다"고 하는 구절이 적혀 있는데, 이것이 아마도 지금까지 확인된 애스터 하우스에 관한 가장 빠른 용례가 아닌가 싶다.

그리고 애스터 하우스에 관한 또 다른 흔적은 지난 2006년 국립민속박물관에서 전시된 독일인 장교 헤르만 산더의 기증사진전 도록에 다수가 수록되어 있다.[2]

일본주재 독일대사관의 무관이었던 헤르만 산더 대위(Hauptmann Hermann Sander, 1868~1945)가 부산에서 기차를 타고 올라와 처음 서울을 찾은 것은 1906년 9월 29일이며, 그 후 10월 3일까지 5일간을 서울에 체류하였다. 이 당시 그가 머문 '애스터 하우스'의 광고전단에는 "애스터 하우스, 서울, 코리아, 최고의 일등급 호텔, L. 마르텡, 소유주"라는 표시와 더불어, "경부선, 경인선, 경의선 철도의 종착역에서 1분 거리, 투숙객은 서울종착역인 서대문(세이타이몬)정거장에서 기차표 발급이 편리함"이라는 문구가 기재되어 있다.

애스터 하우스의 주인 마르텡의 경우 호텔 경영도 경영이지만, 다른 여러 가지 분야에 사업수완을 발휘한 점도 눈에 띈다. 그는 얼음공장[3]을 운영하는 한편으로 시베리아횡단열차의 티켓 판매와 일체의 부대사업을 대행했던 국제침대열차회사(International Sleeping Car Co.)의 서울 에이전트로 활동한 흔적이 남아 있다.

---

2) 국립민속박물관 기증사진전 도록인 『1906~1907 한국·만주·사할린, 독일인 헤르만 산더의 여행』(국립민속박물관, 2006), 119쪽에는 그가 묵었던 애스터 하우스의 광고전단(기차시간표)이 수록되어 있다. 그리고 돈의문 밖에서 독일총영사관과 옛 경기감영 일대를 담아낸 전경사진(170~171쪽)에 애스터 하우스의 전경도 고스란히 남아 있어서 많은 참고가 된다.

3) 『황성신문』 1905년 10월 14일자에 "[무인당금(無認當禁)] 법인 마전(法人 馬典)이가 마포 등지(麻浦 等地)에 빙고(冰庫)를 시역차(始役次)로 개기(開基)하는데 정부(政府)에 인허(認許)가 무(無)하기로 서서(西署)에서 금지(禁止)하더라"는 기사가 남아 있다. 이로써 마르텡이 얼음공장사업을 시도한 시점이 언제였는지를 대략 짐작할 수 있다.

4. 스테이션호텔(애스터 하우스)

NEW ADVERTISEMENT.

Astor House Ice Plant

The above Ice plant is able to supply from this day pure artificial ice made with the best and most up-to-date machinery.

The purity of the ice is guaranteed as it is made from water supplied by the Seoul Water Works and filtered again before use.

Price 2 *sen* per pound for subscribers who secure a pass book before the 1st of June next.

Ice to be delivered free to subscribers in Seoul.

For pass-book and particulars apply to

L. MARTIN,
Proprietor-Manager of the Astor House Hotel,
OUTSIDE THE WEST GATE, SEOUL.

『더 서울 프레스』 1909년 5월 13일자에 수록된 '애스터 하우스 얼음공장' 광고문안이다.

그리고 특히 1907년 이후로 활동사진연극장(活動寫眞演劇場)의 운영에도 상당한 관심을 보였던 사실이 주목된다. 그러니까 애스터 하우스는 단순한 숙박시설이라는 의미보다는 초창기 활동사진 곧 영화의 대중화에 상당한 기여를 한 공간으로서 더 남다르게 평가되기도 하는 것이다.

가령 『황성신문』 1907년 4월 19일자에 처음 수록된 것을 시작으로 '신문외 새다리목 동편벽돌집 법인 마전 고백'이라는 내용의 활동사진광고와 더불어 이와 관련한 신문기사가 자주 지면을 장식하고 있다.[4] 이 무렵 『만세보』 1907년 6월 8일자에 수록된 '광고문안' 하나를 소개하면 그 내용은 다음과 같다.

금번(今番)에 시작(始作)한 활동사진(活動寫眞)은 법국 파리경(法國 巴里京)에서 유명(有名)한 것이오 또한 대한국 황실(大韓國 皇室)에서 먼저 간품(看品)하셨고 시작한 수일(數日)에 유상(遊賞)하시는 첨군자(僉君子)가 다수 왕림(多數 枉臨)하시와 좌처(坐處)가 넘쳐서 만도(晚到)하시면 불편(不便)하

---

[4] '마전여관(애스터 하우스)'의 활동사진광고는 『황성신문』 1907년 10월 11일자에 수록된 것을 마지막으로 더 이상 게재되지 않았다. 아마도 영화의 흥행을 더 이어가지 못하고 그즈음에 이 영화 상영을 마감한 것이 아닌가 짐작된다.

오니 속(速)히 왕림(枉臨)하시압. 금번(今番)에 새로 활동사진 수십건(活動寫眞 數十件)이 래도(來到)하였는데 기저(其猪)에 적국(敵國)과 싸워 이겨 사람을 갈아먹은 사(事)와 인구(人狗)가 상투(相鬪)하야 구(狗)가 득승(得勝)한 것과 제반몽중지사(諸般夢中之事)를 형용(形容)한 것과 기타 자미(其他 滋味)가 다다(多多)한 사진(寫眞)이 있사오니 속속(速速)히 래완(來玩)하시압.

활동(活動)은 자 하오 팔점 지 구점(自 下午 八点 至 九点)

명창선무가동(名唱善舞歌童)과 창화유(唱和留) 자 구점 지 십일점(自 九点 至 十一点)

매표시 칠점반 위시(賣票時 七点半 爲始)

입장표(入場票) 상등(上等) 신화 삼십전(新貨 三十錢), 중등(中等) 신화 십오전(新貨 十五錢), 소동(小童) 십전(十錢)

신문외 신교동변 제일양옥(新門外 新橋東邊 第一洋屋) 법국인 마전 고백(法國人 馬田 告白).

이와 아울러 『만세보』 1907년 5월 5일자 게재된 「활동사진장관(活動寫眞壯觀)」이라는 제목의 기사에는 애스터 하우스에서 벌어지는 활동사진에 대해 이렇게 소개하였다.

법국인 마전씨(法國人 馬田氏)가 신문외 신교북우 양제옥(新門外 新橋北隅 洋製屋)에 활동사진소(活動寫眞所)를 신설(新設)하였는데 사진(寫眞)도 신본(新本)이오 활동(活動)도 신술(新術)로 준비(準備)하야 동서양 무론(東西洋 毋論)하고 절승(絶勝)한 산천(山川)과 성시(城市)의 사시경개(四時景槪)와 남녀중(男女中) 탁월(卓越)한 인물(人物)과 제반예식(諸般禮式)과 전쟁(戰爭)과 유희(遊嬉)와 고담중(古談中)에 기묘(奇妙)한 형적(形跡)을 일체겸비(一切兼備)하여 천연(天然)히 환출(幻出)하는데 기승경(其勝景)을 약론(略論)

FROM SEOUL
TO EUROPE IN 15 DAYS
VIA ANTUNG-MUKDEN OR CHEMULPO-DALNY.

No More Trouble With the Coupon-Tickets!!!

PASSAGE ON STEAMER, BERTH ON TRAIN ENGAGED IN ADVANCE.

Special Coupon-tickets issued covering every section of the journey, with stop-over allowed at interesting towns, available for 90 days.

For tickets, rates, hand-books, Maps and General Information apply to

INTERNATIONAL SLEEPING CAR CO.

L. MARTIN,

ASTOR HOUSE HOTEL.   SEOUL AGENT.

Astor House Hotel, SEOUL, KOREA.

THE MOST MODERN EQUIPPED HOTEL IN SEOUL.

Fitted through with Hot and Cold Water.
Electric light and fans.
Heating plant and Latest Sanitary arrangement.

24 Rooms 12 with private Bath Rooms attached.

Runner meets all trains.

TELE { PHONE - - - 555.
       GRAPH - - - MARTIN-SEOUL.

L. MARTIN,
Manager and Proprietor.

「더 서울 프레스」 1909년 7월 22일자에 새로 등장한 '애스터 하우스 호텔'의 광고문안이다. 여기에는 이곳에 24개의 객실과 12개의 개별 목욕방이 갖춰진 것으로 선전되고 있다. 이 광고는 1910년 8월 2일자를 끝으로 더 이상 나오지 않았다. 이 광고의 위쪽에는 시베리아횡단열차의 티켓 판매를 대행했던 마르텡의 또 다른 광고가 함께 수록되어 있다. 그의 사업영역이 여러 개에 걸쳐 있었음을 엿볼 수 있다.

하면 각국도성(各國都城)과 폭포(瀑布)와 화출(火出)하는 류(類)오 인물(人物)로는 초윤호걸(超倫豪傑)과 절대가인(絶代佳人)의 류(類)오 기타 예식(其他 禮式)과 유희(遊嬉)의 기묘(奇妙)한 형적(形跡)은 도도기술(道道記述)치 못하겠으니 천하(天下)의 장관(壯觀)을 가(可)히 안좌(安坐)하야 역람(歷覽)하겠다더라.

애스터 하우스는 간혹 음악회장으로 변하기도 했는데, 『더 서울 프레스』 1907년 11월 28일자에 수록된 광고에는 제물포 성누가병원(St. Lukes Hospital, Chemulpo)의 후원으로 서울과 인천지역에 거주하는 주요 서양인 명사들이 대거 출연하여 피아노, 만돌린, 기타 연주, 그리고 노래와 춤으로 엮인 유료 콘서트가 개최된다는 사실을 알리고 있다.

또한 일제의 밀정(密偵)으로 '조선의 마타하리'라는 별명으로 널리 알려진 배정자(裵貞子, 1870~1952)가 세 번째 남편으로 친일인사 박영철(朴榮喆, 1879~1939)을 맞이할 때 그들이 결혼식을 올린 공간이 애스터 하우스였다. 이에 대해서는 『대한매일신보』 1907년 12월 24일자에 다음과 같은 기사가 남아 있다.

> [혼례장관] 전 한성판윤 배국태 씨의 매제 배정자와 일본에 유학하여 졸업한 시종무관 박영철 씨가 새문밖 호텔에서 혼례를 재작일에 거행하였는데 혼인하는 예절과 잔치하는 음식을 다 서양법으로 하고 내외국 신사 수백인을 청하여 대접하였다더라.

그때는 아직 서양식 결혼이 흔치 않았던 않았던 시절이었으므로 이것이 적잖이 장안의 화제를 불러일으켰던 것으로 보인다. 이를테면 이것은 요즘에 유행하는 호텔 결혼의 원조쯤에 해당하는 것이 아닌가 여겨진다.

4. 스테이션호텔(애스터 하우스)

그런데 이곳 애스터 하우스는 특히 대한매일신보 사장이었던 영국인 어네스트 베델(Ernest Thomas Bethell, 裵說; 1872~1909)이 마지막 숨을 거둔 곳으로도 기억되는 공간이다.

1908년 6월 15일부터 3일 동안 당시 한국통감 이토 히로부미(伊藤博文)를 대리한 통감부 서기관 미우라 야고로(三浦彌五郎)의 청구에 따라 서울주재 영국총영사관에서 열린 재판의 결과 유죄판결이 내려진 베델에게 주어진 형벌은 3주간의 금고형과 해외추방, 6개월간의 근신처분이었다. 여기에는 "1908년 4월 17일자 스티븐스 암살사건에서 베델은 전명운, 장인환 등 하수인들을 애국지사, 의사 등으로 찬양함으로써 일본의 보호권을 묵살하였으며, 기타 기사를 통해 한국인들을 선동하여 일본인 반대운동을 했다는 것이며, 이 같은 신문기사는 결국 일본인과 한국인 사이에 적대감정만 조장하게 된다"는 것이 그 판결이유로 내세워졌다.

1909년 5월 1일 애스터 하우스 호텔에서 숨을 거둔 대한매일신보 사장 어네스트 베델의 모습이다. 지금 그의 묘소는 양화진 외국인묘지에 남아 있다.

이 때문에 베델은 중국 상하이로 건너가서 3주간의 금고형을 겪은 후에 다시 한국으로 되돌아왔으나, 이미 큰 병을 얻음에 따라 1909년 5월 1일에 서대문 밖 애스터 하우스 호텔(Astor House Hotel)에서 37세의 나이로 홀연히 목숨을 다하고 말았던 것이다.[5] 그리고 그의 시신은 이내 양화진외국인묘지로 옮겨져 그곳에 안식처가 마련되었다.

생전에 베델과 마르텡은 국채보상운동(國債報償運動)의 일환으로 모금된 수입금액 일부를 이자를 받는 조건으로 대여하여 관리할 정도로 상호 간의 친분이 두터웠던 사이였다. 베델은 죽어서까지도 일본 세력에 의해 '악덕기자(惡德記者)'로 매도된 바 있고 또한 애스터 하우스는 그의 주된 활동공간이었으므로, 여기에 통감부에 의한 유무형의 핍박이 없지는 않았을 것으로 보인다.

반드시 이러한 이유 때문만은 아니었겠지만, 실제로 애스터 하우스의 운명은 그다지 오래 지속되지 못했다. 경술국치 이후 일제강점기로 접어들 무렵부터 이곳에 관한 소식은 그것이 숙박시설이건 아니면 다른 문화시설로건 간에 완전히 자취를 감추고 말았다. 이 호텔의 주인이었던 엠벌리나 마르텡이 그 후 어찌어찌 되었다는 단 한 줄의 소식조차 찾을 수가 없다.

다만, 『더 서울 프레스』 1910년 7월 21일자에 수록된 광고에는 "애스터 호텔, 세놓음(Astor House, to let)"이란 내용이 수록되어 있고, 더구나 광고주가 '휴즈'라는 사람으로 되어 있는 걸로 보아 이때 마르텡이 호텔 경영에서 손을 떼고 이곳을 처분한 것으로 판단된다. 이와 동시에 그동안 지면을 계속 차지해왔던 애스터 호텔의 광고문안은 1910년 8월 2일

---

5) 한국프레스센터, 동아일보사, 관훈클럽신영연구기금 공동주최, 정진석 자료수집·해설, 『한말언론사료전 : 대한매일신보와 배설』(1987년 9월 1일~9월 7일, 한국프레스센터 1층 서울갤러리)의 61쪽에는 영국총영사관에서 발급한 사망증명서가 수록되어 있는데, 그의 사망 장소가 "애스터 하우스 호텔, 서울"이라고 분명히 표기되어 있다.

4. 스테이션호텔(애스터 하우스)   63

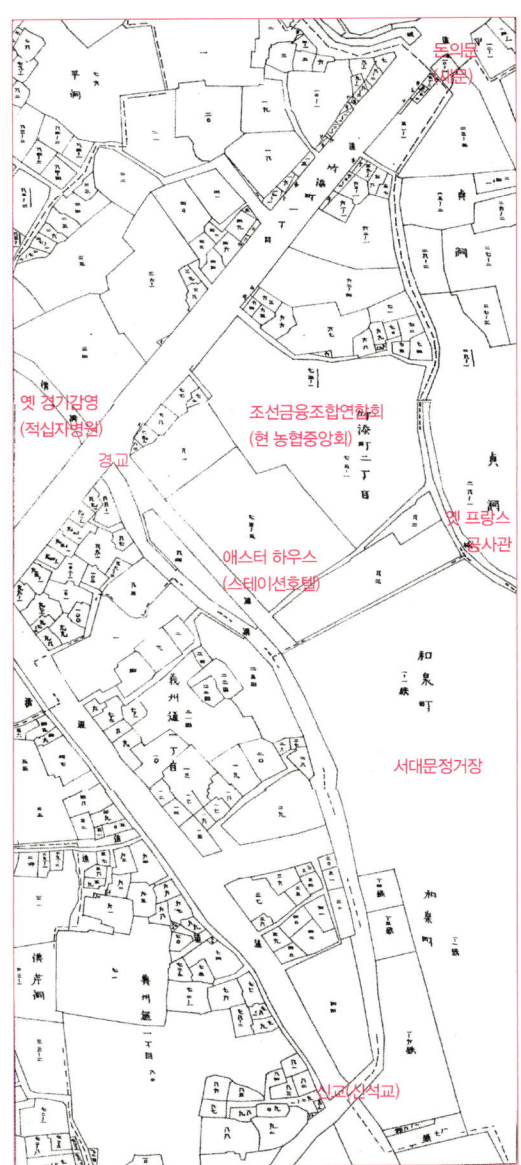

『경성부일필매지형명세도』(조선도시지형도간행회, 1929)를 통한 애스터 하우스와 그 주변 지형물의 위치 확인

자에 수록된 것을 마지막으로 더 이상 게재되지 않았다는 점도 이러한 변화의 일면을 암시해준다.

여기에 나오는 '메이저 휴즈(Major Hughes)'는 '휴즈 소령(少領)'으로 옮기는 것이 가장 적합하다. 그 당시의 어법으로는 '휴즈 소좌(少佐)'라는 표현도 가능하겠다. 이 사람의 정체에 대해서는 정확히 가늠하기 어려우나, 국사편찬위원회가 정리한 『주한일본공사관기록(駐韓日本公使館記錄)』에 따르면 "1903년 4월 24일 신임 주한독일공사 잘데른(Conrad von Saldern, 謝爾典; 1847~1909)이 대련환(大連丸)을 타고 제물포에 입항할 때 프랑스공사관부 무관 고빈 남작과 영국육군 소좌 휴즈 씨도 같이 도착"하였다는 구절이 포함되어 있으며, 『통감부문서』에는 1907년 10월 14일에 벌어진 베델에 대한 예비심리 때 "영국인 퇴역 육

군소좌 휴스가 증인으로 출정"한 사실이 기록되어 있다.[6]

그런데 이 휴즈라는 이름은 『경성부관내지적목록(京城府管內地籍目錄)』(1917년도판)에도 등장한다.

여기에는 지금의 '충정로(忠正路) 1가'에 해당하는 죽첨정 1정목(竹添町 一丁目, 타케조에쵸 잇쵸메) 항목에 "75번지(3,587평)", "77번지(55평)", "84번지(218평)"의 소유자가 모두 영국인 휴즈라고 표시되어 있다. 이 가운데 애스터 하우스가 있던 곳은 '75번지 구역'에 해당한다. 이곳은 3,587평에 달하는 넓은 땅으로 그 이후 75-1번지, 75-2번지로 지번분할이 이뤄지며, 『경성부관내지적목록(京城府管內地籍目錄)』(1927년도판)에 따르면 그 사이에 소유권 또한 다른 사람(미국인 프레자, 요코하마 야마노테쵸 119)에게 이전된 것으로 확인된다.

『더 서울 프레스』 1910년 7월 21일자에 수록된 '애스터 하우스 임대' 광고문안이다. 광고주가 휴즈(Hughes)라는 사람으로 바뀐 사실이 눈에 띈다.

---

6) 『더 서울 프레스(The Seoul Press)』 1908년 3월 12일자에는 서대문 밖에 소재한 서양식 건물 한 채와 1,200평가량의 대지에 대한 '주택 매각 또는 임대 광고' 문안이 수록되어 있는데, 여기에도 그의 이름이 보인다. 특히 그의 주소지가 "애스터 하우스 호텔 내(c/o Astor House Hotel)"로 표시되어 있는 걸로 봐서 그 당시 그가 이 호텔에 장기 투숙하고 있었던 것이 아닌가 짐작된다.

'경성부관내지적목록'에 표시된 영국인 휴즈의 소유지 변동내역

지번구분 (1917년)	면적	소유주	지번구분 (1927년)	면적	소유주	비고
죽첨정 1정목 75번지	3,587평	영국 휴스	죽첨정 1정목 75-1번지	2,347.4평	이달용	현재 농협 중앙회 자리
			75-2번지	1,239.6평	미국인 E. W. 프레자	옛 애스터 하 우스 자리
			75-3번지	8.3평	이달용	
77번지	55평	영국 휴스	77번지	55평	이달용	
84번지	218평	영국 휴스			미국인 E. W. 프레자	

 이러한 상태에서 '75-1번지'의 땅은 나중에 1933년 창립된 조선금융조합연합회 본부(朝鮮金融組合聯合會 本部)가 차지하게 되는데, 현재 농협중앙회(農協中央會)가 이 일대에 자리하고 있는 것은 바로 여기에 기인한다. 지번분할 이후의 개념으로 보면 옛 애스터 하우스는 '75-2번지 구역'에 포함된다. 『경성부일필매지형명세도(京城府一筆每地形明細圖)』(1929)에는 해당 위치에 '75-5번지'로 표기된 것이 눈에 띄지만, 이 당시에는 이러한 지번이 존재하지 않았으므로 이것은 '75-2번지'를 잘못 나타낸 오류라고 보는 것이 옳다.

 그렇다면 일제강점기 이후 옛 애스터 하우스 자리의 변천사는 어떠했던 것일까?

 1930년 언저리에 찍은 것으로 보이는 국립중앙박물관 소장 항공촬영 사진(유리원판#미등록 소판 1022-08)에는 그때까지 애스터 하우스의 '서양식 건물'이 건재했음을 보여준다. 이것이 그동안 어떠한 용도로 사용되었는지는 알 수 없지만 건물의 외형만큼은 예전과 전혀 다를 바 없이 남아 있었던 것이다.

그리고 『동아일보』 1935년 6월 14일자에는 이 건물의 연혁에 관한 단서를 주는 흥미로운 기사 하나가 수록되어 있다.

[경기금련 지부이전(京畿金聯 支部移轉)] 금조연합회(金組聯合會) 경기도지부(京畿道支部)에서는 금회(今回) 죽첨정(竹添町) 연합회본부전(聯合會本部前) 미인소유 이계건 양옥(米人所有 二階建 洋屋)을 매수(買收)하여 동소(同所)를 개축이전(改築移轉)하기로 결정(決定)하고 목하(目下) 이의 이전준비중(移轉準備中)인데 현사사(現社舍)는 타(他)에 이전(移轉) 우(又)는 임대(賃貸)하기로 되었다.

여기에 말하는 미국인 소유 이층건물이란 옛 애스터 하우스 건물인데, 소유자로 표시된 미국인은 『경성부관내지적목록』에 표시된 대로 미국사람 E. W. 프레자를 가리키는 것으로 보인다. 이로부터 1년이 지난 뒤 『동아일보』 1936년 6월 27일자에는 조선금융조합연합회 경기도지부의 이전 사실을 다음과 같이 알리고 있다.

[금련 경기도지부 이전(金聯 京畿道支部 移轉)] 조선금융조합연합회(朝鮮金融組合聯合會) 경기도지부(京畿道支部)에서는 금반(今般) 당지부사무소(當支部事務所)를 좌기장소(左記場所)에 이전(移轉)하고 6월(月) 25일(日)부터 동소(同所)에서 집무(執務)하기로 되었다 한다. 죽첨정 일정목(竹添町 一丁目) 5번지(番地)의 2.

여기에 표시된 '죽첨정 1정목 5번지의 2'라는 주소는 암만 봐도 '75-2

4. 스테이션호텔(애스터 하우스)   67

옛 서대문정거장 자리에서 제일 가까운 이화여자외국어고등학교 정문 앞쪽에서 농협중앙회 쪽을 바라본 전경사진이다. 현재 자동차 통행로가 된 부분은 옛 만초천이 복개되어 형성된 도로이다. 저 너머로 동그라미 표시가 된 자리는 애스터 하우스의 원위치로 추정되는 지점인데, 지금은 지난 1986년에 농협대강당 신축 당시 옮겨진 커다란 '회화나무' 한 그루가 그곳을 차지하고 있다.

번지'의 인쇄 착오이다. 이 무렵인 1937년에 발간된 후지사와 세이지로 (藤澤淸次郞)의 『조선금융조합과 인물(朝鮮金融組合と人物)』이란 자료에는 조선금융조합연합회 경기도지부의 사진이 수록되어 있는데, 그것은 틀림없는 옛 애스터 하우스 건물이라는 것이 이러한 판단의 근거이다.

이 건물의 최후에 대해서는 아쉽게도 자세히 알려진 바 없다.[7] 다만,

---

7) 『동아일보』 1949년 6월 17일자에는 "[서대문세무서(西大門稅務署) 금련별관(金聯別館)으로 이사(移徙)] 서대문세무서는 15일 정동(貞洞) 1의 28호로부터 충정로 1가 75 금조연합회 뒤 별관으로 청사를 옮기였다"는 기사가 수록되어 있다. 여기에서 말하는 금융조합연합회 뒤편의 별관이라는 것의 정체는 곧 예전의 경기도지부로 사용된 바 있는 애스터 하우스 건물을 지칭하는 것인 듯하다.

임인식 사진작가의 사진첩 『그때 그 모습』(발언, 1995), 5쪽에 수록된 "서울 서대문로타리(1952)"라는 제목의 항공사진에서도 옛 애스터 하우스 건물이 고스란히 남아 있었던 것을 발견할 수 있다. 비록 스테이션호텔과 애스터 하우스라는 이름을 바꿔 단 서양식 호텔은 불과 10년을 존재하지 못했지만, 그때 지은 건물만큼은 전쟁으로 인한 난리 통도 비켜날 만큼 생각보다 꽤 오래 잔존했던 모양이었다.

하지만 언제였는지는 알 수 없지만 애스터 하우스의 옛 건물이 사라지던 바로 그 순간, 이곳이 한때나마 활동사진을 상영하는 공간으로 이름을 날렸고, 근대개화기 이 땅을 다녀간 무수한 서양사람들이 이곳에 묵으면서 쓰러져가던 대한제국의 운명을 담담하게 지켜봤으며, 또한 그 누구보다도 적극적으로 항일독립의 정신을 고취했던 영국사람 베델이 마지막 숨을 거두던 공간이었다는 사실을 제대로 기억하던 이가 과연 남아 있기는 했던 것일까?

서대문정거장의 내력

경찰청 청사(서울 서대문구 미근동 209번지)가 길 건너에 마주 보이는 바비엥-1오피스텔 옆쪽 '의주로공원(서울 중구 의주로 1가 44-2번지)'에는 '서대문정거장터(西大門停車場址)'라고 새긴 역사유적 표석이 도로변에 자리하고 있다. 이 표석은 2002년에 설치한 것으로, 처음에는 '서소문역터'라고 잘못 표시하였다가 나중에 설명문안까지 고쳐서 이를 다시 교체한 것으로 알려진다.

그런데 실상 이 표지석의 설치 위치조차도 여러모로 마뜩지 않은 측면이 있다. 원래 서대문정거장은 일제강점기의 주소체계에 따르면 화천정(和泉町, 이즈미쵸) 1번지이며, 지금의 순화동(巡和洞) 1번지에 속한다. 이곳의 지목(地目)은 철도용지로 그 면적이 1만 6,161평에 달했다. 따라서 이렇게 너른 땅을 두고 딱히 어느 한 곳을 잡아 서대문정거장터라는 표석을 세울 장소로 선정하

의주로공원에 설치된 '서대문정거장 터' 역사유적 표석

기가 쉬운 일은 아니었을 테지만, 설령 그렇더라도 지금의 자리는 일단 번지수부터가 틀리다는 것이 우선 거슬린다. 그리고 이왕에 그러한 표석을 세울 것이라면, 되도록 정거장의 중심지가 되는 구역에 가까운 곳을 선정하는 고증작업이 필요하다고 여겨지지만 이 부분 역시 그다지 높은 점수를 주기가 어렵다.

옛 서대문정거장 시절의 모습을 그려보면, 현재 유관순기념관 앞쪽부터 그 북측 일대가 승강장이 있던 자리이며 역사(驛舍, 대합실)가 있던 위치는 이화여자외국어고등학교 정문(이화여자고등학교 서문)을 막 들어선 운동장 언저리이다. 따라서 위의 표석은 지금 자리보다 학교 교문 바로 앞으로 옮기는 쪽이 사실관계에 더 부합하는 것이 되는 셈이다.

이미 잘 알려진 바대로 서대문정거장은 경인철도(京仁鐵道)의 종착역으로 만들어진 기차역이었다. 경인선 철로는 1899년 9월 18일에 인천과 노량진 구간을 우선 운행하였고, 해를 넘겨 1900년 7월 8일에 서울과 인천 사이의 전

1901년 늦여름에 우리나라를 찾은 미국인 사진여행가 버튼 홈즈가 서울성벽 위쪽에서 담아낸 새문밖정거장(서대문정거장)의 모습이다. 지금은 이 일대가 이화여자외국어고등학교(순화동 1번지)로 바뀌어 있다. 사진의 중간 오른쪽 부근에 만초천이 흐르고, 개천과 의주로가 교차하는 지점에 놓여 있는 신교(新橋, 신석교)의 모습도 눈에 띈다(버튼 홈즈, 「버튼 홈즈의 여행강의」 제10권, 1901).

구간이 완전 개통되었다. 서대문정거장으로 기차의 왕래가 가능해진 것은 바로 이때부터였다. 이렇게 시차가 나게 된 것은 한강을 가로지르는 한강철교의 건설이 그만큼 늦어졌기 때문이었다.

한강을 건너는 철도의 건설은 제물포와 노량진 구간의 부분개통에 앞서 1899년 4월 하순에 기공되었으나 그해 여름 대홍수로 공사시설물이 전부 유실되어 공사가 지연된 끝에 그 이듬해인 1900년 7월 5일에야 완공을 보게 되었다. 이 다리의 구조는 한강 본류가 흐르는 노량진 쪽 연안으로는 9개의 교각을 설치한 철교(鐵橋, 길이 2,062피트)를 건설하고, 나머지 모래사장을 이루고 있던 용산 쪽 연안으로는 목교(木橋, 길이 660피트)를 병행하여 가설하는 방식이었다.

『황성신문』 1900년 11월 13일자에는 경인철도의 개업식이 벌어진 때의 광경을 그린 기사가 수록되어 있다.

> [경인철도개업식(京仁鐵道開業式)] 작일(昨日) 경인철도회사(京仁鐵道會社)에서 내외국 문무신상(內外國 文武紳商)을 신문외정거장(新門外停車場)으로 청(請)하여 개업식(開業式)을 행(行)하는데 정거장남북(停車場南北)으로 녹문(綠門)을 고건(高建)하고 녹문하(綠門下)에 한일양국국기(韓日兩國國旗)와 해회사기(該會社旗)를 횡삽(橫挿)하고 좌우(左右)에 성등(星燈)을 나열(羅列)하였고 식장(式場)에는 송엽(松葉)을 만장(滿粧)하고 각색국화(各色菊花)로 수식(繡飾)하였으며 정면(正面)에는 한일국기(韓日國旗)를 횡괘(橫掛)하였더라. 당일 정오(當日正午)에 내빈(來賓)을 인도(引導)하여 식장(式場)에 회립(會立)한 후(後) 해사장(該社長) 삽택씨(澁澤氏)가 식사(式辭)를 낭독(朗讀)하매 대한철도원총재 민병석씨(大韓鐵道院總裁 閔丙奭氏)가 식사(式辭)를 답(答)하고 해회사 총지배인 족립씨(該會社 總支配人 足立氏)가 회사설립(會社設立)을 보고(報告)한 후(後)에 입식(立食)하는데 식탁(食卓)에서 일본공사(日本公使), 대한외부대신(大韓外部大臣), 철도회사장(鐵道會社長), 미국공사(美國公使) 제씨(諸氏)가 차제

(次第)로 축사(祝辭)하고 여흥(餘興)으로 한국군악(韓國軍樂) 일본연희(日本演戲)를 회관(會觀)한 후(後) 하오(下午) 5시(時)에 산귀(散歸)하더라.

여기에서 보듯이 그 시절 서대문정거장은 흔히 신문외정거장(新門外停車場, 새문밖정거장)이거나 서문외정거장(西門外停車場)이라는 표현으로 사용되었으며, 이보다 훨씬 단순하게 그냥 '경인철도정거장'이라고만 표기한 사례도 자주 눈에 띈다. 하지만 이곳의 정식명칭은 경성정거장(京城停車場)이었다. 물론 서대문정거장이라는 표현이 등장하는 것도 조금 나중인 1905년 3월의 일이다.[8]

서대문정거장의 모습이다. 사진의 왼쪽에 보이는 건물이 대합실이고, 오른쪽으로는 서울성벽 위로 프랑스공사관 건물이 우뚝 솟아 있다.

경인철도의 종착지점이 남대문 쪽이 아닌 새문 쪽으로 정해진 것은 이곳이 서울도성을 동서로 이어주는 종로축(鐘路軸)의 서쪽 끝에 해당하므로 도심지의 진입이 훨씬 용이할뿐더러 새로운 권력의 중심지인 경운궁과 정동 일대가 성벽 하나를 사이에 둔 가까운 거리에 있었다는 지리적 이점이 고려된 결과였다. 그리고 장차 무악재 방향으로 서북철도(西北鐵道, 경의철도)가 뚫린다면 남북으로 철로를 이어주는 교통의 중심지가 될 것이라는 기대감도 없지 않았던 것이나.

---

8) 『황성신문』 1905년 4월 11일자에 수록된 '경부철도주식회사'의 광고문안에는 "[1905년] 3월 27일부터 경인선 경성역(京仁線 京城驛)을 서대문역(西大門驛)이라 개칭(改稱)함"이라는 구절이 포함되어 있다.

4. 스테이션호텔(애스터 하우스)   73

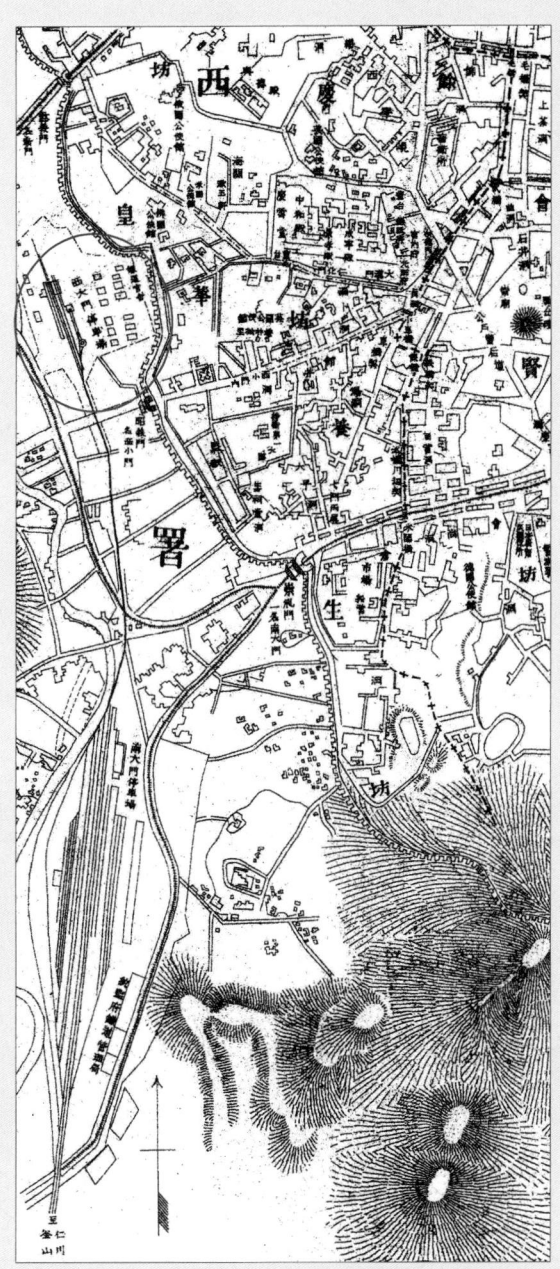

서대문정거장과 남대문정거장 주변의 지형배치(통감부철도관리국, 『한국철도선로안내』, 1908)

하지만 경의철도의 분기점이 용산역으로 결정되면서 서대문정거장은 통과역으로 부상되기는커녕 아주 외진 공간의 종착역으로 전락하였고, 더구나 1905년 경부철도의 완공과 더불어 철도이용의 중심지가 남대문역 쪽으로 점차 이동하였으므로 이곳의 위상은 예전만 같지 못한 상황으로 바뀌었다. 이 당시 서울 거주 일본인들의 활동구역이 대체로 청계천 아래와 남산에 가까운 곳에 편중되어 있었다는 점도 이러한 변화를 촉발하는 계기로 작용했다.

이러한 상태에서 일제강점기로 접어든 이후 남대문역[9]에서 금화산 아래로 기차터널을 뚫어 수색역(水色驛)으로 곧장 잇게 하는 경의선 개수공사가 결정되자 서대문정거장은 그

---

[9] 『조선총독부 관보』 1922년 12월 28일자에는 "1923년 1월 1일부터 국유철도 경부선 남대문역을 경성역(京城驛)으로 개칭한다"는 구절이 게재되어 있다.

야말로 더 이상 쓸모없는 기차역으로 치부되고 말았다. 이 선로는 1918년 9월 1일에 기공하여 1920년 6월 20일에 준공을 보았으며, 그해 12월 21일부터 이 직통노선을 통한 열차운행이 개시되었다.

이 공사가 진행되던 도중에 서대문역은 1919년 3월 31일을 마지막으로 영영 문을 닫고 말았다. 남대문 수색 간 직통공사가 역시 정거장 폐쇄의 표면적인 이유로 내세워졌다. 이와 관련하여 『매일신보』 1919년 3월 22일자에 수록된 「폐지(廢止)될 서대문역(西大門驛), 이십 년 전 개업, 처음은 남대문 이상」이라는 제목의 기사는 당시의 상황을 이렇게 설명하였다.

> 서대문정거장은 이번에 철도선로를 개량하는 관계로 말미암아 본월 말일까지에 폐지를 하게 되었는데 그 정거장은 명치 33년(1900년) 7월 8일에 경인철도가 처음 개통하였을 때에 경성정거장이라고 이름을 지어서
>
> ◇ 경성 방면으로는 그중 종점이었으며 당시로 말하면 남대문정거장보다도 번창하여 장래에는 번창할 줄로 알았더니 그 후에 세월이 지남을 따라서 경성의 천지는 비범한 발전이 되어 정거장의 세력은 남대문에게 빼앗기게 되었으니 서대문정거장 부근에는 외국영사 외 기타 외국인이 많이 거주하여 수년 전까지는 일, 이등 승객이 남대문보다 많아서 유망한 정거장으로 인정되었더니 최근에 이르러서는 서대문에는 하루에
>
> ◇ 기차가 몇 번씩 떠나지도 아니하고 다만 석탄과 신탄이 조금씩 풀릴 뿐이므로 예전에 번창하던 자취는 그림자도 볼 수가 없게 되었도다. 이번에 폐지하게 됨은 실로 세상의 운수가 발달함에 따라서 어찌할 수 없는 운명이라고 어떠한 경성관리국원은 말하더라.

곧이어 『매일신보』 1919년 4월 5일자에도 「서대문역(西大門驛)의 폐지(廢止)된 영향(影響)은 어떤 사람이 받는가?」라는 제목의 기사가 수록되어 있는데, 여기에는 정거장 폐쇄 당일의 풍경을 이렇게 그리고 있다.

만철 경성관리국에서는 4월 1일로부터 경부간의 급행열차를 한 차례 더 떠나게 하는 동시에 전선의 시간표를 고치었으며 서대문정거장도 폐지하게 되어 지나간 31일 오후 9시 59분에 그 정거장에 도착하는 열차에 승객 열한 명이 내리고 동 10시 10분에 떠나는 인천행 열차에 32명의 승객을 취급함이 마지막이 되고 열차는 영구히 서대문정거장에 오지 아니할 터이며 정거장문은 굳게 잠그고 사무실에 놓였던 책상과 걸상도 모두 치웠으며 다만 세 줄의 철도선로만 남아 있을 뿐이라. 일곱 해 동안 정근을 하여 온 고교(高橋) 조역은 말하되 "이 정거장은 3월 말일 폐지되고 역원 9명은 각각 다른 곳으로 전근을 하기로 결정이 되었으나 4월 보름께까지는 나머지 사무를 정리하려고 이곳에 있을 터이며 폐지한 뒤에는 서대문역을 남대문역 구내에 편입하여 화물계의 무슨 부속사무실로 쓸 터이지요. 이 정거장이 폐지됨으로 그중 불편한 승객은 인천에서 기차로 통학하는 일백 ○십 명의 학생인데 일로부터는 남대문에서 내릴 터이니 학교에 다니기가 매우 멀 터이며 또 정거장 부근의 상점중 특별히 석유 신탄상은 매우 한산하여질 터이며 이 정거장은 최초에 미국인 '골불안' 씨가 지은 것이므로 재목은 모두 '아메리카'의 소나무와 벚나무를 썼다"고 처량한 어조로 말하더라.

이렇듯 서대문정거장은 결국 역사의 뒤안길로 사라지고 말았지만, 개통 당시만 하더라도 이곳은 서울로 진입하는 최단통로이자 서양각국의 신문물이 유입되는 경로로서 그 위상이 아주 높았다. 인천항으로 들어오는 서양인 탐방객들로서는 곧장 기차를 타고 서울로 들어오는 것이 가능했으므로 구태여 하루 이틀을 더 그곳에서 묵을 필요가 없었고, 이러한 결과로 이 역 주변과 성벽 안쪽으로 이어진 정동 일대에는 서양식 호텔들이 잇달아 들어서게 되었던 것이다.

또한 전차선로의 확충에도 서대문정거장이라는 존재가 여기에 기여한 바는 적지 않다. 애당초 1899년 전차의 개통 당시 그 서쪽 끝 종착점이 경교(京橋)로 정해진 것은 개통 예정인 경인선의 철로와 한성전기회사의 전차선로를 서로 연결하여 교통망의 편의를 극대화하자는 의도였던 것이다. 한강철교의 완공으로 서대문정거장까지 열차가 진입한 때에 맞춰 남대문 밖 전차분기점에서 봉래동(蓬萊洞), 자암동(紫岩洞)을 거쳐 새문밖정거장으로 올라가는 새로운 전차선로도 서둘러 개통되기도 했다. 그리고 애오개를 거쳐 한강변으로 길게 이어지는 마포행 전차선로도 잇달아 1906년 하반기에 신설되었는데, 그 출발지점이 바로 경교였다. 이러한 교통수단의 확충에 따라 서울과 인천을 왕래하는 사람들의 규모와 편익은 그만큼 높아졌고, 그 중심에는 경인철도의 종착역인 서대문정거장이 있었던 것이다.

그렇다면 1919년 3월에 서대문역이 문을 닫은 이후 이곳은 어떠한 공간으로 변했던 것일까?

옛 서대문정거장이 있던 순화동 1번지 일대의 넓은 공간은 이내 철도사택(鐵道舍宅)으로 변모되어 이 일대는 느닷없는 관사촌(官舍村)을 이루었고, 이러한 형태는 해방 이후에도 한동안 그대로 이어졌다. 이 구역이 재단법인 이화학원으로 넘겨진 것은 1955년 10월 15일의 일이다. 이 과정에 대해서는 이화여자고등학교가 펴낸 『이화백년사 1886~1986』, 377~379쪽에서 다음과 같이 요약되어 있다.

교육열의 고조에 따라 학급 수의 증설과 학생 수의 급격한 증가로 이화학교는 기존 교육시설만으로는 원활한 교육을 펼쳐나가기에 부족함이 많아졌다. 때마침 재단의 경영도 충실해져서 교지확장에 전력을 기울이게 되었다. 그 결과 종래의 4,277평의 정동 32번지 교지에서 새로이 동쪽으로 정동골목을 건너 정동 1-45의 사세청 소유지 1,433평 3홉(지금의 예

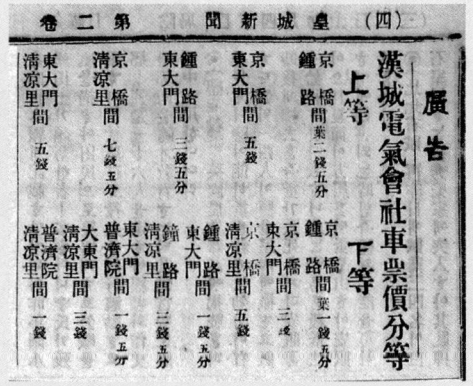

『황성신문』 1899년 5월 19일자에 수록된 한성전기회사의 전차요금표 광고문안이다. 전차선로의 양끝 쪽이 청량리와 경교로 이어져 있음을 알 수 있다. 새문밖 경교가 전차종점이 된 것은 바로 이곳에 경인철도의 종착역인 서대문정거장이 들어서기로 예정이 된 탓이었다.

원학교 교사터), 정동 17-4에 있는 682평(미 선교사 숙소, 한때 이화여중 운동장, 그 후 예고와 예원 운동장으로 사용, 1956년 매입), 정동 14-1 관세청불하지 227평(예원학교 교지, 1957년 매입)을 매입하였으나 더 이상 동쪽으로 확충하기가 어렵게 되었다. 그리하여 옛 성터를 넘어 서쪽으로 진출하게 되었으니 1955년 순화동 1-1 교통부 소유지 9,638평, 충정로 1가 83 체신부 소유지 707.51평(1958년 매입), 서대문 순화동 소재 645평(1961~1967년 매입)과 747.8평(1961년 매입)을 매입함으로써 대이화의 발전이 가능해졌다.

…… 이화가 이 땅을 매입함으로써 교통부 직원 거주자들에게 건물 이전 보조금으로 건평당 9천 환씩을 지급하여 철거민에게 보상하였다. 이화가 이 지역을 인수한 후 대부분의 옛 철도원 관사는 철거하였으나 쓸 만한 몇 채의 건물은 그대로 두어 사용하였으니, 그중 현재까지 남아 있는 유일한 건물이 운동부 선수 합숙소(유관순기념관과 체육관 사이)이다. …… 유관순기념관 동쪽 잔디밭에는 서대문정거장 역장의 관사가 있어서 목공실로 이용하다가 1960년대 말에 철거하고 재목의 중요부는 현재 학교에서 보관하고 있다. 역장 관사 남쪽에는 큰 콘크리트 뚜껑으로 덮은 지하에 옛 서소문정거장 우물이 있는데 이 우물에서 기차에 물을 공급하였던 것이다. 스크랜튼홀이 있는 충정로는 옛 조선시대의 고마청(雇馬廳)이 있었던 곳으로 군사상 금위영이 관할구역에 속하였다.

지금은 이 일대가 모두 학교 운동장에 포함되거나 군데군데 다른 건축물들이 뒤섞여 있는 구역에 지나지 않지만, 혹여 경의선 철도가 만들어질 때 서대문정거장이 서울의 제1관문이라는 자리를 지키면서 '통과역'의 위상을 확보할 수만 있었더라도 아마도 이곳은 전혀 딴판인 모습으로 우리에게 남겨졌을는지도 모를 일이다.

5.
보론 1 : 인천지역의 호텔

근대개항기 이후 우리나라 서양식 호텔의 원조는 의심할 바 없이 인천지역에서 먼저 형성되었다.

일찍이 최고의 교통수단으로 화륜선(火輪船)이나 범기선(帆汽船)에 의존하던 시절 제물포(濟物浦)는 서울로 진입하려는 수많은 외교관, 여행가, 선교사, 장사꾼과 그들의 가족이 이곳을 지나치지 않을 수 없는 유일무이한 항구였다. 따라서 중간 기착지(寄着地)인 이곳에 이들을 맞이하기 위한 숙박시설이 들어선다는 것은 매우 자연스러운 현상이었다.

더구나 아직은 철도교통조차 마련되지 못한 때였으므로 서울로 들어가기 위한 가마꾼이나 말과 마부를 구하거나 그게 아니라면 한강을 거슬러 올라가는 소기선(小汽船)의 운항시각에 맞추려면 하루, 이틀 또는 며칠씩을 기다려야 했으므로, 그 사이에 이들이 머물러야 할 공간이 필요한 것은 당연한 일이었다. 도보로 이동할 경우 자칫 출발시간이 늦어지면 서울도성의 성문이 닫히기 전에 제때 도달하기 어려운 지경에 처하는 때도 왕왕 있었으므로, 이러한 진퇴양난의 상황을 모면하기 위해서라서 인천에서 하루를 더 묵어가는 일이 흔히 있었던 것이다.

하지만 개항 초기 이들을 위한 숙박시설이란 것이 그렇게 많지도, 또

5. 보론 1 : 인천지역의 호텔

제물포항 전경(로제티,『꼬레아 에 꼬레아니』제1편, 1904)

한 썩 좋은 형편도 아니었던 모양이었다. 이에 관해서는 생각보다 아주 오래 전에 채록된 몇 가지 기록이 남아 있다. 그 주인공은 바로 의료선교사로 우리나라에 건너왔다가 주한미국공사의 지위에까지 오른 호레이스 알렌 (Horace Newton Allen, 安連; 1858~1932)이다.

그가 제물포에 당도한 것은 1884년 9월 20일이었다. 그 자신이 직접 술회한 바에 따르면, 그는 '해리'라는 중국인 경영의 오막살이 호텔에 투속하여 당구대 위에서 밤잠을 자고 숯불로 후라이한 닭고기로 요기를 채운 다음 하루 뒤, 상해에서 동행한 중국인 언어교사와 함께 당나귀를 타고 떠나 이튿날인 9월 22일 마침내 서울에 당도하였다.[1]

이 호텔의 정체에 대해서는 좀 더 보완조사가 이뤄져야 하겠지만, 이보다 한 해 앞서 1883년 11월 제물포에 당도한 영국외교관 윌리엄 칼스 (William Richard Carles, 賈禮士, 加里士; 1848~1929)[2]가 남긴『조선풍물지

---

1) 이 부분은 민경배,『알렌의 선교와 근대한미외교』(연세대학교출판부, 1991), 93쪽에 요약정리된 것을 재인용하였다. 이 내용의 원 출처는 Horace Allen, Greetings,『Quarto Centennial Papers』, read before the Korean Mission of the Presbyterian Church in the U. S. A. at Annual Meeting at Pyeng Yang, 1909년 8월, p.4로 표시되어 있다.

2) 칼스는 1884년 3월 17일부터 1885년 6월 6일까지 인천주재 영국부영사를 지낸 인물이다. 그의 책에 묘사된 대목은 그가 영국부영사로 부임하기에 앞서 조영수호통상조약의 재협상이 진행되는 때에 맞춰 1883년 11월에 우리나라를 찾은 당시의 상황을 담고 있다.

(Life in Corea)』(1888)를 통해 "우리가 묵을 수 있는 곳이 이 제물포에는 한 군데도 없었다는 것이 명백해졌고, 그나마 잠자리를 구할 수 있는 이 곳의 판잣집과 토담집 어느 하나도 우리를 반기지 않았다"고 적은 당시 보다는 조금은 상황이 나아진 듯이 보인다.

우리나라 최초의 신식학교로 기록된 배재학당의 설립자였던 미국인 선교사 아펜젤러(Henry G. Appenzeller, 亞扁薛羅; 1858~1902)의 경우, 그가 처음 제물포항에 도착할 당시의 상황을 이렇게 정리하였다.

> [1885년 4월 9일 작성 편지] …… 어디로 가야 할지, 무엇을 해야 할지 이런 것들이 곧바로 해결해야 할 문제였다. 비가 내리기 시작했기 때문이다. 제물포에는 미국인이나 유럽인이 경영하는 호텔이 없다. 일본호텔이 하나 있다고 들었기에 인부 한 사람을 불러서 몸짓으로 짐을 옮겨달라고 해놓고는 곧바로 출발했다. 호텔 방은 편안하고 넓었으나 약간 싸늘했다. 식탁에 앉았을 때는 잘 요리되어 입에 맞는 외국음식을 먹을 수 있었다.
>
> [1885년 4월 5일 메모] …… 제물포항에 닻을 내렸다. ……끝없이 지껄이고 고함치는 일본인, 중국인 그리고 한국인들 한복판에 짐들이 옮겨져 있었다. 다이부츠호텔로 향했다. 놀랍게도 호텔에서는 일본어가 아닌 영어로 손님을 편하게 모시고 있었다. 선상예배에서 버나도(Bernardo) 씨를 만났는데 그는 한국에 대해서 좋게 말했다. 잠을 잘 잤다. 비록 미국호텔만큼 원기를 회복시켜 주지는 않았지만 기선보다는 한결 나았다.[3]

흔히 인천 최초의 서양식 호텔로 일컬어지는 '다이부츠호텔(대불호텔, 大佛호텔, Daibutsu Hotel)은 뒤에서 다시 구체적인 자료를 제시할 터이지

---

3) 해당 부분은 이만열, 『아펜젤러 : 한국에 온 첫 선교사』(연세대학교출판부, 1985), 269~270쪽에 수록된 내용을 재인용하였다.

만, 이미 1884년부터 존재했던 것으로 확인된다. 그로부터 몇 년이 흐른 뒤, 우리나라를 드나드는 외국인들이 점차 많아지게 되자 인천지역에는 몇 개의 서양식 호텔이 더 늘어나는 상태가 되었다.

가령, 조선주재 일본공사관의 교제관시보(交際官試補) 출신이었던 하야시 부이치(林武一, 1858~1892)가 1891년에 펴낸 『조선안내(朝鮮案內)』라는 책의 104~105쪽에는 인천지역 호텔과 여관의 면면들이 일목요연하게 정리되어 있다. 여기에는 역시 다이부츠호텔이 최상급으로 객실 수도 11개나 되지만, 벳부(別府)호텔, 이태(怡泰)호텔, 호텔 드 꼬레 등 여타의 것들은 객실이 고작 서너 개 정도인 군소 규모의 호텔이었음을 알 수 있다.

이들 서양식 호텔에 대한 간략한 소개는 영국인 여행가 새비지 랜도어(Arnold Henry Savage-Landor)가 『코리아 혹은 조선(Corea or Chosen)』(1895)에 남긴 기록에도 등장한다. 다만, 여기에는 아쉽게도 벳부 나오사부로(別府直三郎)가 운영했다는 벳부호텔의 존재는 언급되어 있지 않다. 새비지 랜도어가 우리나라를 찾아온 시점은 1890년 크리스마스 때이며 그 후 1891년 1월 이후 몇 달을 서울에 머물렀던 것으로 확인된다.

인천지역 소재 호텔(여관) 일람표(하야시 부이치, 『조선안내』, 1891)

청국조계지 방면에서 일본조계지 쪽의 풍경을 담아놓은 사진판화 속에는 '호텔 다이부츠(HOTEL DAIBUTSU)'라고 적어놓은 표지간판이 보인다. 여기에는 '신선한 빵과 고기'라는 안내문구도 함께 포함되어 있다. 사진의 앵글로 감안하면, 인근에 있던 '스튜어드호텔(Steward's Hotel)' 2층에서 담아낸 장면으로 짐작된다.

내가 제물포에 당도했을 때 그곳에는 사실상 세 곳의 유럽식 호텔이 있었다. 이것들은 실제가 그렇다기보다는 이름으로만 더 유럽식 호텔이었지만, 거기에 그것들이 존재했고 이제 빠르게 밤이 다가오자 나는 몹시 머물 곳이 필요했으므로 어딘가를 선택해야만 했다.

이들 호텔 중의 하나는 한 중국인이 경영했는데, 이곳의 소유주가 어느 미국 선박의 급사 노릇을 했다는 단순한 이유로 스튜어드호텔(Steward's Hotel)이라고 불렀으며 그로부터 이것이 성씨로도 전용되어 사용되었다. '꼬레호텔(Hotel de Coree)'이라는 거창한 이름을 가진 두 번째 호텔은 헝가리인 소유였으며, 이 항구에 기항하는 전함의 수병들에게 가장 인기 있는 휴식처가 되었는데 이는 한편으로 모든 종류의 술을 갖춘 살롱이 갖춰진 것이 이 집의 자랑거리였고 또 한편으로 터키어와 아랍어는 물론이고 한국말과 일본 말까지 지구상의 모든 언어를 유창하게 말할 수 있는 가장 빼어난 재주를 지닌 처녀이자 이 호텔 주인의 딸인 매우 매력적인 젊은 숙녀가 카운터 너머로 술잔을 건네주기 때문이었다.

현대적 표현양식의 고상한 맨션인 세 번째 호텔은 아주 새로운 건물이었으며 한 일본인의 소유였다. 그가 자신의 안식처에 붙여놓은 이름은 '다이부츠(大佛)'인데, 영어식 표현으로는 '그레이트 갓(The Great God)'이라는 뜻이었다. 그 이름의 신성함과, 아마도 외관만 보았지만 깨끗한 인상에 이끌려 나는 우연히 다이부츠호텔을 나의 숙소로 정하였다. 나는 천상의 일에 대해 잘 알지 못하지만, 이 제물포에 있는 이 위대한 신의 집보다 지구상에 덜 거룩한 곳은 없다는 것을 확실히 떠올릴 수 있었다. 객실들이 눅눅하고 냉기가 도는 걸로 보아 이 건물은 최근에 지어진 것이 분명했는데, 내가 침대를 살피려 다가서서 침대시트가 깨끗한지 뭔가 좀 의심스러운 듯이 말했더니 "그건 아주 깨끗하답니다"라고 주인이 이렇게 덧붙였다. "단지 두 분의 신사가 먼저 그 시트 안에서 주무셨으니까요." 하지만 새해가 코앞에 있었으므로, 그는 나의 비위를 맞추려고 그것들을 마지못해 교체해주었고, 나는 그의 제안을 새해 선물로 여겨 기꺼이 받아들였다.

새비지 랜도어가 '다이부츠'의 뜻을 '위대한 신'으로 받아들인 것은 다소간 그의 착각이다. 원래 다이부츠(大佛)는 '큰 부처상'을 말하는 것으로, 코사카 사다오(小坂貞雄, 1899~1942)의 『외국인이 본 조선외교비화(外人の 觀たる 朝鮮外交秘話)』(1934), 253쪽에는 이 부분에 대한 에밀 마르텔(Emile Martel, 馬太乙; 1874~1949)의 증언이 수록되어 있다.

[다이부츠군(大佛君)의 큰 돈벌이] 인천에 선박이 입항할 때면 매번 돈을 벌어들인 것은 일본인이 경영하던 호텔과 함선매입(艦船買込)의 어용상인(御用商人)들이었으며, 그 으뜸은 누가 뭐래도 호텔을 경영했던 호리군(堀君)이었다. 호리군은 덩치가 아주 커서 어느샌가 다이부츠(大佛)라는 닉네임이 붙여져 그 호텔도 통칭(通稱) 다이부츠호텔(大佛ホテル)이라는 이름이 붙여지게 되었는데, 아주 인기가 좋은 호텔이었다. 지금도 인천(仁川) 지나가(支那街, 중국인거리)의 일각(一角)에 삼층 건물의 지나요리점(支那料理店)이 있는데, 그것이 당시 다이부츠군이 경영했던 호텔이었다.

하지만 이렇게 번성했던 인천지역의 서양식 호텔들도 시대의 흐름에 따라 차츰 쇠퇴의 길을 걸었다. 개항 이후 제물포는 사람들의 왕래가 더욱 번성한 지역으로 변했으나 1899년 경인철도의 개통을 계기로 더 이상 이곳에 사람들이 며칠씩 머물며 묵어갈 필요가 없어진 것이 결정적인 계기가 되었다. 더구나 경부철도의 완공으로 부산항에서 곧장 기차를 타고 서울로 올라오는 일이 가능해지면서 구태여 인천항을 거칠 필요가 없는 상황이 이어진 것도 이러한 변화를 재촉하였다.

인천지역 쪽의 사정과는 다르게 서울 서대문정거장과 정동 안쪽에 하나둘씩 생겨난 서양인 호텔들이 차츰 명성을 얻기 시작한 때는 역설적으로 바로 이 시기와 고스란히 일치한다.

『더 크로니클 앤드 디렉토리』에 표시된 제물포지역 서양식 호텔의 존속현황[4]

발행연도	다이부츠호텔	스튜어드호텔 (이타이호텔)	호텔 드 꼬레	기타 호텔	비고
1884년판	X	X	X	X	
1885년판	X	X	X	X	
1886년판	X	X	X	X	
1887년판	O	X	O	Harry's Hotel	
1888년판	-	-	-	-	자료 미확인
1889년판	O	X	O	X	
1890년판	O	X	O	X	
1891년판	-	-	-	-	자료 미확인
1892년판	O	O	X	X	
1893년판	O	O	X	X	
1894년판	X	O	X	X	
1895년판	O	O	X	X	
1896년판	O	O	X	X	
1897년판	-	-	-	-	자료 미확인
1898년판	O	O	X	X	
1899년판	O	O	X	Oriental Hotel	
1900년판	O	O	X	Bijno Hotel[5]	
1901년판	O	O	X	Bijno Hotel	
1902년판	O	O	X	X	
1903년판	O	O	X	X	
1904년판	O	O	X	X	
1905년판	O	O	X	X	
1906년판	O	O	X	X	
1907년판	X	O	X	X	
1908년판	X	O	X	X	
1909년판	X	O	X	X	
1910년판	X	O	X	X	
1911년판	X	O	X	X	

4) 본 내용은 한상복 한수당자연환경연구원장께서 수집 보관하고 있던 관련자료를 바탕으로 발췌 정리한 것이다. 해당 자료의 열람과 복사를 흔쾌히 허락해주신 한상복 선생님께 우선 여기에다 감사의 뜻을 따로 표시하여 둔다.

5) 삐이노호텔(Bijno Hotel)에 대한 세부적인 설명은 앞서 '서울호텔'의 항목에서 이미 언급한 바와 같다.

해리호텔

흔히 우리나라 최초의 서양식 호텔이라고 하면 주저 없이 다이부츠호텔이라 지목되고 있지만, 그렇더라도 실상은 이보다 엇비슷한 시기에 '해리호텔(Harry's Hotel)'이란 것이 분명히 존재했다는 사실을 간과할 수는 없다. 이곳은 1884년 9월에 의료선교사 알렌이 처음 한국 땅에 당도했을 때 "당구대 위에서 하룻밤을 묵었다"고 술회했던 바로 그 호텔이었다. 이와 함께 그는 이 호텔의 주인이 중국인이었다고 적은 바 있다.

이 해리호텔에 관한 기록은 거의 전무하다시피 하지만, 다행스럽게도 몇 가지 흔적이나마 간신히 남아 있다. 우선 '더 홍콩 데일리 프레스(The Hongkong Daily Press)'에서 발행한 『더 크로니클 앤드 디렉토리(The Chronicle & Directory)』「1887년판」이 그 하나이다.[6] 여기에는 "Harry's Hotel; Shin Yuen Chow, proprietor"라고 표시한 구절이 포함되어 있다. 주인은 '신원주' 정도로 읽히는데, 이 당시 제물포의 화상(華商; 淸商) 명단에는 이와 같은 이름이 눈에 띄질 않는다.

이것 말고도 일본 요코하마에서 발행된 『더 재팬 디렉토리(The Japan Directory)』「1886년판」에도 "Harry's Hotel(B. Harry)"라고 표시한 항목이 남아 있다. 여기에 나오는 '해리(Harry)'는 알렌의 증언에 따라 이미 중국인인 것

---

[6] 『더 크로니클 앤드 디렉토리(The Chronicle & Directory)』는 '더 홍콩 데일리 프레스(The Hongkong Daily Press)'에서 1863년 이래로 해마다 1월에 발간한 연속 간행물로 극동지역의 주요 도시와 개항장의 관공서, 해관, 외국거류민, 주요 상인과 회사, 여타 시설과 인명 등에 대한 간략한 목차와 색인의 형태로 정리한 조사자료를 담고 있다. 이 책의 표지에는 해당지역의 명칭을 함께 담고 있는데, 가령 1885년도판에는 『THE CHRONICLE & DIRECTORY for CHINA, COREA, JAPAN, THE PHILIPPINES, COCHIN CHINA, ANNAM, TONQUIN, SIAM, BORNEO, STRAITS SETTLEMENTS, MALAY STATES, &c.』로 표기되어 있다. 하지만 이러한 지역의 명칭과 대상은 이 간행물이 발행될 당시의 상황에 따라 발행 연도별로 조금씩 변동되어 표기되는 경우가 많다. 또한 메인 타이틀 역시 1900년까지는 『더 크로니클 앤드 디렉토리(The Chronicle & Directory)』였다가, 그 이후 시기에는 『더 디렉토리 앤드 크로니클(The Directory & Chronicle)』로 변경된 것으로 나타난다는 점에 유의할 필요가 있다.

이 드러나므로, 결국 해리와 신원주(?)라는 사람은 동일인이 아닌가 짐작된다.[7] 다만 이들의 정체를 명쾌하게 가려내 줄 수 있는 비교자료가 부족한 것은 아쉬운 대목이다. 이에 대한 보완조사가 이뤄진다면, 이 해리호텔은 다이부츠호텔에 버금가거나 능가하는 최초의 서양식 호텔로 언급되기에 충분한 존재로 인정될 수 있지 않을까 여겨진다.

이 해리호텔이 언제까지 존속했는지는 잘 알 수 없지만, 앞서 소개한 연속간행물을 살펴보면 「1889년판」 이후로는 전혀 그 명단이 수록된 바 없으므로 대략 1887년 내지 1888년 언저리에 사라진 것으로 판단해도 좋을 듯하다.

---

7) 간혹 인천지역 서양식 호텔의 연혁을 정리한 자료에 해리호텔과 스튜어드호텔을 동일한 것으로 서술한 사례들이 눈에 띄는데, 민경배, 『알렌의 선교와 근대한미외교』(연세대학교출판부, 1991), 93쪽 및 97쪽에 인용된 호레이스 알렌의 회고내용에 따르면, 그가 처음 우리나라에 왔을 때 인천에는 해리호텔에서 숙박한 바로 그 시점에 스튜어드 즉 이태(怡泰)는 서울 정동의 미국공사관에서 집사로 일을 하고 있었던 것이 명확히 드러나므로 두 사람은 각각 별개의 인물로 봄이 맞을 듯하다.

다이부츠호텔

일찍이 서울주재 미국공사관 서기관을 지낸 샤이에 롱(Charles Chaille-Long, 車理朧; 1842~1917)은 1887년 가을 새로운 부임지가 된 서울을 찾기 위한 여정을 이렇게 정리한 바 있었다.

> 1887년 9월 3일, 나는 머나먼 부임지를 향해 뉴욕을 떠났다. 잠시 샌프란시스코를 경유한 다음, 퍼시픽 메일사의 '시티 오브 베이징(City of Peking)'호를 타고 같은 해 10월 10일 마침내 요코하마에 도착했다. …… 마침내 10월 20일 요코하마를 출발한 배는 같은 달 24일 나가사키에 도착했다. 우리는 그곳에서 일단 내려서 같은 회사 소속의 다른 배를 갈아탔고, 28일 아침에 드디어 제물포에 도착했다.

제물포 일본인거류지 일대의 풍경을 담아놓은 사진으로 중간에 굴뚝이 달린 삼층 건물이 다이부츠호텔이고, 그 왼쪽으로 자리한 서양식 건물은 일본제일은행 인천지점이다. 길이 끝나는 부분부터 중국인거류지가 이어지며, 정면으로 마주 보이는 삼층 건물이 스튜어드호텔이다.

지금 제물포는 조선의 중요 항구 가운데 하나이다. 하지만 개항의 조약들이 체결되던 1882년만 해도 그곳은 인천이라는 이름으로 더 알려진 하나의 작은 마을일 뿐이었다. 그러나 10명에 불과한 유럽인들을 제치고, 우후죽순처럼 몰려들고 있는 중국과 일본의 상인들은 몇 년 새 그 작은 마을의 면모를 완전히 바꿔 놓았다.

제대로 시설을 구비한 호텔만 해도 두 개씩이나 버젓이 들어서 있는데, 하나는 중국인이, 다른 하나는 다이부츠(大佛)라는 일본인에 의해 운영되고 있었다. 특히 이 일본인은 예전엔 미국 군함에서 선상 요리사로 활동하던 이였는데, 그 후 제물포에 정착하여 처음에는 빵 굽는 일부터 시작해 정육점, 환전업, 제화업, 그리고 이제는 호텔 경영에까지 손을 뻗친, 그야말로 산전수전 다 겪은 인물이다.[8]

여기에서 보듯이 근대개항기 초기에 우리나라를 찾아온 서양인들의 여행기와 비망록에 거의 빠짐없이 등장하는 장소가 바로 제물포항의 다이부츠호텔이다. 이곳은 푸트 공사 시절의 미국공사관 집사 출신으로 알려진 중국인 이태가 운영했던 스튜어드호텔과 더불어 인천을 통과하는 거의 모든 사람들의 필수 코스처럼 여겨졌다.

덩치 큰 일본인 호리 큐타로(堀久太郞)가 주인이었던 대불호텔(Daibutsu Hotel; 인천광역시 중구 중앙동 1가 18번지)이 처음 등장한 때에 대해서는 일목요연하게 정리된 자료가 눈에 띄지 않는다.[9] 하지만 미국 군함 주니아타

---

8) 샤를 바라·샤이에 롱 지음, 성귀수 옮김, 『조선기행』(눈빛, 2001), 249~250쪽. 이 책에는 샤이에 롱이 적은 「코리아 혹은 조선(1887-1889)」이라는 내용의 원본은 1894년 『기메 박물관 연대기』 중 '위대한 총서' 제26권 제1부에 수록되어 있다고 표시되어 있다.

9) 인천부, 『인천부사』(1933), 794쪽에 정리된 내용에 따르면, 호리 큐타로(堀久太郞) 부자는 "명치 16년(1883년) 4월 부산에서 인천으로 이주하여 그해 연말 일본거류지 제11호지에 집 하나를 건축하고, 다음 당시 내외인숙박에 적합하도록 완비된 여관이 없었으므로 동 20년(1887년)부터 익(翌) 21년(1888년)에 걸쳐 벽돌건물 3층 서양풍 가옥(현재 본정 1정목 18번지 소재의 중화루가 그 건물)을 신축하였고, 호리 큐타로의 풍모에 따서 대불호텔이라고 이름을 걸어 여관을 겸업했다"고 서술하고 있다.

호(USS Juniata)의 해군군의관 조지 우즈(George W. Woods, 1858~1932)가 1884년에 우리나라를 방문했을 당시에 남겨놓은 일기장에는 이 호텔의 개업 시기에 관한 결정적인 단서가 포함되어 있다.

[1884년 4월 20일, 일요일 저녁, 다이부츠호텔, 제물포 코리아]

오늘 아침 6시에 급여담당자 홉즈(Paymaster Hobbes)와 더불어 함정을 떠나 10시에 제물포에 도달했다. 스커드 씨(Mr. Scudder)가 하선장까지 우리를 마중 나와 공사관까지 우리를 안내하고 싶다고 하였다. 오늘 서울을 향해 출발하기에는 너무 늦었고, 실제로 그렇게 했다면 우리의 도착시간은 성문이 닫힌 이후가 되어서 틀림없이 밤새도록 성 밖에서 서성거려야 했을 것이므로 우리는 공사를 마친 다이부츠(Daibutz)의 새 호텔에다 숙소를 잡았다. 그래서 우리는 아침에 출발할 작정이다.

막 준공된 다이부츠 씨의 호텔은 통상의 일본식 야도야(Yadoya, 宿屋) 즉 여인숙으로, 아래층은 일부가 맨땅이고 나머지 일부가 높여진 지면이며, 위층은 종이장막이 쳐지면 여러 개의 공간으로 분할될 수 있는 설비가 갖춰진 하나의 커다란 방으로 되어 있다. 이 공간은 낮에는 트인 채로 있다가 밤에는 장막이 각각의 자리에 쳐지고, 그러면 커다란 방이 수많은 작은 방들로 나눠지며 그때에 종이로 바른 창문들 외부에 나무로 된 덧문이 뒤덮게 된다. 창문과 마찬가지로 칸막이들은 길쭉한 흰 종이를 단 불빛창틀이 달려 있으며, 방들 사이에 넓은 홀을 남겨두고 종업원들에 의해 분할 공간들이 모양이 갖춰지고 모든 빛을 차단하는 덧문이 설치되는 이러한 밤을 위한 준비과정은 기묘한 풍경이다. 이와 동시에 침구가 옮겨져 매트가 깔린 마룻바닥에 펼쳐지는데, 이것은 얇은 목면 매트리스와 왕겨주머니로 만든 베개, 그리고 유럽식 담요 두 벌로 구성되었다. 근사했던 우리들의 점심과 저녁은 일본식으로 옻칠한 작은 탁자 위에서 제공되었다.

오후에는 스커드 씨와 슐츠 씨(Mr. Schultz)와 더불어 우리들은 언덕 위에서 산책을 즐겼고, 특별히 스커드 씨가 미국영사관의 용도로 쓰기 위해—조선정부로

부터 무상으로—빌려놓은 부지를 둘러보았는데, 이것은 그들이 제물포를 방문한 목적이기도 했다.[10]

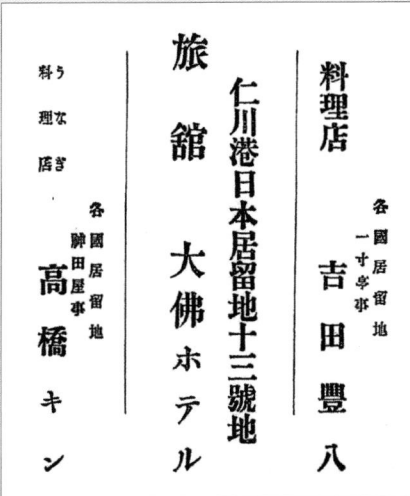

카츠키 겐타로의 『한국안내』(1902)에 수록된 '대불호텔'의 광고문안이다. 주소지가 '인천항 일본거류지 13호지'로 표시되어 있다.

그런데 이 호텔이 생겨난 초기의 시설은 상당히 열악한 편이었던 모양인지 이에 대한 불만을 적어놓은 여행기나 회고록 종류가 자주 눈에 띈다. 1892년 4월 두 번째 프랑스 총영사의 신분으로 서울에 막 부임하던 이폴리트 프랑뎅(Hippolyte Frandin, 法蘭亭; 1852~1924)도 그들 중의 하나였다.

나를 호텔로 안내해준 사람들은 일본인 다이부토 집안 사람이었다. 나 자신 일본인들을 제법 알고 있었기 때문에 그들로부터 자신들 가계에 대한 이야기를 듣고는 그 가문이 어떤 가를 짐작할 수 있었다. 다이부토 가문은 한국에 자리 잡았던 최초의 일본인 유력 가문들 중의 하나였다. 성품이 후덕했던 다이부토는 자신의 이름을 후대에 남길 목적으로 모든 외국인들을 받아들일 수 있는 호텔을 제물포에다 지었던 것이다.

그 호텔의 시설들은 겉으로 보기엔 그럴싸하게 보였으나 내부를 들여다보면 실로 비참할 정도로 초라했다. 한국의 다른 객관(客館)들보다는 훨씬 뛰어났지만 호텔 지붕은 비가 줄줄 샐 정도였다. …… 침대는 훌륭했으나 요리에 대해서는 차

---

10) Fred C. Bohm & Robert R. Swartout, Jr. (eds), 『Naval Surgeon in Yi Korea: The Journal of George W. Woods』(Institute of East Asian Studies University of California, Berkeley, 1984), p.74.

마 여기에 기록할 수 없을 지경이었다. 후덕했고 이름이 널리 알려진 이 싸구려 호텔주인은 유럽식 요리를 할 줄 안다는 것에 자부심을 갖고 있었다. 나는 나중에야 그의 자부심이 때때로 근거가 있음을 알아차렸다. …… 나는 거기서 안락하게 휴식을 취할 수도 없었고 또 괜스레 짐을 풀어 시간을 허비하고 싶지도 않았기 때문에 다이부토가의 호텔에 대해서는 그다지 좋은 추억을 가질 수는 없었다.[11]

물론 여기에서 말하는 다이부토라는 것은 '다이부츠'의 오기(誤記)이다. 그런데 이러한 허름한 시설의 다이부츠호텔은 새로이 3층 벽돌건물로 신축하게 되었는데, 최성연 선생의 『개항과 양관역정』(경기문화사, 1959), 105쪽에는 "이 양관은 1887년 건축에 착수하여 1888년에 낙성시켰다"고 설명하였다.[12] 또한 카츠키 겐타로(香月源太郎)의 『한국안내(韓國案內)』(1902), 153쪽에는 "이 여관은 명치 20년(1887년)에 건축된 것"이라고 적고 있다.

이와는 별도로 인천부에서 편찬한 『인천부사(仁川府史)』(1933), 1477~1479쪽에는 호리 큐타로가 다이부츠호텔을 운영하던 당시의 상황과 시류의 변화를 이렇게 정리하고 있다.

> 이 본정(本町, 혼마치)의 첫 모퉁이가 호리의 집으로 그 이웃에 지금의 중화루(中華樓), 즉 원래의 대불호텔이 이미 우뚝 솟아 있는 것이, 인천의 한 대표 건축물이었다. 이 대불호텔은 지금의 호리 리키타로 씨(堀力太郎)의 선대(先代) 큐타로 씨(久太郎氏)가 경영했다. 당시 조선의 문호(門戶) 역할을 맡고 있던 인천은 반드시 조선에로의 여행자를 이 항구로부터 보내거나 맞이하고 있다. 그리하여

---

11) 끌라르 보티에·이쁘리트 프랑뎅 지음, 김상희·김성언 옮김, 『프랑스 외교관이 본 개화기 조선』(태학사, 2002), 19~20쪽.
12) 한편, 1933년에 발행된 인천부, 『인천부사(仁川府史)』(인천부청), 1470쪽에는 "대불호텔의 건물은 명치 22년(1889년)에 건축되었다"고 하여 완공시기를 약간 다르게 기록하고 있다. 하지만 이는 앞에서 이미 소개했다시피 같은 책, 794쪽에 "명치 20년(1887년)부터 익(翌) 21년(1888년)에 걸쳐 벽돌건물 3층 서양풍 가옥(현재 본정 1정목 18번지 소재의 중화루가 그 건물)을 신축"하였다고 서술한 내용과도 상충되는 부분이다.

이들 여행자는 교통기관의 불비(不備) 때문에 어쨌든 하루 이상은 발걸음을 머물지 않으면 목적지로 여행하는 일이 불가능했다. 이들 여인(旅人) 무리 중에 대불호텔의 고객은 구미인(歐美人)이었다. 명치 22년(1889년) 이전에 미개(未開)의 국토(國土)에 문명식(文明式)의 대하고루(大廈高樓)가 문명개화의 여인(旅人)에게 이국(異國)에서 첫 밤의 꿈을 평온하게 꿀 수 있도록 좋은 '베드'와 '홈'을 마련해주는 일은 여수(旅愁)를 달래기에 충분하였음에 틀림이 없다.

또 이 대불호텔이 영업을 개시한 것에 감사했던 것은 여행자만이 아니었다. 그것은 우리(일본) 인천영사관(仁川領事館)이었다. 아무튼 쇄국양이를 실행하던 이 미개국을 개국시킨 우리나라(일본)는 각국에 앞서 일찍부터 공사(公使), 영사(領事)를 보내고 있었다. 구미각국과는 이해관계가 없는 한 미개(未開)의 작은 나라도 당시 구미의 유행이었던 침략주의(侵略主義)의 목표로부터 벗어나는 일이 불가능하였다. 조속히 외교관을 보내 일한조약(日韓條約) 이상으로 유리한 조약이 차례로 차례대로 체결되기에 이르렀다. 그런 관계로 급격히 여행자가 증가하여 왔으나 아직 문명인(文明人)을 숙박(宿泊)시킬 외국인전문(外國人專門)의 여관(旅館)이 없었다. 그런데도 인천에서 유일한 문명적 건축물(文明的 建築物)이었던 우리 인천영사관은 그 사람들의 목표물이 되어 하룻밤 잠자리를 의뢰하는 각국외교관으로 골머리를 앓았다. 우리의 모 외교관은 넋두리를 본성(本省)에 호소하여 그 의뢰자(依賴者)의 접대비(接待費)와 침구(寢具), 식기(食器)의 비부(備付)를 요구했던 것인데, 대불호텔이 개업했던 것은 인천영사관을 기쁘게 만든 일이었다.

이와 같이 대불호텔에 외인여행자가 넘쳐나면 넘쳐날수록 호리가(堀家)의 주머니는 하나하나 불룩해져갔다.

그러나 시대의 촉수(觸手)는 결국 이 고루에 중압(重壓)을 가하였다. 명치 32년(1899년) 경인철도개통(京仁鐵道開通)은 여행자에게 비상한 편의를 주어 반드시 인천에 숙박을 강요하지 않더라도 차질이 없었다. 하지만 조선교통로(朝鮮交通路)의 동맥(動脈)이자 문호(門戶)라는 것에는 아직 변화가 없었으나, 마침내 일로전쟁(日露戰爭, 러일전쟁)을 최고조로 하여 보호시대(保護時代)로부터 병합(倂合)으로 나아가자 조선은 일본내지(日本內地)의 연장으로 되면서 모든 방면에 대변혁이 일어났고, 조선교통로의 동맥도 또한 대변동을 초래하여 조선의 국제항(國際港)이었던 우리 인천은 끝내 그 위치에서 물러나는 모양이 되어 단지 서선(西鮮)에 있는 한 국내항으로 변하면서 애석하게도 개항(開港)의 사명은 종말을 고함에 따라 그 존재의 기초에 변화를 불러왔는데, 이러한 까닭에 다시 새로운 걸음을 하지 않으면 안 되게 되었고 또한 당당했던 위용을 과시했던 이 건물에도 애잔한 시대의 순간이 밀려와서 다안강비(茶眼降鼻)의 이국인도 이제는 잠자리의 번거로움도 필요가 없이 되어 도루바코(弗箱, 달러박스)를 호언장담하던 옛날은 이미 돌아올 수 없게 되었다. 또 심각한 불경기는 이 항구를 감싸버렸다.

이 건물의 경영자는 결국 폐업(廢業)의 비운에 이르렀다. 이런 애처로운 사건은 단지 이 호텔에게만 일어난 일은 아니었다. 침통한 먹구름은 전인천(全仁川)을 덮어 나락(奈落)의 바닥까지 떨어뜨릴 것처럼 여겨졌다. 폐업했던 이 호텔은 대가(貸家)로 하여 차수(借手)를 기다렸다. 그러나 빌리려는 사람은 아무도 나타나지 않았다. 그것은 어떠한 영업으로도 이제는 이 건물을 이용하기에 합당치 못한 인천이 되어 있었기 때문이었다. 그런데 대정 7, 8년(1918, 9년)경부터 민국인(民國人, 중국인)에 의해 지나요리점(支那料理店)이 개업되어, 생각지도 않게, 인천의 중화루(中華樓)라고 하여 경성인사(京城人士)에게까지 그 존재를 인식시켜 버렸다. 이 건물에는 어울리지 않는 금박칠의 지나판(支那板)이 이국정서를 부추기고 있다. 그리하여 그 일실(一室)에는 지금도 지난날을 얘기해주는 오랜 피아노가 색다른 음률을 울려주며 노리갯감으로 취급되고 있다. 딱 아주 연로한 옛날 명기(名妓)의 말로처럼 이 빠진 입술로부터 고운 소리를 듣고 있는 것과 같은 짝이다.

이 호리가(堀家)의 선대(先代) 큐타로 씨(久太郎氏)는 분투노력가로 진정한 입신전중(立身傳中)의 인물이었다. 또 그 부인은 걸물(傑物)이었다. 호텔 경영 외에 군함(軍艦), 기선(汽船)에의 매입(買込)과 해운업을 영위하여 한강항로(漢江航路)에, 진남포(鎭南浦) 개항과 더불어 인천과 진남포 사이에, 혹은 압록강 방면에, 부산 인천 간에, 일로전역(日露戰役, 러일전쟁) 당시에는 원산, 북선 방면에, 마침내 전쟁 중에 러시아 함대로부터 큰 손해를 입었으나, 어쨌건 조선의 해운왕(海運王)으로서 조선의 호리큐(堀久; 家號)라고 칭송될 만큼 조선의 해운계에서 빼놓을 수 없는 공적이 있다.

호리가(堀家)에서 비껴 마주 보는 곳으로 화옥여관(花屋旅館, 하나야여관)과 그 이웃에는 명치 30년대(1897~1906)까지 여관과 기선에의 매입(買込)을 하던 대초가(大草家, 오쿠사가)가 있었다.

『디 인디펜던트(The Independent)』1896년 6월 18일자에는 다이부츠호텔이 개조공사를 진행 중이라는 토막기사가 수록되어 있고, 다시 『디 인디펜던트』1898년 9월 3일자에는 "이토 후작(Marquis Ito, 이토 히로부미)이 대불호텔에서 제물포지역의 일본인 상인들로부터 연회를 대접받았다"는 기사가 수록되어 있는데, 그만큼 이곳이 한창 전성기를 이어가고 있었음을 짐작케 한다.

이와 아울러 『황성신문』1904년 3월 18일자에는 '대불호텔'의 또 다른 흔적이 남아 있다. 여기에 나오는 구절 가운데 '대불정(大佛亭)'이라고 한 것은 대불호텔을 가리킨다.

[이등대사환영(伊藤大使歡迎)] 일본후작 이등박문씨(日本侯爵 伊藤博文氏)는 원로중신야(元老重臣也)라. 금번(今番)에 봉일황폐하특파대사지명(奉日皇陛下特派大使之命)하여 이위문아황상폐하(以慰問我皇上陛下)하고 겸돈양국지교의사(兼敦兩國之交誼事)로 작일(昨日) 상오(上午) 11시(時)에 인항(仁港)에 하륙(下陸)하여 대불정(大佛亭)에서 잠시휴게(暫時休憩)하였다가 하오(下午) 3시(時) 특별기차(特別汽車)를 승(乘)하고 입성(入城)하는데 …… (하략).

한편, 1909년에 편찬된 『인천개항이십오년사(仁川開港二十五年史)』에는 다이부츠호텔의 2대째 주인이었던 호리 리키타로(堀力太郎, 1870년 7월생, 나가사키현 나가사키시 에도정 출신)의 약력이 이렇게 정리되어 있는데, 참고로 그 내용을 여기에 덧붙인다.

> 원적(原籍) 나가사키현(長崎縣) 당시(當時) 인천 사정 이정목(仁川 寺町 二丁目)
> 군(君)은 명치 11년(1878년) 망부(亡父) 큐타로(久太郞)과 함께 부산에 도항[13]하여 서양잡화업에 운영하고 있었으나 인천개항과 더불어 이곳으로 와서 선박(船舶)을 구입하여 위험을 감수하고 한강항로(漢江航路)를 열었고, 거듭 파선(破船)의 재화를 입었음에도 불구하고 굴하지 않고 나아가 평양만경대항로(平壤萬景岱航路) 등에 기선을 잡았으며 마침내 한국내 추요(樞要)의 항로권(航路權)을 한 손에 장악하기에 이르렀다. 명치 27, 8년역(청일전쟁)이 일어나자 자기가 소유하던 기선 경제호(慶濟號)를 회항시켜 평양 일대의 방인(邦人, 일본인) 2백여 명을 피난시켰던 것으로 명성이 점점 더 높아졌고, 그 후 명치 37년(1904년) 일로(日露)의 관계가 단절되자 북한방면(北韓方面)의 중요한 임세(任勢)를 명받아 누차 호구(虎口)를 무릅쓰고 그 임무를 완수하여 방가(邦家, 일본)에 공헌한 바 적지 않았으나 불행히도 그 소유한 기선인 오양환(五洋丸, 고요마루), 추지포환(萩之浦丸, 하기노우라마루), 행운환(幸運丸, 코운마루)과 같이 잇달아 적에 의해 격침되어 이 손해가 4십만 원에 달하였다. 그래서 우리 당국자에 있어서도 그 손해를 구제하여 이런저런 이편(利便)을 주어지게 했던 것이지만, 공공을 위해 진력한 이와 같은 것은 그러한 예가 극히 드문데, 바야흐로 인천에 굉장한 우거(寓居)를 세우고 오로지 황무지의 구입 및 금대업(金貸業)에 종사하여 제1류의 성공자로서 성망(聲望)이 높다.

---

13) 인천부, 『인천부사』(1933), 794쪽에는 이들 부자가 인천으로 건너온 때가 "명치 16년(1883년) 4월"이라고 적고 있다. 한편, 『더 코리안 리포지토리(The Korean Repository)』 1892년 4월호, 122~124쪽에 수록된 「이즈모마루(出雲丸) 침몰」에 관한 기사에 "다이부츠호텔의 주인 호리 큐타로 씨의 둘째 아들이 희생자 명단에 포함"된 사실이 수록되어 있는데, 참고삼아 그 내용도 여기에 함께 적어둔다. 그리고 이때의 사고로 일본공사관원 출신이자 『조선안내(朝鮮案內)』의 저자이기도 한 하야시 부이치(林武一, 1858~1892)도 익사하였다. 희생자 명단에는 "Mr. T. Hayashi"로 표기되어 있으나, 이는 그의 이름을 하야시 부이치로 읽지 않고 '하야시 타케이치'로 읽었던 탓이다.

여길 보면 '망부(亡父)'라는 구절이 등장하는데, 이로써 이 당시 다이부츠호텔을 개업했던 호리 큐타로는 이미 사망한 상태였던 것으로 드러난다.[14] 그리고 호리 리키타로의 공적을 서술하면서도, 정작 다이부츠호텔에 대한 언급이 전혀 포함되지 않았다는 것은 이즈음에 벌써 이 호텔이 폐업상태에 들어갔던 것이 아닌가 하는 추측을 낳게 한다.

실제로 '더 홍콩 데일리 프레스(The Hongkong Daily Press)'에서 해마다 발행한 『더 크로니클 앤드 디렉토리(The Chronicle & Directory)』에 수록된 항목을 일괄 정리해보면, 다이부츠호텔은 「1906년판」까지는 명단에 포함되어 있지만 「1907년판」부터는 그 목록에 전혀 등장하지 않는 것을 알 수 있다. 이로써 다이부츠호텔의 폐업시기는 대략 1905년 내지 1906년 무렵이었던 것으로 짐작된다.[15]

어쨌거나 이 시절을 마지막으로 이 호텔이 쇠퇴의 길로 들어선 것은 틀림없는 사실이었다. 이에 따라 다이부츠호텔이 있던 자리는 1918년경에 중국인 뢰문조(賴文藻, 라이웬자오)에 의해 중화요리집으로 변경되었다가 1922년에는 그에게 소유권까지 완전히 넘겨진 것으로 알려진다. 이 건물은 해방 이후에도 계속 중화루로 사용되다가 최종적으로 1978년에 철거되어 사라졌으며, 현재는 그 빈터에 새로운 건물의 신축공사가 시도 중인 것으로 전해지고 있다.

---

14) 김창수, 「인천 대불호텔·중화루의 변천사」, 『인천학연구』 13(2010년 8월), 278쪽에는 호리 큐타로의 생몰연대를 "?~1898년"으로 표시한 것이 눈에 띈다.
15) 이 자료에 따르면, 「1898년판」부터는 다이부츠호텔 및 레스토랑의 주인이 기존의 'K. Hori(호리 큐타로)'에서 'R. Hori(호리 리키타로)'로 변경되는데, 아마도 이 시기에 호리 큐타로가 사망하였거나 아니면 가업을 아들에게 물려준 것으로 보인다.

스튜어드호텔

경계구역으로 보면 일본조계지와 청국조계지로 엄연히 구분되어 있었지만, 대불호텔과 불과 몇 걸음 되지 않는 비스듬한 대각선 자리에는 중국인 이태(怡泰, Yee Tai, I Tai, E Tai)가 운영하던 스튜어드호텔(Steward's Hotel; 인천광역시 중구 선린동 12번지)이 있었다. 기록에 따라서는 이타이호텔(Yee Tai's Hotel)로 표기된 사례도 많이 눈에 띈다. 이곳이 간혹 이태잔(怡泰棧)으로 표시된 경우가 있는데, 이는 '이태여관'을 뜻하는 중국식 표현이다. 근대개항기에 이 땅을 찾은 서양인들이 남겨놓은 여행기나 회고록에 다이부츠호텔만큼

```
ADVERTISEMENTS.                            V.

         MESSRS STEWARD & CO.,
                    CHELMULPO.
      COMMISSION MERCHANTS, STORE-KEEPERS,
      BAKERS, SHIP-CHANDLERS, CONTRACTORS, &c.

                STEWARD'S HOTEL
        offers good accommodation to visitors.

                 CHARGES MODERATE.
               MESSRS. STEWARD & CO.,
                       SEOUL.
       DEALERS IN ALL KINDS OF PROVISIONS AND
                  FAMILY SUPPLIES.
```

『더 코리안 리포지토리(The Korean Repository)』 1896년 1월호에 게재된 스튜어드상회와 스튜어드호텔의 광고문안이다. 스튜어드상회는 제물포뿐만이 아니라 서울 정동에도 개설되어 있었다.

이나 자주 등장하는 공간이기도 하다.

가령 『한국과 그 이웃나라들(Korea and Her Neighbors)』(1897)의 저자인 이사벨라 버드 비숍(Isabella Bird Bishop, 1831~1904) 여사의 경우에도 그가 1894년 2월에 처음 한국을 찾은 때에 이곳 스튜어드호텔을 숙소로 삼았다. 이 당시에는 자국의 외교공관을 찾아 숙박에 관한 신세를 지는 것이 보통이었으나, 이날만큼은 형편이 그러하질 못했던 탓이었다.

(30~31쪽) 정박지에서 바라보면 제물포는 바닷가를 따라 풀포기 없던 언덕을 조여 올라가듯이 지어진, 대부분 나무로 되고 거기에 희게 칠해진 초라한 집들의 집합체였다. 이들 전체는 몇 그루의 나무와 함께 불편하고 보잘것없는 건축물인 영국 부영사관이 올라앉아 있는 낮은 구릉지대로부터 거창하게 장식된 일본식 찻집과, 정원, 신사가 자리한 언덕 위까지 1마일 이상이나 길게 뻗어 있다. 언덕 위에 자리한 어느 독일상인의 저택, 영국교회, 코르페 주교(Bishop Corfe)의 변변치 않은 사택들, 그리고 커다란 일본영사관과 경사면에 들어선 몇몇 새로운 공공시설 정도를 고려치 않는다면, 그나마 두드러진 부분은 하나도 없었다. …… 영국 대리부영사인 윌킨슨 씨(Mr. Wilkinson)가 나를 마중 나와서 다음의 두 가지 일로 지극한 호의로 나를 환대해주었지만, 부영사관은 마침 그때에 객실이 비어 있지 않았으므로 나는 스튜어드(Steward's)로 알려진 한 중국인의 여관에 묵게 되었다. 이곳의 주인 이타이(Itai, 이태)는 손님을 편안하게 하기 위해서는 그가 할 수 있는 모든 것을 다 하고, 그래서 어느만큼은 성공을 거둔 정직하고 유용한 사람이었다. 이 여관은 중국인구역의 중심가 끝에 자리했지만, 일본인거류지의 중심거리도 한눈에 내려다보였으므로 아주 생동감이 넘치는 위치였다.

중국인 이태는 초대 공사 푸트(Lucius Harwood Foote, 福德, 福特; 1826~1913)가 1883년 5월 미국공사관에 막 부임하던 시절 이곳의 집사로 일했다고 알려지는데, 그가 자신의 호텔을 운영하기 시작한 때가 언제부터인지는 아쉽게도 정확히 알 수 없다.[16] 『더 재팬 크로니클(The Japan Chronicle)』의 경우 이태호텔(Yee Tai's Hotel)이 수록항목에 처음 등장하는 것은 「1889년판」이다. 그리고 「1890년판」에는 "Eu Don, Steward's Co."라는 표현이 수록되어 있으므로, 이것으로 개략적인 시기를 짐작할 따름이다.

초기의 자료에는 이곳이 아래층은 잡화점으로, 위층은 호텔의 용도로 사용되었다고 서술되어 있는 것이 보통이다. 하야시 부이치(林武一)의 『조선안내』(1891)에 이 호텔의 객실 수가 3개에 불과한 것으로 표시된 반면 『인천부사』(1933), 1470쪽에는 객실 수가 8개였다고 정리되어 있는 걸로 보아, 그 어느 시점엔가 건물이 증개축된 것이 아닌가 짐작된다.[17] 실제로 다이부츠호텔 주변의 풍경을 담아낸 사진자료에는 이 스튜어드호텔이 3층 건물이었던 것으로 나타나고 있다.

이 호텔이 정확히 언제까지 영업을 지속하였

> IN BUSINESS AGAIN!
> We beg to inform the public
> that we have this day
> Reopened Our Store
> Opposite the Circle Diplomatic.
> We are prepared to supply provisions, preserves, wines, etc., of the very best quality at moderate prices. Fresh supplies due to arrive by every steamer. An inspection is respectfully solicited.
> E. D. Steward Co.
> Seoul.

『디 인디펜던트(The Independent)』 1898년 7월 7일자에 수록된 E. D. 스튜어드상점의 재개업광고문안이다. 여기에 표시된 대로 그 장소는 정동에 있는 외교관구락부의 길 건너편이었다.

---

16) 민경배, 『알렌의 선교와 근대한미외교』(연세대학교출판부, 1991), 97쪽에는 다음과 같은 내용이 들어 있다. "서울에 집을 얻게 된 알렌은 푸트 공사가 내한할 때 타고 온 군함의 중국인 집사(유돈, Eu Don)가 푸트의 집사로 남아 있는 것을 보았다. 아주 유능한 집사였다. 알렌은 상해에 가족을 데리러 떠나면서 집수리와 정돈을 그에게 맡기고 떠났던 것이다." 이 구절들로 보면, 중국인 이태가 스튜어드로 일했다는 배는 다름 아닌 전함 모노카시(USS Monocacy)였던 것으로 드러난다.

16) 이와 아울러 미국 군함 주니아타호(USS Juniata)의 해군의관 조지 우즈(George W. Woods)가 남긴 일기장을 담은 『이씨 조선의 해군의관(Naval Surgeon in Yi Korea)』(1984), 42~43쪽에는 "[1884년 3월 26일] …… 최고의 코울슬로를 만들어주었던 싹튼 곡물을 제외하고는 아무런 특별한 조선음식이 없었던 저녁식사는 근사했다. 이곳[미국공사관]에는 전에 미국 전함 모노카시호(US Monocacy)에 승선했던 스튜어드이자 요리사인 중국인 한 사람이 있었고, 식사 테이블은 일본인 한 사람과 조선인 소년이 시중을 들었다"는 내용이 채록되어 있다. 여기에 나오는 중국인 집사 겸 요리사라는 것이 바로 이태를 가리키는 것임은 두말할 나위가 없어 보인다.

17) 아오야마 고케이(青山互惠), 『인천사정(仁川事情)』(1892), 24쪽에도 동일한 '여관객실현황표(대불호텔, 이태호텔 포함)'가 정리되어 있는 걸로 보면, 이것이 『인천부사』를 편찬할 때에 사용한 원사료인 듯하다.

는지는 잘 확인되지 않는다. 하지만 『대한매일신보』 1904년 8월 9일자(영문판)을 비롯하여 그 무렵의 전후한 시기에 스튜어드호텔의 광고문안이 지속적으로 게재된 것이 눈에 띄고, 1912년에 발행된 『최근의 인천(最近の 仁川)』[18]에 인천지역 여관의 명단에 '이태잔(怡泰棧)'이 수록되어 있는 걸로 보면 그 명맥이 일제강점기 초반 무렵까지 이어지고 있었던 것으로 판단된다.

그런데 스튜어드호텔의 주인 이태는 일찍부터 서울 시내에도 통칭 '이태호(怡泰號)'라는 가게를 운영하고 있었다는 점도 주목할 만하다. 서울거주 서양인들 사이에는 이 가게가 '스튜어드상회(E. D. Steward Co.)'로 통용되었으며, 그들의 일상생활에서 매우 익숙한 이름이기도 했다.

알렌 디그레이 클라크(Allen DeGray Clark)가 정리한 『에비슨 전기 : 한국 근대의학의 개척자』(연세대학교출판부, 1979) 78~79쪽 및 238쪽에는 다음과 같은 내용이 수록되어 있다. 제중원 의사로 활약했던 의료선교사 올리버 R. 에비슨(Oliver R. Avison, 魚丕信, 1860~1956)과 그의 가족이 태평양을 건너 부산에 당도하고 이곳에서 한 달 보름여를 머물다 마침내 제물포항으로 들어온 때는 1893년 8월 말이었다.

> 언더우드 씨는 제물포항에서 이들을 맞아 서울을 안내했다. 제물포에서는 자칭 E. D. 스튜어드라는 중국인이 경영하는 호텔에서 묵었다. 그 중국인을 오랜 세월 동안 태평양 선박에서 안내원(steward)으로 일했으며, 그가 그 일을 그만두고 호텔 지배인이 되자 배에서 늘 불리우던 그 이름을 따서 '스튜어드'라고 이름 지었던 것이다. 'E. D.'는 그의 중국이름인 'Ee-Dai(이태, 怡泰)'의 약자였다 호텔 아래층엔 잡화점이 있었으며 위층엔 피곤에 지친 여행자를 위한 깨끗한 방들이 있었다. 그는 2차대전이 터질 때까지 여러 해 동안 서울에서 상점을 계속했다. 이 상점은 외국인들에게 필요한 여러 가지 많은 물건들의 주 공급처가 되어주었다.

---

18) 인천광역시역사자료관 편, 『(역주) 최근의 인천』(2008)에 이 자료에 대한 해제와 원문 영인자료가 함께 수록되어 있다.

에비슨은 'E. D'를 "Ee-Dai"의 약칭으로 소개하였지만, 『더 크로니클 앤드 디렉토리』에는 한결같이 "Eu Don, Steward's Co."라고 적고 있으므로 그의 설명에는 착오가 있는 듯하다. 아무튼 위의 내용으로 보면, 비록 스튜어드호텔이 문을 닫았지만 스튜어드상회는 일제강점기를 거치

> **RUMOURS**
>
> Rumours that the business of E. D. Steward Company will close soon are groundless, on the contrary we are looking forward to a larger scope of activity.
>
> Since the inception of this business we have been animated with the desire to give complete and satisfactory service. After more than 30 years' effort to build this business to the point where we can give a maximum of service at a minimum of expense, we are going forward with renewed efforts for improvement.
>
> We are just as anxious now to serve our clients effectively as we ever were, and wish to assure them that we will do all possible to give complete and competent service.
>
> As an adjunct to our present stores we have now opened a large and well equipped Branch in Moukden, in order to extend better service to those of our clients who live in Manchuria. The Moukden store will cooperate with this and our other branches in attaining our ideal, — "EFFICIENT AND ECONOMICAL SERVICE."
>
> **E. D. STEWARD, & Co.,**
> SEOUL, CHOSEN.

『더 코리아 미션 필드(The Korea Mission Field)』 1921년 11월호와 12월호에 연속 게재된 E. D. 스튜어드상회의 해명광고이다. 이 당시 이 가게가 문을 닫는다는 소문이 돈 것은 낭설이며, 오히려 지점확충을 모색하고 있다는 내용을 담고 있다. 그런데 이 상회의 소재지가 '서울'로만 표시되어 있는 걸로 보아, 진즉에 최초 본거지였던 제물포를 떠난 상태였던 것으로 판단된다.

는 동안에도 계속 영업이 이뤄졌다는 얘기가 된다. 실제로 1920년대에 발행된 선교잡지『더 코리아 미션 필드(The Korea Mission Field)』를 통해 이 스튜어드상회의 광고문안이 지속적으로 지면에 게재된 사실을 확인하기란 그리 어렵지 않다. 다만, 이 당시에는 주소지를 '서울'로만 적고 있으므로, 더 이상 제물포지역을 근거지로 삼지 않았다는 점이 드러나고 있다.

원래 이태상회(怡泰號)는 진고개, 곤당골, 정동, 태평동 등지를 옮겨 다닌 것으로 확인되는데, 정동 시절에는 '신문내 정동초입 이태호(新門內 貞洞初入 怡泰號)'라고 하여 새문 쪽에서 정동길로 접어드는 들머리에 자리하고 있었음은 여러 자료를 통해 잘 알려진 바와 같다. 가령『디 인디펜던트』1898년 7월 7일자에는 스튜어드상점의 재개업 광고문안이 수록되어 있는데, 그 위치를 '외교관구락부(外交官俱樂部, 정동 17번지)'의 맞은편이라고 표기하고 있다.

『황성신문』1903년 11월 4일자에는 "[천포광고(遷舖廣告)] 계자본호

어본월십육일 쳔이정동대안문우편 특차포고(啓者本號 於本月十六日 遷移 貞洞大安門右便 特此佈告) 정동 이태잔(貞洞 怡泰棧)"이라는 문안이 게재되어 있으므로, 이때 점포의 위치를 옮긴 사실을 확인할 수 있다. 그리고 그 이후 시기에는 주로 태평동(太平洞)으로 주소가 표시된 것이 자주 눈에 띈다. 특히 『대한매일신보』 1904년 9월 19일자(국문판)에는 다음과 같은 광고문안이 수록되어 있는 바 한때나마 서울에도 '이태호여관'이라는 이름으로 호텔을 개업하여 운영했던 것으로 보인다.

> 본호에서는 각국병함, 상선과 거류민에게 각종 서양식료품을 공급하오며 이태호여관은 황성에 제일 좋은 여관이압.
> 화성이호 고백. 황성과 인천 양처에 있삽.

여기에 나타난 서울의 이태호여관 혹은 스튜어드호텔이 어느 정도의 규모로 언제까지 개설되어 있었는지는 정확히 알 수 없는 상태이다. 이 부분에 대한 보완조사가 이뤄진다면, 팔레호텔, 임페리얼호텔, 스테이션호텔, 손탁호텔과 더불어 근대개화기 서울에 존재했던 서양식 호텔의 목록에 그 이름을 기꺼이 올릴 수 있는 기회가 오지 않을까 기대하는 바이다.

한편, 인천 스튜어드호텔이 있던 공간의 변천사에 대해서는 자세히 알려진 바 없으나, 일제강점기에 이곳에는 한때 동흥루(東興樓)라는 이름의 중화요리점이 들어섰던 것으로 알려진다. 그리고 최성연 선생의 『개항과 양관역정』(경기문화사, 1959), 107쪽에는 스튜어드호텔이 있던 자리가 "이태는 동란중(動亂中) 함포(艦砲)로 파괴되고, 벽돌짝만이 흩어져 있다"고 하고, 그 당시 "인천시 선린동 12번지 소재, 월미연탄공장의 가건물이 서 있다"고 간략히 서술하였다.

꼬레호텔

인천지역에 다이부츠호텔과 스튜어드호텔 등의 숙박시설이 한창 전성기를 누릴 무렵 이곳에는 또 하나의 서양식 호텔이 있었으니, '호텔 드 꼬레(Hotel de Coree)'가 바로 그것이다. 스타인벡(J. Steinbeck; Joseph Steinbech)이라는 헝가리인이 운영했다는 이 호텔의 위치조차 아쉽게도 지금은 정확히 파악되지 않는다.

이 호텔에 대해서는 영국인 여행가 새비지 랜도어(Arnold Henry Savage-Landor)가 『코리아 혹은 조선(Corea or Chosen)』(1895)에 남긴 기록에 다음과 같은 간략한 소개가 나와 있을 뿐 이곳에 대한 세밀한 기록은 잘 눈에 띄질 않는다.

'꼬레호텔(Hotel de Coree)'이라는 거창한 이름을 가진 두 번째 호텔은 헝가리인 소유였으며, 이 항구에 기항하는 전함의 수병들에게 가장 인기 있는 휴식처가 되었는데 이는 한편으로 모든 종류의 술을 갖춘 살롱이 갖춰진 것이 이 집의 자랑거리였고 또 한편으로 터키어와 아랍어는 물론이고 한국말과 일본말까지 지구상의 모든 언어를 유창하게 밀힐 수 있는 가장 빼어난 재주를 지닌 처녀이자 이 호텔 주인의 딸인 매우 매력적인 젊은 숙녀가 카운터 너머로 술잔을 건네

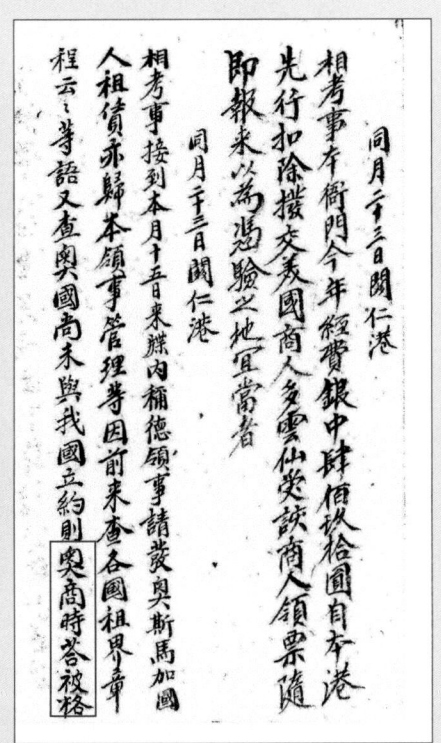

『인천항관초(仁川港關草)』 제1책(서울대규장각 자료; 奎 18075)에 수록된 1888년 4월 14일자 관문(關文)의 내용이다. 글의 말미에 보이는 '오상 시답피격(奧商 時答被格)'은 '오스트리아 상인 스타인벡'을 가리킨다.

주기 때문이었다.

하야시 부이치(林武一, 1858~1892)가 1891년에 펴낸 『조선안내(朝鮮案內)』라는 책에도 이 호텔의 존재가 채록되어 있는데, 하지만 이것은 그다지 오랫동안 존속하지 못한 서양식 호텔의 하나였다. 아무튼 하야시의 책에는 "명칭(名稱) 호텔 드 꼬레야(ホテルド コレヤ), 관주(館主) 독을(獨乙) 이(I). 스타인벡(イ. スタインベック), 객실수(客室數) 4"라고 적고 있다.

여기서는 스타인벡의 국적을 '독일인'으로 표시하고, 또한 이름의 이니셜이 '이(E 또는 I를 의미)'라고 되어 있는 부분은 흔히 알려진 것과는 조금 차이가 나는 대목이다.[19] 어쨌거나 스튜어드호텔과 마찬가지로 객실 수가 소규모에 불과한 것을 보면, 이곳 역시 숙박시설에 주력하기보다는 오히려 주점이나 살롱과 같은 기능에 더 치중했던 것으로 보인다. 이와 아울러 하야시는 다음과 같은 설명을 덧붙였다.

> 인천의 여관은 화양(和洋, 일본식과 서양식) 두 가지 양식이 있다. 최상등을 대불이라 하며, 구미인(歐美人)은 모두 이곳에 숙박하며, 독일인(獨逸人)의 여관은 반대로 하등객뿐이라고 이른다. 서양풍의 여관은 좌와 같다. [다이부츠(大佛), 벳부(別府), 이타이(怡泰), 호텔 드 꼬레야]. 일본풍의 여관은 좌와 같다. [아사오카(淺岡), 코리(郡), 후쿠시마(福島), 하라다(原田)]. 이상 외에 경비군함(警備軍艦)의 용달(用達)로 광간(廣間) 14실(室)을 가진 오쿠사 우메키치(大草梅吉)가

---

19) 1891년 여름에 우리나라를 찾은 영국군 대위 카벤디쉬(Alfred Edward John Cavendish, 1859~1943)가 남긴 여행기인 『조선과 신성한 백두산(Korea and the Sacred White Mountain)』(1894)에도 몇 군데에 '스타인벡'이라는 이름이 등장하는데, 특히 16쪽에 보면 "우리들의 동료 승객으로는 젊은 미국인 선교사이자 우리들과 함께 치푸에서 동행했던 '형제' 존스, 그리고 제물포에 상점을 갖고 있는 독일인 스타인벡과 그의 종업원, 50명에 달하는 일본인 남자와 여자, 그리고 여러 명의 중국인과 조선인들이 있었다"는 구절이 들어 있다. 이것은 그가 독일인으로 표기된 또 하나의 사례인 셈이다.

있어, 우리 군함(軍艦)의 사관(士官) 이하 상륙(上陸)할 때는 항상 이곳에서 숙박한다. 이곳 외에 수월루(水月樓, 스이게츠로)가 별업(別業)으로 숙박할 수 있다.

숙박료는 서양여관은 1일 금 2원(圓), 일본여관은 1일 금 38전(錢)이상이다.

여기에는 국적이 독일인으로 표시된 것은 '오스트리아 헝가리'가 흔히 독일의 보호민(保護民)이라는 개념으로 인식되었던 탓으로 풀이된다. 실제로 1880~1890년 사이에 그를 둘러싸고 제물포 각국조계 내의 조거지단 지계발급(租居地段 地契發給)에 관한 논란이 벌어진 때의 『인천항관초(仁川港關草)』 기록자료 여러 건에는 그의 이름이 '오사마가국인 시답피격(奧斯馬加國人 時答被格)' 또는 '오상 시답피격(奧商 時答被格)'으로 기재되어 있다. 오사마가국은 오스트리아를 말하며, 오상은 오스트리아 상인이라는 뜻이다.

'더 홍콩 데일리 프레스(The Hongkong Daily Press)'에서 해마다 발행한 『더 크로니클 앤드 디렉토리(The Chronicle & Directory)』에 정리된 내용에 따르면, 호텔 드 꼬레(Hotel de Coree) 항목은 「1887년판」에 처음 등장하였다가 「1890년판」에 이르기까지 연속으로 수록된 사실이 확인된다. 따라서 이 꼬레호텔은 최소한 1886년에 생겨났다가 1891년께에 문을 닫아야 하는 상태에 이른 것으로 보인다.

그런데 호레이스 알렌(Horace N. Allen)의 『외교사연표(A Chronological Index)』(1904), 164쪽에는 그가 진즉부터 제물포에 정착하여 상거래를 해왔던 흔적이 채록되어 있다.

[1884년 일자미상] 미국인 쿠퍼(C. H. Cooper, 1889년 12월 13일 현지에서 사망), 독일인 고샬키(A. Gorschalki), 오스트리아인 스타인벡(Steinbeck)이 그러했던 것처럼, 일본인과 청국인 상인들이 제물포에서 가게를 열기 시작했다.

이 내용은 스타인벡이 제물포의 개항 초기부터 그곳에 터를 잡고 있었다는 얘기가 된다. 그리고 인천부에서 편찬한 『인천부사(仁川府史)』(1933), 311~312쪽에는 일본 나가사키에 있던 '오지리 상인 이삭 스타인벡(墺地利商人 イサック スタインベッキ)'과 일본인 거류민 사이에 벌어진 분쟁에 대한 발췌 기록이 서술되어 있는데, 이 사건이 발생한 때가 명치 16년(즉 1883년) 10월이었다.

『더 크로니클 앤드 디렉토리(The Chronicle & Directory)』에 표시된 내용에는 한결같이 꼬레호텔의 소유주가 J. 스타인벡으로 되어 있는 반면, 하야시 부이치의 『조선안내』에 표시된 '이. 스타인벡'은 바로 이사악 스타인벡(Isaac Steinbeck)을 가리키는 것으로 드러나는 셈이다. 하지만 이처럼 서로 다른 이니셜로 표시되어 있지만, 이는 별개의 인물이 아니라 모두 동일인을 지칭하는 것으로 받아들여진다.

이상의 내용을 종합하면, 스타인벡은 원래 나가사키에 근거를 두고 있었으나 인천개항을 계기로 제물포로 이주해 온 오스트리아 헝가리인이었던 것으로 정리될 수 있다. 아쉽게도 꼬레호텔 이후의 활동에 대해서는 더 이상 아무런 흔적을 찾을 수 없다.

오리엔탈호텔

근대개항기 인천지역의 서양식 호텔에 관한 연혁자료에 거의 잘 언급되지는 않지만, 그렇더라도 분명하게 실체가 확인되는 것으로 오리엔탈호텔(Oriental Hotel)이 있다. 하지만 이 호텔이 존속했던 기간은 지극히 짧았는데, 『더 크로니클 앤드 디렉토리(The Chronicle & Directory)』「1899년판」에 단 한 번 등장한 것이 찾을 수 있는 기록의 전부나 다름없다. 여기에는 호텔의 소유주가 크렐(N. Krell)로 표시되어 있다. 이 이름은 그 전년도인 「1898년판」부터 수록된 것이 눈에 띄지만, 이때는 호텔 주인의 신분이 아닌 '상점 주인 및 운송대리업자'로만 등재되어 있는 것이 다르다.

그리고 『디 인디펜던트(The Independent)』 1898년 6월 25일자에도 이 호텔의 흔적이 보인다. 여기에는 '서울호텔'의 주인인 이탈리아사람 삐이노의 결혼식 소식이 수록되어 있는데, 이 당시 결혼 피로연이 열린 장소가 오리엔탈호텔이었다.

[제물포 뉴스] 서울의 삐이노 씨(Mr. F. Bijno of Seoul)는 상하이의 라바곳 양(Madmoiselle Ravagot of Shanghai)과 수요일 로마카톨릭싱당에서 결혼하였는데, 같은 날인 이달 22일 저녁에 신부와 신랑은 이 행사를 위해 정성껏 메뉴가 마련된 오리엔탈호텔

『디 인디펜던트(The Independent)』 1898년 11월 15일자에 수록된 '오리엔탈호텔'의 비품 경매광고이다.

(The Oriental Hotel)에서 그들의 우인들을 위해 디너파티를 열었다.

이 밖에 『디 인디펜던트』 1898년 11월 15일자에 수록된 광고문안 하나는 오리엔탈호텔의 연혁과 관련하여 귀중한 단서를 제공해주고 있다.

경매!

아래 사람은 크렐 부인(Mrs. N. Krell)으로부터 그녀의 주거지인 제물포 공동조계지(General Foreign Settlement) 안에 있는 오리엔탈호텔 내에서 처분하라는 지시를 받았음.

1898년 11월 17일, 목요일, 오전 10시에 개시.

그녀의 훌륭한 가재도구, 판매장 비품 일체이며 여기에는 거실, 식당, 침실, 욕실 가구와 부엌, 그리고 각종 가게 및 판매비품이 포함됨.

유리문과 장식이 달린, 아주 멋지게 조각된 튼튼한 나무책장에도 특별한 관심을 바람.

많은 참관 바라며, 오늘부터 언제든지 구경할 수 있음.

모젤(F. H. Morsel), 경매주관인.

제물포, 11월 9일, 1898년.

이 내용은 그간 호텔에서 사용하던 일체의 가재도구와 비품을 경매처분하는 것으로 오리엔탈호텔을 폐업하는 당시의 상황이 아닌가 여겨진다. 그리고 이 광고문안을 통해 이 호텔의 주인인 크렐이라는 사람이 '여주인'이었다는 것과 호텔의 소재지가 공동조계지에 있었다는 사실도 함께 드러난다. 한편, 크렐이라는 이름은 몇 해를 건너뛰어 『더 디렉토리 앤드 크로니클(The Directory & Chronicle)』 「1904년판」 및 「1905년판」에 제물포 유나이티드 클럽(Chemulpo United Club)의 재무담당자(treasurer)로 다시 등장하는 것을 확인할 수 있다.

터미나스호텔

근대시기 인천지역에 터미나스호텔(Terminas Hotel)이란 것이 존재했었다는 사실 자체를 아는 사람도 드물겠지만, 이에 관한 기록은 국사편찬위원회가 정리한 『주한일본공사관기록(駐韓日本公使館記錄)』에 엄연히 남아 있다. 중국 상하이 주재 일본총영사가 발송한 1905년 11월 24일자 기밀문서는 터미나스호텔의 실존을 입증해주는 유일무이한 자료이다.

그런데 흥미로운 것은 이 터미나스호텔의 소유주가 바로 경운궁 대안문 앞에 있던 센트럴호텔(Central Hotel, 나중에 패리스호텔로 개명)의 주인이자 1909년에 손탁호텔을 인수하여 운영했던 보에르(J. Boher)였다는 사실이다. 그가 이 호텔을 개설한 시점에 대해서는 자세히 알 수 없으나, 그 대신에 이곳을 폐쇄한 때가 1905년 12월이라는 사실은 분명히 확인할 수 있다. 그가 서울에 가서 센트럴호텔을 재개업한 때가 늦어도 1906년 하반기 이전이었던 것으로 추정되므로 시간의 선후관계는 정확하게 맞아떨어진다고 할 수 있다.

또한 임페리얼호텔(Imperial Hotel)의 주인이었던 물리스(M. Moulis)의 이름도 여기에 함께 등장하는데, 그가 러시아의 첩자로 의심을 받고 있었다는 대목은 무척 주목을 끄는 내용인 듯하다. 여기에 덧붙여 보에르와 물리스의 인상착의를 적어놓은 구절도 매우 이채로운 기록인 듯이 판단된다.

① **조선에 있어서 반란음모의 건** (1905년 11월 24일 발송) :

공영기 제89호(公領機 第89號)
　　조선에 있어서 러시아인의 반란 음모 건에 관해서는 별지 기밀(機密) 제149호와 같이 본성(本省)에 보고했으니 공람하시기 바라며 이상 보고합니다. 경구(敬具).

1905년 11월 24일

재상해 총영사 나가타키 히사키치(在上海 總領事 永瀧久吉)

재한 특명전권공사 하야시 곤스케 전(在韓 特命全權公使 林權助 殿)

[별지(別紙)]

기밀 제149호(機密 第149號)

왕전(往電) 제434호 및 제455호로써 시급히 보고한 바와 같이, 러시아 육군 대위 로소프(P. A. Rossof)를 비롯하여 물리스(Moulis), 보에르(Boher), 알프레드 론돈(Alfred Rondon), 유진 골더(Eugene Golder), 귀프(Guiff), 레바스(Lebars) 및 베델(Bethel) 등은 조선국 경성(京城), 인천(仁川), 진남포(鎭南浦), 부산(釜山), 평양(平壤), 마산포(馬山浦) 등에 산재해서 조선인을 선동하여 일본의 시정에 대한 반란을 음모하고 대위 로소프는 11월 20일경 이미 이곳을 떠나 지푸(芝罘)를 거쳐 인천으로 향한 흔적이 있는데 그때 얼핏 일본인으로 오인한 프랑스인(일본·프랑스인의 혼혈일 것임)으로서 아주 일본어에 능숙한 전기(前記) 골더를 통역으로 동반했을 것임. 그리고 대위 로소프는 대단히 애교가 많고 군인 같은 풍채가 없으며 약간 영어를 이해하여 만국지리협회(萬國地學協會) 회원이라 일컫고 지푸(芝罘) 주재 코반(小燔) 영사가 발급한 러시아 여권을 가지고 있음. 그가 말한 바에 의하면, 우선 부산에 가서 그곳에서 마산포에 이르러 현재 지푸 주재 러시아인 니에제리킨의 부탁으로 그의 소유와 관련된 마산포에 있는 토지의 처분을 마친 뒤 경성으로 가서 러시아로 돌아갈 예정이라고 함. 역시 유진 골더도 본관이 조사하고 프랑스 관헌이 교부한 여권을 가지고 있음. 그리고 그 대위는 하얼빈 방면에서부터 지푸(芝罘)를 거쳐 이달 초순 상하이(上海)에 온 자임.

또 전기(前記) 물리스는 경성 및 인천에서의 신문기자인 베델과 함께 본 음모의 주요 인물로서 특히 감시를 요하는 인물임. 동인은 11월 7일 이미 지푸로 출발하여 선동에 필요한 러시아 간첩 배치에 대한 연구를 위해 조선으로 도항하였었는데 로소프 대위와 경성에서 회합할 예정이며 동인은 본건에 관한 중요서류를 휴대하고 있을 것임. 물리스는 앞서 기재한 보에르의 소유에 관련한 인천 터미나스호텔(Terminas Hotel)에 항상 숙박함. 귀프는 원래 인천세관 고용인이고 레바스는 진남포의 모(某) 여관주인이며 알프레드 론돈은 현재 평양에 있다고 함.

　이상 음모사건은 전에 조선에서 있다가 지금부터 2개월 전 우리나라에서 이곳에 온 프랑스인 마티가 밀고한 것임. 동인은 이곳에 있던 러시아 데시노 장군 곁에 출입함에 따라 동 장군 곁에서 이를 알아냈다고 말했음. 그리고 동 장군의 고용인 요코이 료노스케(橫井亮之助, 실은 대본영 파견 탐정)가 이곳에 있을 때 본관에게 보고한 바에 의하면, 지난달 중에 지푸 주재 러시아 장교로부터 동 장군에게 내전(來電)이 있었는데 동 장교는 조선 및 우리나라로 여행하는 데에 통역으로서 요코이(橫井)를 동반토록 조회해 왔다는 등의 사실에서 종합하여 추리해 보니 마티의 밀고는 어쩌면 사실이 아닐까 생각함. 또한 동인은 향후 얻어들은 점이 있다면 밀고할 예정임. 참고삼아 본 사건 관련자의 인상을 다음과 같이 상세히 보고함.

　○ 로소프 대위 : 키 159~162cm, 나이 36~7세. 적당히 살이 쪘고 얼굴은 보통이며 피부가 흼. 머리카락은 옅은 다갈색, 파란 눈에 눈썹은 진하지 않음. 수염은 옅은 다갈색으로서 짧게 깎았으며 진하지 않음.

　○ 물리스, 프랑스인 : 나이 36세가량. 키 168cm. 머리카락은 밤색, 다갈색. 눈썹은 밤색, 다갈색. 눈은 푸르고 이마가 벗겨짐. 코와 턱은 보통. 뺨이 편평함.

　○ 보에르, 프랑스인 : 나이 39세가량. 신장 159~162cm. 머리카락 및 눈썹이 검고 이마가 높고 코가 독수리 부리모양이며 턱이 둥글고 얼굴은 타원형. 안색이 검다.

　○ 골더 : 일본인과 프랑스인의 혼혈인데 오히려 일본인에 가까움. 나이는 28세가량.

　○ 론논, 프랑스인 : 나이 33세가량. 신장 168cm 정도. 머리카락과 눈썹은 다갈색. 눈이 맑고, 이마와 코가 큼. 입이 적으며 턱이 둥글고 안면이 길고 뾰족한 입이 붙었음.

　○ 레바스는 프랑스인. 귀프는 영국인 아니면 미국인일 것임. 베델은 자세하지

않으나 아마도 영국인이 아닐지. 그 외는 분명치 않음.

이상 보고합니다. 경구(敬具).

1905년 11월 24일

재상해 총영사 나가타키 히사키치(在上海 總領事 永瀧久吉)

외무대신 백작 카츠라 타로 전(外務大臣 伯爵 桂太郞 殿)

본문의 건은 한국 주재 하야시 공사(林 公使)에게 보고했음. 또한 밀고자 매수비 500원(圓)의 지출에 대해 허가를 얻었던 바 그 후 여러모로 교섭한 끝에 금 200원(圓)으로써 끝냈으니 그 금액을 빨리 부쳐주시도록 조치하여주시기 바라며 이에 덧붙임.

② 러시아 간첩 로소프 등의 거동에 대한 보고의 건(1905년 12월 4일 발송) :

기밀 제11호(機密 第11號)

귀전(貴電) 제158호로써 통지하신 러시아 육군대위 로소프 및 그 관계자에 대해 오늘까지 탐정한 결과 다음과 같음.

一. 로소프는 동행자 한 사람과 함께 지난달 26일 부산(釜山) 방면에서 기차를 타고 경성(京城)을 향해 영등포(永登浦)에서 동행자는 하차하고 로소프만이 경성(京城)에 들어왔다.

一. 영등포에서 하차한 로소프의 동행자는 프랑스인 골더인 것 같고 그는 인천(仁川)에 갔을 것이라는 설이 있으나 아직 이곳에 온 흔적은 없다.

一. 이곳 터미나스호텔 주인 보에르(G. Boher, 귀 전문 중에는 보배아로 되어 있음)는 며칠 전 호텔을 폐점하고 지난 29일 그의 첩 우에키 유키(植木ユキ) 및 소녀(小女)들과 함께 경성으로 옮겼다. 어쩌면 로소프와의 관계상 이와 같이 주거를 옮긴 것이 아닐까.

一. 베델은 널리 알려진 항일기자(抗日記者)이므로 별도로 보고할 필요가 없을 것이다.

一. 프랑스인 물리스는 올해 9월 12일 기선 아모이호를 타고 지푸(芝罘)에서 이곳에 와서 터미나스호텔에 투숙하고 체재 중에는 담배상인이라고 말하고, 그리스인 다나바시 및 히리프 집에 종종 출입을 해도 별로 거래를 하는 일은 없는 것 같고 저녁때 술에 빠져서 거동에 의심스러운 점이 있다. 같은 달 25일 그는 기선 제1 덕화호(德和號)에 몰래 타고 지푸로 떠났으나 지난달 12일 기선 제3 오하요호를 타고 이곳에 와서 다시 터미나스호텔에 투숙하고 같은 달 15일 경성으로 향해 출발했으나 그 후 수일을 지나 기차 편으로 부산(釜山)으로 갔다는 설이 있다. 현재 거처불명이다.

一. 이 전보에 의하면, 귀프라는 자도 로소프의 관계자로서 이곳 해관(海關)에 고용되어 있다고 하나 이곳 해관에는 일찍부터 귀프라는 자는 있지 않다. 다만 2년 정도 전에 '기욤'이라는 자가 재직한 일이 있다. 이 자는 현재 청국(淸國) 한강철도회사(漢江鐵道會社)에 고용되어 있다고 한다.

一. 알프레드 론돈 및 벨스 두 사람은 이곳에 있지 않기 때문에 그 동정을 알기 어렵다.

귀전(貴電) 중의 관계자 인명은 위와 같은 바 이 밖에 본건의 관계자가 아닌가 하고 의심되는 자가 있다. 즉 그리스인 '콘돈'이라는 자로서 그는 담배상인이라고 말하나 실은 아무 직업도 없고 일찍이 일본, 경성, 부산 및 지푸 간을 왕복하고 이곳에서는 잠시 터미나스호텔에 숙박하고 현재는 그리스인 히리프 집에서 있다. 이번에 일한협약(日韓協約)이 성립되었음을 알고 일본인 아무개에게 의뢰해서 이것을 영문으로 번역시키는 등의 거동이 있다.

전기(前記)한 여러 사람에 대해서는 더욱 엄중히 감시 중에 있으나 이상 정탐하여 알게 된 사실을 참고삼아 보고합니다.

1905년 12월 4일

재인천 영사 카토 모토시로(在仁川 領事 加藤本四郎)

특명전권공사 하야시 곤스케 전(特命全權公使 林權助 殿)

6.
보론 2 : 철도호텔(조선호텔)

[1] 애스터 하우스(서대문 근린), 팰리스호텔(대한문 앞), 시노노메여관(東雲旅館, 대한문 앞), 하시모토여관(橋本旅館, 남대문통 4정목), 시라누이여관(不知火旅館, 욱정 2정목), 미카즈키여관(三ヶ月旅館, 욱정 3정목), 하죠칸(巴城館, 남산정 3정목), 마키노여관(牧野旅館, 수정 1정목), 큐슈여관(九州旅館, 삼호정), 사쿠라야여관(櫻家旅館, 남대문내), 텐신로여관(天眞樓旅館, 남산정 2정목), 하라카네여관(原金旅館, 남산정 4정목), 아사히칸(旭館, 본정 3정목), 우라오여관(浦尾旅館, 수정 1정목)[1)]

[2] 조선호텔(朝鮮ホテル, 장곡천정, 철도국), 하죠칸(巴城館, 본정 2정목), 텐신로(天眞樓, 남산정 2정목), 경성호텔(京城ホテル, 남산정 3정목), 우라오여관(浦尾旅館, 본정 2정목), 시라누이여관(不知火旅館, 욱정 2정목), 세이코칸(淸光館, 본정 1정목), 야마모토여관((山本旅館, 본정 2정목), 하라카네여관(原金旅館, 수정)[2)]

1) 통감부철도관리국,『한국철도선로안내(韓國鐵道線路案內)』(1908), 105쪽.
2) 오카 료스케(岡良助),『경성번창기(京城繁昌記)』(1915), 565쪽.

여기에 죽 나열한 내용은 경술국치를 전후한 시기 서울 시내에 존재했던 숙박업소의 명부이다. 우선 앞의 [1]은 1908년에 발간된 『한국철도선로안내(韓國鐵道線路案內)』에 수록된 것으로, 여기에는 애스터 하우스와 팰리스호텔 등 그즈음에 유명세를 떨친 서양인 호텔이 그대로 등장한다. 다만, 손탁호텔은 이 명단에 보이질 않는데 이는 1909년에 가서야 이 호텔이 보에르(J. Boher)에게 경영권이 매각되는 동시에 일반 호텔로 전환하는 까닭이다. 그리고 [2] 부분에 정리된 숙박업소는 1915년에 발간된 『경성번창기(京城繁昌記)』에 수록된 '일등여관(壹等旅館)'의 면면들이다.

역시 맨 앞자리를 차지한 것은 조선호텔(朝鮮Hotel)이었다. 그 이전까지 존재했던 애스터 하우스와 팰리스호텔은 진즉에 사라졌고, 손탁호텔 또한 이미 쇠퇴기로 접어든 상태였다. 여타의 숙박시설은 객실 수[3]로 보나 부대시설의 구색으로 보나 조선호텔의 경쟁상대가 전혀 되지 못하였던 탓에 일제강점기로 접어든 이후에는 1938년에 반도호텔(半島Hotel, 을지로 1가 181번지)이 등장할 때까지 이 호텔이 단연 최고의 서양식 호텔이라는 위상을 독점하다시피 했다.

이 호텔의 건립은 1913년 4월에 시작하여 1914년 9월에 마쳤고, 개업은 1914년 10월 10일에 이뤄졌다. 이 호텔의 설계 초안을 만든 사람은 경복궁에 들어서는 조선총독부 신청사의 원안 설계자로도 잘 알려진 독일인 건축가 게오르그 데 라란데(Georg de Lalande, 1872~1914)였다. 처음에는 조선총독부 철도국의 직영(直營)으로 추진된 탓에 '철도호텔'이라고 하였다가 완공을 앞두고 1914년 2월에 정식명칭을 '조선호텔'로 정하였다.[4]

---

3) 1915년 발행 영문판 '조선호텔' 안내책자에 수록된 평면배치도에 표시된 내용에 따르면, 이 호텔의 객실 수는 2층 24개, 3층 22개, 4층 18개(일본식 5개 포함)를 합쳐 모두 64실에 달하였다.

4) 조선철도의 운영주체는 통감부 철도관리국(1906. 7. 1~1909. 12. 15), 철도원 한국철도

6. 보론 2 : 철도호텔(조선호텔)   117

경성철도호텔의 건립추진은 1911년 11월 1일 압록강철교의 준공과 더불어 만철 안봉선(滿鐵 安奉線; 安東-奉天)의 개량공사(표준궤도로 전환)가 마무리되어 조선과 만주 사이에 직통열차가 운행되기 시작한 것이 직접적인 계기가 되었다. 여기에다 공사착공 이후 1915년 가을로 예정된 이른바 '어대례(御大禮, 대정천황즉위식)'에 맞춰 유럽에서 일본 토쿄(東京)를 오갈 사람들이 크게 늘어날 상황에 대비하려는 뜻도 포함되어 있었다.

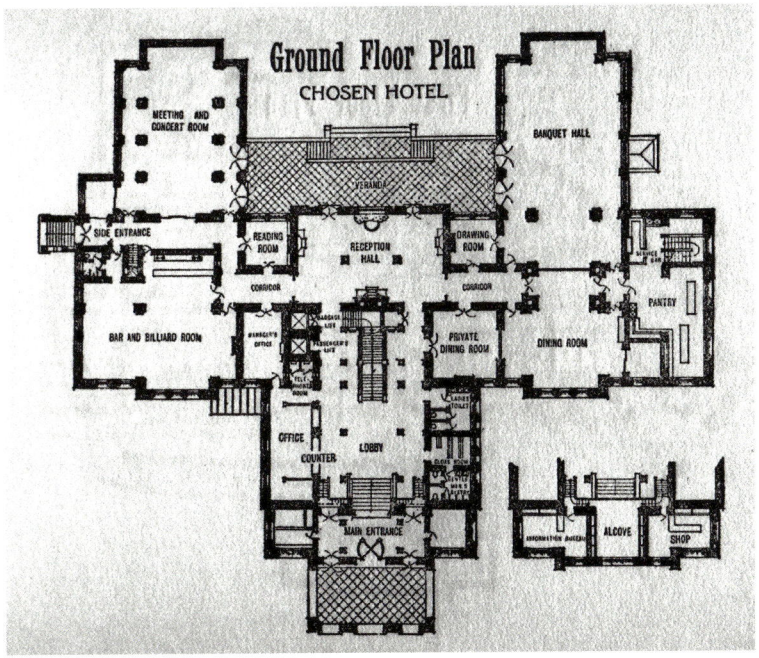

조선호텔의 1층 평면배치도이다. 중앙 로비에는 위층으로 올라가는 계단이 놓여 있고, 좌측에는 바와 당구실이, 우측에는 식당이 배치되어 있다. 후면 쪽으로는 회의 및 콘서트홀과 연회실 등을 두었다. 지하층에는 주방, 창고, 세탁실, 이발소, 기계실, 목공실 등이 있었고, 2층부터 4층까지는 대부분 객실로 채워졌다.

관리국(1909. 12. 16~1910. 9. 30), 조선총독부 철도국(1910. 10. 1~1917. 7. 30), 남만주철도 경성관리국(1917. 7. 31~1925. 3. 31), 조선총독부 철도국(1925. 4. 1~1943. 11. 30), 조선총독부 교통국(1943. 12. 1~1945. 8. 15)의 순서로 변경되었다.

조선총독부 철도국에서 펴낸 『조선철도사(朝鮮鐵道史)』(1915), 400~401쪽에는 철도호텔의 건립배경을 이렇게 정리하고 있다.

여관(旅館)의 경영은 철도의 당연한 업무는 아니지만, 그럼에도 선만연락(鮮滿聯絡)의 완성 이래 각국인(各國人)이 조선을 통과하는 자가 점차 많아짐에 더하여 이들 여행객(旅行客)을 맞이하는 것에 관해 가장 필요를 느끼게 된 것은 여관의 설비였다. 그러나 조선에 있어서 여관업자 중 양식설비(洋式設備)를 갖춘 곳이 드물어 급속히 그 정비를 기약하기 어려워, 차라리 철도에서 스스로 이의 경영을 맡을 필요를 인식함에 따라 우선 부산(釜山) 및 신의주(新義州) 양정거장(兩停車場)의 누상(樓上)에 양식여관(洋式旅館)의 설비를 하였는데, 전자(前者)는 45년(즉 1912년) 7월 15일, 후자(後者)는 대정 원년(즉 1912년) 8월 15일에 모두 그 영업을 개시했던 것은 종래 외인여행자(外人旅行者)가 느꼈던 불편의 일부나마 줄이는 효과가 있었던 것이 분명하다. 대정 3년(즉 1914년) 10월부터 개업한 조선호텔(경성부 장곡천정)은 84만여 원의 경비를 들여 건조한 것으로 구조(構造)는 방화건축(防火建築)의 오층루(五層樓)로 하고 양식(洋式)을 본받아 이것의 설비를 갖추는 동시에 동양고유(東洋固有)의 풍취(風趣)를 가미(加味)했고, 특히 자리는 원구단(圜丘壇)의 유서(由緖)가 있는 곳이어서 외인숙박객(外人宿泊客)으로 하여금 불편을 느끼지 않고 서서히 동양취미(東洋趣味)를 상완(賞玩)할 기회를 얻도록 하였는데, 개업 당시 마침 구주(歐洲)의 시국(時局)에 제회(際會)함으로써 널리 구미인(歐米人) 사이에 소개되어 출입객이 빈번해짐을 보는 것은 아마도 평화극복(平和克復)의 이후를 기약하게 한다

여기에서 보듯이 철도호텔의 건립부지로 선정된 공간은 하필이면 원구단(圜丘壇, 소공동 87-1번지)이 있던 자리였다. 이 공간에는 원래 선조 때

이래로 태평관(太平館)을 대신하여 중국사신들이 유숙하던 남별궁(南別宮)이 있었으나, 이것을 헐고 새로 원구단이 마련되어 1897년 10월 12일 이곳에서 고유제를 지내고 황금색 의자에 앉아 새보(璽寶)를 받는 절차에 따라 고종황제의 즉위식이 거행되었다. 말하자면 대한제국의 출범을 알린 신성한 공간이 바로 원구단이었던 것이다.

여기에는 황천상제(皇天上帝)와 황지기(皇地祇)의 위판(位版)을 모시고, 이와 아울러 대명지신(大明之神), 야명지신(夜明之神), 북두칠성지신(北斗七星之神), 목화토금수지신(木火土金水之神), 이십팔수지신(二十八宿之神), 주천성신지신(周天星辰之神), 운사지신(雲師之神), 우사지신(雨師之神), 풍백지신(風伯之神), 뇌사지신(雷師之神), 오악지신(五嶽之神), 오진지신(五鎭之神), 사해지신(四海之神), 사독지신(四瀆之神) 등 14신의 위패(位牌)가 함께 설치되었다. 원구단을 건립한 이듬해에는 곧바로 북쪽지역에 황궁우(皇穹宇)의 조성에 착수하여 이곳에 원구단의 신위판을 봉안케 하였고, 1899년 12월에는 태조 이성계를 태조고황제(太祖高皇帝)로 추존하면서 배천(配天)하여 이곳에 함께 배향하였다.

하지만 대한제국의 선포에도 불구하고 러일전쟁에서 승리한 일제에 의해 노골적인 국권피탈에 이어지고 헤이그 밀사사건의 여파로 고종황제가 퇴위한 이후 1908년 7월 23일에는 '칙령 제50호 향사이정(享祀釐整)에 관한 건'이 공포되어 원구단의 사전(祀典)은 1년에 2회에 한하여 시행하는 것으로 고쳐졌다. 더구나 경술국치 이후 일제강점기로 접어들면서 1911년 2월 20일에 원구단과 사직서의 건물과 부지를 모두 총독부에 인계하기에 이르렀다.

이곳 원구단의 종말에 대해서는 『매일신보』 1911년 2월 14일자에 「원구단 위패매안(圜丘壇 位牌埋安)」이라는 제목의 기사에 "원구단(圜丘壇)에 봉안(奉安)하였던 위패(位牌)는 수일 전에 매안(埋安)하였다"는 내용이 짤

막하게 남아 있다. 그 직후 철도호텔 즉 조선호텔의 건립이 개시되었으므로 이곳에는 결국 원구단의 부속건물인 황궁우만 옹색하게 남아 있는 상태가 되고 말았던 것이다.

조선호텔 건립에 관한 개략적인 진행과정은 『매일신보』를 통해 보도된 다음의 신문기사들을 통해 일목요연하게 살펴볼 수 있다.

(1) 『매일신보』 1911년 2월 14일자, 「원구단위패매안(圓丘壇位牌埋安)」
원구단(圓丘壇)에 봉안(奉安)하였던 위패(位牌)는 수일전(數日前)에 매안(埋安)하였고 사직단(社稷壇)의 위패(位牌)는 소화(燒火)하였다더라.

(2) 『매일신보』 1911년 7월 6일자, 「여관신축계획(旅館新築計劃)」
조선총독부 철도국(朝鮮總督府 鐵道局)에서는 안봉선(安奉線) 공사(工事)가 완성(完成)하는 동시(同時)에 경의연선(京義沿線) 중 경승지지(景勝之地)를 복(卜)하여 일대여관(一大旅館)을 건축(建築)할 계획(計劃)이 유(有)하다는데 금회(今回)에 기건축기지(其建築基址)를 신의주(新義州)에 선정(選定)하고 불원(不遠)에 차(此)를 매수(買收)하여 신축(新築)에 착수(着手)할 터이라는데 총공비(總工費)는 약 25만 원(圓)의 예산(豫算)이라더라.

(3) 『매일신보』 1911년 9월 5일자, 「대공원설치계획(大公園設置計劃)」
구한국황제(舊韓國皇帝)의 즉위식장(卽位式場)되던 장곡천정(長谷川町) 원구단(圓丘壇)은 목하(目下) 총독부(總督府)의 소할(所轄)이 되었는데 원구단(圓丘壇)의 후면(後面)에 재(在)한 석고단(石鼓壇)도 증왕(曾往)에는 한성부민회(漢城府民會)에서 사용(使用)하나 동부민회(同府民會)는 기보(旣報)와 여(如)히 해산(解散)하였음으로써 불원(不遠)에 원구단(圓丘壇)과 석고단(石鼓壇)의 간벽(間壁)을 훼철(毀撤)하여써 일선인공동(日鮮人共同)의 일대공원

(一大公園)을 설치(設置)할 계획(計劃)으로 기위(旣爲) 경성부청(京城府廳)과 경성민단(京城民團) 간에서 교섭중(交涉中)인데 일간(日間) 총독부(總督府)에 품청(稟請)한다더라.

(4) 『매일신보』 1911년 10월 25일자, 「원구단(圜丘壇)의 대축하연(大祝賀會)」

경성민단(京城民團) 급(及) 경성부청(京城府廳)의 주최(主催)로 내(來) 11월 3일 천장절(天長節)에는 일선인(日鮮人)의 합동(合同)으로 대축하회(大祝賀會)를 거행(擧行)할 터인데 고(故)로 처소(處所)를 장곡천정(長谷川亭) 남별궁(南別宮)으로 예정(豫定)하였다가 총독부 영선과(總督府 營繕課)에서 차(此)를 불허(不許)함으로 부득이(不得已) 왜성대(倭城臺)에서 설행(設行)하기로 결정(決定)하였더니 기후(其後) 영선과(營繕課)로서 남별궁내 원구단(南別宮內 圜丘壇)은 사용(使用)하여도 무방(無妨)하다 한 고(故)로 갱(更)히 남별궁(南別宮)에서 축하식(祝賀式)을 거행(擧行)하기로 결정(決定)하였다더라.

(5) 『매일신보』 1911년 11월 1일자, 「철도(鐵道)호테루 개시기(開始期)」

안봉선(安奉線)의 개수(改修)와 압록강 가교(鴨綠江 架橋)의 낙성(落成)은 만선(滿鮮)의 교통기관(交通機關)에 일대개량(一大改良)을 가(加)하고 갱(更)히 장춘경성간(長春京城間)에는 만국침대회사(萬國寢臺會社)의 연락차(連絡車)를 부속(付屬)하기로 한 고(故)로 구주(歐洲)의 내객(來客)이 비상(非常)히 구주(驅輳)할 자(者)임은 정(定)한 사(事)이로되 각지(各地)에는 완전(完全)한 여관(旅館)의 설비(設備)가 고무(姑無)한 고(故)로 철도당국자(鐵道當局者)는 만철사업(滿鐵事業)에 의(依)하여 철도호테루를 개시(開始)할 의(意)가 유(有)하다 함은 기보(旣報)하였거니와 신의주(新義州) 급(及) 부산정거장

(釜山停車場)에 차(此)를 (設)하기로 목하(目下) 수지예산(收支豫算) 등을 조제중(調製中)이라한즉 필연(必然) 명년도(明年度)에는 실행(實行)함을 견(見)하리라더라.

(6) 『매일신보』 1911년 11월 21일자, 「철도(鐵道)호테루 신설(新設)」

총독부(總督府)에서 철도호테루를 신설(新設)할 계획(計劃)이 유(有)하다 함은 기보(旣報)하였거니와 필연(必然) 부산(釜山) 급(及) 신의주(新義州) 신축정거장(新築停車場)의 계상(階上)을 이용(利用)하여 명년(明年)부터 개업(開業)할 터인데 우(右)는 명년도(明年度) 예산(豫算)에 계상(計上)할 터이라. 약 백여만 원을 투(投)하여 2, 3개년(個年)의 계속사업(繼續事業)으로 하고 제일착(第一着)으로 경성(京城)에 건설(建設)할 내정(內定)이나 경성(京城)의 철도대호테루가 준공(竣工)되기 전에 부산(釜山) 급(及) 신의주정거장(新義州停車場)을 이용(利用)하여 개업(開業)하기로 목하(目下) 당국(當局)에서 연구(硏究)하는 중이라더라.

(7) 『매일신보』 1912년 5월 14일자, 「철도(鐵道)호테루의 위치(位置)」

경성(京城)의 철도호텔의 위치(位置)에 관하여는 각종(各種)의 풍설(風說)이 유(有)하되 득문(得聞)한 바에 의(依)하면 장곡천정(長谷川町) 원구단(圜丘壇)도 기(其) 후보지로 유력(有力)한 자 중 일(一)이라. 다소(多小) 남대문정거장(南大門停車場)에서 거리가 원(遠)한 혐(嫌)이 유(有)하되 평수(坪數)도 6천여 평(坪)이라. 불원(不遠) 구주(歐洲)로 향하여 출장(出張)할 쿠니에다 기사(國技 技師)도 동(同) 호텔의 설계조사(設計調査)를 촉탁(囑托)한 고(故)로 즉시(卽時) 공사착수(工事着手)를 견(見)하기는 난(難)하되 위선(爲先) 부지(敷地)는 원구단(圜丘壇)으로 가정(假定)하여도 무방(無妨)하겠다더라.

(8) 『매일신보』 1912년 6월 18일자, 「철도(鐵道)호테루 용지(用地)」

철도호텔 용지(用地)에 취(就)하여는 각종전언(各種傳言)이 유(有)하되 상생정(相生町) 아라이 장관저(荒井 長官邸) 상(上)으로부터 미창정(米倉町) 탁지부관사부지(度支部官舍敷地)와 남대문역전(南大門驛前) 오야 장관저(大屋 長官邸) 부근 일원(附近 一圓)과 원구단(圜丘壇)의 삼개소(三個所)를 예정구역(豫定區域)으로 하였다더라.

(9) 『매일신보』 1912년 8월 16일자, 「경성 철도(鐵道)호테루」

경성(京城)의 철도호테루 건설(建設)에 취(就)하여는 각종(各種)의 설(說)이 훤전(喧傳)하되 우(右)는 목하(目下) 구미(歐米)의 건축조사(建築調査)로 출장중(出張中)인 쿠니에다 기사(國技 技師)의 귀임복명(歸任復命)을 대(待)하여 결정(決定)할 터이라 하고 위치(位置)는 대략(大略) 장곡천정(長谷川町) 원구단(圜丘壇)으로 내정(內定)하였다더라.

(10) 『매일신보』 1912년 8월 31일자, 「철도(鐵道)호테루 건축지(建築地)」

경성철도(京城鐵道)호테루 건설지(建設地)는 기보(旣報)와 여(如)히 장곡천정(長谷川町) 원구단(圜丘壇)을 적당(適當)으로 하여 대략 내정(大略 內定)하였다더니 갱(更)히 철도측(鐵道側)의 희망(希望)으로 제일(第一)은 정거장전(停車場前)의 오야 장관관저(大屋 長官官邸) 부근, 제이(第二)는 남대문통(南大門通)의 아라이 탁지부장관관저(荒井 度支部長官官邸) 부근, 제삼(第三)은 대관정(大觀亭) 급(及) 경성수비대(京城守備隊)를 합(合)한 지구(地區)를 희망하여 부득이(不得已)하면 원구단(圜丘壇)으로 결(決)코저 하는 모양(模樣)인데 목하(目下) 건축설계(建築設計) 등의 조사중(調査中)인 바 구미출장(歐米出張)의 기사귀임(技師歸任)의 대(待)하여 결정(決定)한다더라.

(11) 『매일신보』 1913년 2월 23일자, 「경성(京城) 철도호테루 기공(起工)」

조사중(調査中)이던 경성철도(京城鐵道)호테루는 경비(經費) 60만 원을 투(投)하여 장곡천정(長谷川町) 원구단(圓丘壇)에 신축(新築)하기로 결정(決定)하여 금춘(今春)의 해빙후(解氷後)에는 토공(土工)에 착수(着手)한다는데 신관(新館)은 구미각지(歐米各地)의 수(粹)를 발(拔)하여 파(頗)히 화미장려(華美壯麗)하게 건설(建設)할 계획(計劃)이라더라.

(12) 『매일신보』 1913년 2월 27일자, 「철도여관(鐵道旅館)의 신축(新築)」

철도국(鐵道局)에서는 대정(大正) 원년도(元年度, 즉 1912년도)로부터 4년도(즉 1915년도)까지 계속사업(繼續事業)으로 철도호테루 신축비(新築費) 128만 원의 지출(支出)을 기(旣)히 의회(議會)의 협찬(協贊)을 경(經)하였으나 우(右)의 신축(新築)은 일로연락(日露連絡) 수송역(輸送驛)되는 부산(釜山), 평양(平壤), 남대문(南大門)의 삼역소재지(三驛所在地)에 건축(建築)할 터인데 개(皆) 당당(堂堂)한 철도여관(鐵道旅館)이라. 기 건축비의 예산연액할(豫算年額割)에 의한즉 대정원년(大正元年, 즉 1912년) 16만여 원, 2년도(즉 1913년도)에 대하여 50만여 원을 계상(計上)할지라. 기(旣)히 철도국(鐵道局)에서는 원년도(元年度)의 예산(豫算)에 의하여 부산(釜山)의 호테루 신축부지(新築敷地)는 작년(昨年)에 매수(買收)하고 경성(京城)의 여관부지(旅館敷地)는 장곡천정(長谷川町) 원구단(圓丘壇)으로 결정(決定)하였는데 양지(兩地)는 개(皆) 금춘(今春) 해빙기(解氷期)를 의하여 공사(工事)에 착수(着手)한다 하며 소문(所聞)을 거(據)한즉 경성호테루는 석조(石造) 급(及) 연와조(煉瓦造)로 하고 내용외관(內容外觀)을 공(共)히 완미(完美)를 기(期)하고 기(其) 건축에 신축비중(新築費中) 기허(幾許)를 사용할는지 차(此)는 목하(目下)에 결(決)치 못하였으니 소(少)하여도 5, 6십만 원을 투(投)하리라 하며 기(其) 낙성(落成)하기까지는 조(早)하여도 만 2년을 비(費)하리니. 즉 대정(大正) 3년도말경은 준공(竣工)할 듯하다 하며 상(尙) 평양(平壤)호테루의 신축(新築) 착수기(着手期)는 양지(兩地)에 비하여 초(稍)히 지완(遲緩)하리라는 설(說)이 유(有)하더라.

(13) 『매일신보』 1913년 4월 22일자, 「철도호테루와 공원(公園)」

경성철도호테루는 목하(目下) 장곡천정(長谷川町) 원구단(圜丘壇)에 기공중(起工中)인데 철도국(鐵道局)의 희망(希望)하는 바에 의한즉 우(右) 원구단(圜丘壇)에 호테루를 건설(建設)하고 갱(更)히 도(道)를 격(隔)하여 상대(相對)한 경성수비대영사부지(京城守備隊營舍敷地)를 병용(倂用)하고 공개(公開)의 정원(庭園)을 작(作)한다 하며 우(右)의 설비(設備)가 성립(成立)하면 시민(市民)을 위하여도 중앙양유원(中央良遊園)을 득(得)할지니 가위(可謂) 시의(時宜)에 적당(適當)하다 할지라. 연(然)이나 동(同) 수비대(守備隊)는 현금(現今) 육군관리(陸軍管理)에 속하여 사용(使用)하는 자(者)인 고(故)로 과연(果然) 해(該) 부지(敷地)를 사용(使用)함이 능(能)한지는 예측키 난(難)하다더라.

(14) 『매일신보』 1913년 4월 26일자, 「경성철도여관장관(京城鐵道旅館壯觀)」

경성(京城) 장곡천정(長谷川町) 원구단(圜丘壇)에 4월부터 기공(起工)한 철도(鐵道)호테루는 목하(目下) 기초공사(基礎工事)를 급속(急速)히 하는데 본년중(本年中)에는 일만로연락(日滿露連絡)과 일화연락여객수송(日華連絡旅客輸送) 등이 개시(開始)되어 사실상(事實上) 선철(鮮鐵)은 세계(世界)의 공도(公道)가 되겠으므로 경성철도(京城鐵道)호테루의 준공(竣工)을 급요(急

要)하므로 당국(當局)도 예의(銳意)로 공사(工事)의 진척(進陟)을 독려(督勵)하여 명년(明年) 7, 8월경내(月頃內)에는 준성(竣成)할 터이오 총공비(總公費)에 약 80만 원을 투(投)하여 내부외관(內部外觀)을 개당당(皆堂堂)한 건축물(建築物)로 성(成)한다더라.

(15) 『매일신보』 1914년 2월 15일자, 「철도호테루 준공기(竣工期)」

원구단(圜丘壇)에서 공사중(工事中)인 철도호테루는 차(此) 혹한중(酷寒中)을 불구(不拘)하고 증기(蒸氣)를 통하여 착착(着着) 공사(工事)의 진행중(進行中)인 바 어즉위식(御卽位式) 때에는 구주(歐洲)로부터 내객(來客)이 다수(多數)올 터이므로써 내 9월중(月中)에는 전부(全部) 준공(竣工)할 예정(豫定)이라 하며 기(其) 공비금(工費金)은 내외(內外)의 장식(裝飾)을 병(幷)하여 약 50만 원에 달할 터이라 하며 장식품(裝飾品)의 대부분(大部分)은 영국품(英國品)으로 하고 완성후(完成後)에는 4백 인(人)을 용(容)할 만한 대식당(大食堂)이 유(有)하며 송영회(送迎會)의 경우(境遇)에는 다대(多大)의 편리(便利)를 여(與)한다더라.

(16) 『매일신보』 1914년 2월 24일자, 「철도여관(鐵道旅館)의 명칭(名稱)」

작년래(昨年來) 착착(着着) 공사진행중(工事進行中)이던 장곡천정(長谷川町)의 신축(新築) 철도(鐵道)호테루는 내(來) 9월중(月中) 성대(盛大)한 낙성식(落成式)을 거(擧)할 터인데 명칭(名稱)은 조선(朝鮮)호테루라 명명(命名)하기로 내정(內定)하였다더라.

(17) 『매일신보』 1914년 10월 10일자, 「진선진미(盡善盡美)한 조선(朝鮮)호테루의 낙성(落成), 본일(本日)부터 개업(開業)」

장곡천정(長谷川町)으로부터 태평정(太平町)에 통(通)한 노변(路邊)에 경성내(京城內) 건축중(建築中) 웅대미려(雄大美麗)를 극(極)한 대하고루(大廈高樓)가 유삼(有三)하니 왈(日) 기성(旣成)한 조선은행(朝鮮銀行), 왈(日) 본신보사 급 경성일보사(本申報社 及 京城日報社), 왈(日) 철도국경영(鐵道局經營)의 조선(朝鮮)호테루(전 남별궁기지, 前 南別宮基址)가 즉시야(卽是也)라. 각기 형식(各其 形式)에 대하여는 차이(差異)가 유(有)하나 외연(巍然)히 벽공(碧空)에 용출(聳出)한 모양(模樣)은 실(實)로

▶ 중앙시가(中央市街)의 위관(偉觀)이오, 경성건축계(京城建築界)의 권위(權威)라 칭(稱)하겠도다. 조선(朝鮮)호테루의 공사(工事)는 본사(本社)의 건축(建築)과 태(殆)히 안행진척(雁行進陟)되여 금일(今日)에는 외곽(外廓) 급(及) 내부장식(內部裝飾) 급(及) 세쇄(細鎖)한 부분적(部分的) 개소(個所)까지 기(旣)히 고준(告竣)되어 본십일(本十日)에 개업(開業)하게 되었는데 '세셋손'식(式)의 현관입구(玄關入口)로부터 내리석(大埋石)을 부(敷)한 계제(階梯)를 상(上)하면 층계상(層階上)에는 전부(全部)를 '가이루'로 장(張)하였으나 차처(此處)는 '세셋손'식에

▶ 조선식(朝鮮式)을 가미(加味)하여 음악실(音樂室) 겸용(兼用)하는 대광간(大廣間)이 유(有)하며 천정일부(天井一部)는 석고(石膏)를 장(張)한 '루이' 16세식(世式) 응접실(應接室), 동(同) 15세식(世式)의 특별식당(特別食堂), 독일부흥식(獨逸復興式)의 식당(食堂), '세셋손'식의 대식당(大食堂), 끽연실(喫煙室) 주장(酒場) 겸(兼) 희오락당(戱娛樂堂), 일본식(日本室)과 절충(折衷)한 집회실(集會室)이 유(有)하며 기중(其中)에는 무답실(舞踏室)도 유(有)하며 귀빈접대실(貴賓接待室), 부인담화실(婦人談話室), 독서실(讀書室)이 부속(附屬)되어 있고 이상(以上) 객실(客室)에는 거개(擧皆) 미려(美麗)한 융전(絨氈)을 부전(敷展)하고 조각상(彫刻像), 벽화(壁畵) 등(等)으로 안배(按配)하여 장식(裝飾)하였는데 장식품(裝飾品)은

▶ 전부(全部) 독일(獨逸)에 주문(注文)하여 도착(到着)한 것이라. 이층(二層)에는 근세(近世) 영길리(英吉利) 급(及) 독일식(獨逸式)에 모방(模倣)한 귀빈실(貴賓室) 5, 특별실(特別室) 4, 상등실(上等室) 15, 보통실(普通室)이 2인데 각실마다 욕장(浴場)과 변소(便所)가 유(有)하며 삼층(三層)에는 특별실(特別室) 6, 상등실(上等室) 14, 보통실(普通室) 2가 유(有)하고 사층(四層)에는 13처(處)가 전부(全部) 보통객실(普通客室)이라. 차처(此處)에는 첨부인실(添附人室)이 5개소(個所)가 유(有)하고 욕탕(浴湯) 급(及) 변소(便所)는 공동(共同)으로 하며 객실총수(客室總數)는 60이오 수용인원(收用人員)은 120인(人)이더라.

▶ 식당수용인원(食堂收用人員)은 특별식당(特別食堂) 30인(人), 대식당(大食堂) 230인(人), 보통식당(普通食堂) 60인(人)인데 대식당(大食堂) 급(及) 보통식당(普通食堂)을 병용(倂用)하면 무려(無慮) 500인(人)은 수용(收用)할 것이오. 본관중(本館中) 제일장관(第一壯觀)은 무답실 대광간(舞踏室 大廣間)이라. 갱(更)히 사층일계상(四層一階上)을 가(加)하면 경성시가(京城市街)를 일모지하(一眸之下)에 집(集)하고 양풍(凉風)이 불몌(拂袂)하여 심지(心志)가 역(亦) 상연(爽然)이라. 차등(此等) 진선진미(盡善盡美)한 장식(裝飾)은 이향여창(異鄕旅窓)에 적막(寂寞)한 심사(心思)를 위무(慰撫)하기 족(足)하겠더라.

그런데 현재 황궁우와 바로 이웃하는 공간에는 '석고(石鼓)'라고 부르는 돌로 만든 북 세 개가 나란히 배치되어 있다. 간혹 황궁우와 석고의 존재를 의당 하나의 구역으로 뭉뚱그려 이해하는 사람들도 저지 않아 보이지만 이 둘은 그 건립연원도 각기 다를뿐더러 애당초 별도의 공간에 존재했던 것들이었다는 점에 유의할 필요가 있다.

석고는 원래 주나라의 석고문(石鼓文)에서 유래되었다는 것으로,

원구단과 황궁우(로제티, 『꼬레아 에 꼬레아니』, 1905)

원구단이 있던 자리를 헐어내고 들어선 조선호텔(소공동 87-1번지)의 전경이다.

1902년 고종황제의 보령 망육순(寶齡望六旬)과 즉위사십년(卽位四十年)을 기리는 칭경기념(稱慶記念)과 관련하여 송성건의소(頌聖建議所)의 주도로 건립된 시설물이다. 이 당시 고종황제의 중흥송덕(中興頌德)을 기리기 위한 이 석고의 건립처로 결정된 장소는 원구단과 이웃하는 전홍궁기지(前洪宮基址)였다. 이곳은 지금의 '소공동 6번지'로 '롯데쇼핑' 구관 및 후면의 공터지역에 해당하는 위치이다.

하지만 이 석고단 구역은 일제강점기로 접어든 이후 차츰 해체과정을 겪어야 했는데, 특히 1923년 3월 총독부도서관의 건립공사가 이곳에서 벌어짐에 따라 이곳은 다시 전면 해체의 위기에 처하게 되었다. 이에 따라 결국 1927년에는 석고단의 외문(外門)인 광선문(光宣門)이 남산총독부 바로 아래에 있던 일본인 사찰 '동본원사(東本願寺)'로 이축되었고, 석고각(石鼓閣) 또한 1935년 봄 장충단에 이토 히로부미(伊藤博文, 1841~1909)의 추모사찰인 춘무산 박문사(春畝山 博文寺)의 건립과 더불어 그곳의 종각으로 옮겨지기에 이른다.

이러한 결과로 석고단 자리에 있던 석고 3개는 오갈 데가 없는 신세가 되었다가 마침내 황궁우 옆에 터를 잡아 옮겨지게 되었던 것이다. 그 연원을 따져보면 황궁우와 석고단은 분명 '별개'의 목적으로 '별개'의 공간에 마련된 '별개'의 시설물이었던 것이므로, 이것을 하나로 묶어 생각하는 것은 옳지 않은 일이다. 심지어 현장의 안내문안에는 '석고' 자체를 "하늘에 제사를 드릴 때 사용하는 악기를 형상화한 것"이라고 적고 있으나 이는 명백한 설명 착오이다.

한편, 일제강점기에 조선호텔이 자랑하던 하나의 명물은 바로 '로즈가든(Rose Garden)', 즉 '장미원(薔薇園)'이었다. 해마다 여름이 가까워지면 황궁우(皇穹宇) 일대에 만개한 희고 붉은 장미꽃 동산을 개방하여 음악감상과 산책은 물론 음료와 다과를 즐기는 공간이 마련되곤 하였던 것이다.

그런데 알고 보니 이 장미원이 생겨난 연원이 흥미롭다. 이 장미들은 원래 욱정(旭町) 2정목, 즉 회현동 2가 78번지에 있던 벨기에영사관 뜰에 심어져 있었던 것이었으나, 제1차 세계대전의 와중에 이 영사관을 처분하면서 건물은 요코하마생명보험회사에 넘겨지고 대부분의 장미는 조선호텔로 옮겨 심어져 로즈가든을 이루게 된 것이라고 전한다.

『매일신보』 1918년 6월 16일자에는 「공개(公開)한 장미원(薔薇園), 15일 저녁부터 조선호테루에서」라는 제목의 기사를 통해 로즈가든 첫 공개 때의 풍경과 사연을 소개하고 있는 것이 눈에 띈다.

> 서늘한 때를 찾아서 조석으로 산보를 다니는 사람이 많아진 이즈음에 이러한 사람들이 유람장으로 조선호테루에서는 후정의 환구단 부근에 월계화원을 베풀고 이를 공개하게 되었는데 그 동산의 월계는 삼백여 주이나 되는 것을 욱정(즉 회현동)의 백이의(白耳義, 벨기에) 공사관에서 옮겨 심은 것이 요사이 만발하였다. 동산 안에는 여러 개의 당교의를 벌여놓고 소쇄한 사각정과 분수 등이 만발한 장미꽃과 배경의 채색 고아한 명선루와 서로 비추어 매우 풍광이 청량하다. 여기서 15일부터 '로-스 까든'을 열게 되었는데 이것은 저녁 일곱 시부터 열한 시까지 보통요리는 물론이오 아이스크림, 맥주, 시도론, 레모나드 등의 청량음료로부터 가퍼(=커피), 홍다(=홍차), 과자, 과실의 종류까지 주문에 응하며 또 일반 놀러 오는 이를 위하여 저녁마다 호테루 '오케스트라' 음악이 있고 수요, 토요의 이틀 저녁은 야외활동사진도 영사한다더라.

조선총독부 철도국의 직영이었던 조선호텔의 운영 시스템은 해방 이후에도 그대로 이어져 대한민국 교통부의 직영체제가 지속되었던 것으로 알려진다. 1950년 한국전쟁을 계기로 이곳은 미제1군단의 중앙정양처

(中央靜養處, 1951년 4월)로 사용되다가 그해 8월 국방부에 의해 징발되어 1952년 8월부터 미제8군의 고급장교숙소로서 O. E. C.(주한미경제조정관실; 1959년 USOM으로 전환)의 관할에 속했다가 다시 1958년 8월 이후 미제8군으로 완전 이관되는 과정이 이어졌다.

이러한 상태에서 조선호텔이 우리의 수중으로 정식 반환된 것은 1961년 3월 30일이었다. 이 당시 민주당 정부는 이곳을 수리하여 국무총리관저로 전환할 계획이었으나 이내 5·16 군사 쿠데타가 발생함에 따라 실행되지 못하였다. 그 대신에 이곳은 1961년 11월 1일 교통부 직영의 일반 호텔로 재개관되었다가 다시 1963년 8월 1일에는 반도호텔과 더불어 국제관광공사로 관할권이 이양되었다. 하지만 건물 노후화와 관광객 급증을 이유로 국제관광공사와 미국의 어메리칸 에어라인이 공동출자한 새로운 조선호텔을 짓기로 결정함에 따라 1967년 7월 20일 철거공매입찰을 통해 동남건재사(東南建材社)가 낙찰을 보았으며, 신축호텔은 1967년 10월 3일에 기공하여 1970년 3월 17일에 박정희 대통령의 참석 아래 개관이 이뤄졌다.

초창기의 일본인 숙박시설

1907년 10월 16일 오후 3시 40분에 일본 황태자 요시히토(嘉仁, 나중의 '대정천황')가 인천을 거쳐 남대문정거장을 통해 서울로 들어왔다. 그로 인하여 500년 역사를 지닌 서울 도성은 파괴되어 숭례문에 붙은 북쪽 성벽이 먼저 허물어지고, 그 앞쪽에 있던 남지(南池)라는 연못조차도 함께 메꾼 것은 모두 이때에 벌어진 사태였다. 좁은 성문을 통해 숱한 사람들과 전차까지 지나다녀야 하는 통에 통행에 이만저만한 불편이 아니었고, 더구나 일본 황태자가 행차하는 마당에 좁은 성문 아래로는 지나갈 수 없다는 것이 그 이유였다.

그런데 이 당시 그가 4일간을 머문 숙소가 바로 '통감관저(統監官邸, 예장동 2-1번지)'였다. 그리고 그의 수행원들은 진고개 일대에 흩어진 일본인 관사 또는 여관에 나눠 묵었던 것으로 확인된다. 이에 관해서는 1936년에 발행된『경성부사(京城府史)』제2권, 57~58쪽에 걸쳐 '공봉원(供奉員, 수행원)의 여관'이 다음과 같이 정리되어 있다.

① 현 욱정 2정목(회현동 2가) 18번지 조선은행총재저(朝鮮銀行總裁邸, 당시 한국은행총재 이치하라 모리히로(市原盛宏)의 집) : 아리스가와노미야전하(有栖川宮殿下), 아사다 가종(淺田家從), 이케다 가종(池田家從), 오가와 고(小川雇).

② 현 남산정 2정목(남산동 2가) 2번지 천진루(天眞樓, 텐신로) : 카츠라 대장(桂大將), 오이 대좌(大井大佐), 토미나가 가종(富永家從), 이와쿠라 공작(岩倉公爵), 마츠이 속(松井屬), 아사노 가종(淺野家從), 하나부사 차관(花房次官), 이시즈카 가종(石塚家從).

③ 현 남산정 3정목 32번지(남산동 3가) 해군관사(海軍官舍) : 토고 대장(東鄕大將), 이다 중좌(飯田中佐), 사토 군의총감(佐藤軍醫總監).

④ 현 총독관저(總督官邸) 당시 통감저(統監邸) : 무라키 무관장(村木武官長), 니

시키코지 주사(錦小路主事), 스즈키 속(鈴木屬), 카스가 속(春日屬), 내사인(內舍人, 경호원) 3人, 사인(舍人, 소사) 7인, 포정(庖丁, 요리사) 2인, 사부(使夫) 2인, 마정(馬丁) 12인, 마방(磨方) 2인, 마방(馬方) 2인.

⑤ 현 본정 2정목(충무로 2가) 93번지 옛 파성관(巴城館, 하죠칸) : 아리마 사령장관(有馬司令長官), 오츠카 참모(大塚參謀), 사카모토 주사(坂本主事), 츠다 내장속(津田內藏屬), 이토 아리스가와노미야별당(伊藤有栖川宮別當), 오카다 아리스가와노미야가령(岡田有栖川宮家令), 아이소 시의(相磯侍醫), 이세 시의(伊勢侍醫), 사이토 약제사(齋藤藥劑師), 오타니 약정(大谷藥丁), 코마노 고(駒野雇).

⑥ 현 대화정 2정목(필동 2가) 80번지 정무총감저(政務總監邸) 당시 의화궁별저(義和宮別邸) : 우치다 무관(內田武官), 쿠로스이 무관(黑水武官), 오사코 시종(大迫侍從), 아키츠 무관(秋津武官), 아리마 시종(有馬侍從), 타카츠지 시종(高辻侍從), 하라 시종(原侍從), 이와타 속(岩田屬).

⑦ 현 수정(주자동) 5번지 옛 원금여관(原金旅館, 하라카네료칸) : 고토 속(後藤屬), 마츠네 속(松根屬), 요네즈 속(米津屬).

⑧ 현 본정 3정목(충무로 3가) 옛 좌백여관(佐伯旅館, 사이키료칸) : 와타나베 속(渡邊屬), 나카야마 장차(中山掌車), 네무라 어자(根村馭者, 마부), 코보쿠 어자(楠木馭者), 타시로 어자(田代馭者).

마츠모토 우이치(松本卯一)가 1895년 9월에 개업한 파성관(巴城館, 하죠칸)의 광고문안

여기에는 천진루(天眞樓, 텐신로), 파성관(巴城館, 하죠칸), 원금여관(原金旅館, 하라카네료칸), 좌백여관(佐伯旅館, 사이키료칸) 등 당시로서는 가장 번성하던 제1급에 속하는 일본인 여관들의 면면이 채록되어 있다. 이 무

렵의 서양인 호텔이 대개 정동 인근에 포진했던 것과는 달리 일본인 숙박시설들은 이른바 '경성거류민'의 본거지라고 할 수 있는 남산 아래 '혼마치(本町)' 주변에 흩어져 있었다. 아베 타츠노스케(阿部辰之助)가 펴낸 『대륙지경성(大陸之京城)』(1918), 687쪽에는 경술국치를 전후한 시기의 일본인 여관업자 변천사를 이렇게 요약하고 있다.

> 여인숙업(旅人宿業)으로 그 면목(面目)이 인지된 것은 명치 40년(1907년) 9월경으로 당시는 일등(一等) 9헌(軒) 즉 하죠칸(巴城館), 야마모토여관(山本旅館), 마키노여관(牧野旅館), 텐신로(天眞樓), 우라오여관(浦尾旅館), 아사히여관(旭旅館), 시라누이여관(不知火旅館), 미카즈키여관(三日月旅館), 하라카네여관(原金旅館) 등, 이등(二等) 13헌(軒) 즉 사토여관(佐藤旅館), 큐슈여관(九州旅館), 쿠레나이쿄여관(紅京旅館), 후지쿠마여관(藤磯旅館), 토카이여관(東海旅館), 사이키여관(佐伯旅館), 하시모토여관(橋本旅館), 히노마루여관(日の丸旅館), 산요여관(山陽旅館), 사쿠라야여관(櫻家旅館), 카나자와여관(金澤旅館), 쵸슈칸(長州館), 토요여관(東洋旅館) 등, 삼등여관(三等旅館) 10헌(軒) 즉 시노노메여관(東雲旅館), 코쿠분여관(國分旅館), 무라오카여관(村岡旅館), 오키노여관(沖野旅館), 세토여관(瀨戶旅館), 마루이치여관(丸一旅館), 무라마츠여관(村松旅館), 우메다여관(梅田旅館), 사츠마여관(薩摩旅館), 코토부키여관(壽旅館) 등 총계(總計) 32헌(軒)이 있었으나, 지금에야 어떤 것은 폐업하고 어떤 것은 신설되어 그 수가 30헌(軒)을 헤아리기에 이르렀다. …… 조선호텔의 설립은 외인(外人, 외국인)에게 이편(利便)을 주는 것뿐만 아니라 일류여행자(一流旅行者)를 여기에 흡수시키는 경향을 가지게 만든 것은 실로 시세(時勢)의 추이(推移) 또한 부득이한 형편이라고 해야 할 것이다.

이러한 일본인 숙박시설이 처음 서울에 등장한 때는 언제부터였을까?

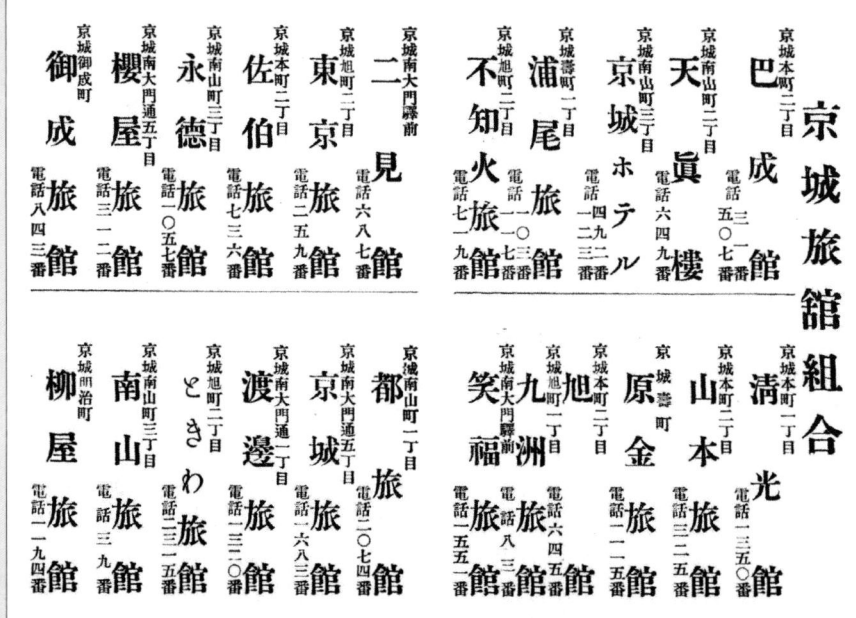

경성여관조합에 소속된 일본인 숙박업소의 목록(오카 료스케, 『경성번창기』, 1915)

이 점에 대해 하야시 부이치(林武一, 1858~1892)가 펴낸 『조선안내(朝鮮案內)』(1891), 83쪽에는 "경성에는 여관이 없어서 구미인은 대저 지인(知人)의 집이거나 공관내(公館內)에 숙박하는 경우가 많고, 우리 거류민 가운데 여점(旅店)으로써 영업을 하는 곳은 다음과 같다"고 하여 "동경부(東京府) 마츠모토 켄에이(松本玄榮), 장기현(長崎縣) 하라다 쇼스케(原田庄助), 무역상(貿易商) 츠보타 마타조(坪田又藏)의 하기조노테이(萩園亭)" 등 세 곳을 소개한 바 있었다. 하지만 이 당시의 여점이란 것은 매우 초보적인 수준의 숙박시설이었다.

이보다 좀 더 시설이 갖춰진 여관들이 잇달아 생겨나기 시작한 것은 청일전쟁 전후 시기였다. 이 무렵의 상황에 대해서는 프랑스인 에밀 마르텔(Emile Martel, 馬太乙; 1874~1949)의 회고를 담아 펴낸 코사카 사다오(小坂貞雄, 1899~1942)의 『외국인이 본 조선외교비화(外人の 觀たる 朝鮮外交秘話)』(1934), 260~263쪽에 다음과 같이 수록되어 있다.

[나의 숙사(宿舍)가 호텔] 일청전쟁(日淸戰爭, 청일전쟁) 당시에는 아직 호텔이 없었으므로 인천(仁川)에서 놀기 위해 찾아온 친구들이랑 일반 손님(물론 외국인)은 전부 나의 숙사(宿舍, 숙소)로 와서 머물곤 했다. 그 무렵에 나도 아직은 총각이었던지라, 토요일부터 일요일까지에 걸쳐서는 완전히 호텔처럼 떠들썩했다. 다만 골치가 아팠던 일은 야구(夜具, 이부자리)가 부족했다는 것이었는데, 궁하면 통한다고 급할 때에는 진작부터 알고 있던 파성관(巴城館, 하죠칸)으로 가서 뒷문으로 콧소리로 포단(布團, 이불)을 가져와서 아쉬운 대로 사용했던 것이다.

[혼마치(本町)의 일본요정] 조선의 수부 경성(京城)도 이상과 같이 우리들 외국인에게는 참으로 적막한 곳이었지만, 이현가(泥峴街, 진고개), 지금의 본정(本町, 혼마치)만은 예전에도 번잡했다. 하는 김에 당시의 일본인 요정(日本人 料亭)을 소개하면, 가장 최초로 영업을 개시한 것은 '등정(藤井, 후지이), 나중의 국수루(菊水樓)였다. 이곳은 원래의 파성관(巴城館)으로 현재 이나다외과병원(稻田外科病院)이 되어 있다. 다음으로 정문(井門), 도정(都亭), 화월(花月)과 이런저런 일류의 요정이 가게를 열기에 이르렀다. 게다가 일본인 여관(日本人 旅館)의 개척자는 파성관(巴城館, 하죠칸)과 포미여관(浦尾旅館, 우라오여관)이었다. 한편 조선의 요리점은 명월관(明月館)만 있었는데, 현재 동아일보 사옥이 세워진 장소가 그 소적(燒跡, 불탄 자리)이다.

[오초상(お蝶さん) 오후지상(お藤さん)] '후지이'의 주인은 마츠모토(松本)라고 하는 사람으로 나중에 파성관(巴城館)을 경영했는데, 이 요리점에는 오후지상

(お藤さん)과 오초상(お蝶さん)이라는 가애(可愛)한 두 명의 무기(舞妓)가 있었다. 오후지상은 나중에 마츠모토 씨의 자식에게 시집을 가게 되었는데, 꽤나 미인으로 무용에도 능숙하였다. 지금은 이미 50세를 넘었을 것이지만, 내지(內地)에 살고 있다고도 일컬어지고 있다. 우리들 외국인은 그 무렵 술에 자신이 있어서 유흥에 나다니는 일도 자주 가질 수 있었던 것이다.

여기에서 보듯이 제법 이름이 난 일본인 여관으로 개업시기가 비교적 빠른 것으로 포미여관(浦尾旅館, 1895년 5월 개업)과 파성관(巴城館, 1895년 9월 개업)이 있었고, 이보다 한참 늦게 부지화여관(不知火旅館, 1906년 개업), 천진루(天眞樓, 1906년경 개업), 경성호텔(京城ホテル, 1906년경 개업) 등이 문을 열어 일본인 여관의 전성기를 주도했다. 이들 여관의 변천사와 더불어 일제강점기의 주요 일본인 숙박업소에 대한 연혁은 야노 타데키(矢野干城)와 모리카와 키요히토(森川淸人)가 함께 펴낸『신판대경성안내(新版大京城案內)』(1936), 196~198쪽에 다음과 같이 정리되어 있다.

양풍(洋風)으로는 조선호텔(朝鮮ホテル, 장곡천정), 본정호텔(本町ホテル, 본정 2정목), 그 외 반분양풍(半分洋風)인 것으로는 경성호텔(京城ホテル, 남산정 3정목), 또한 간편한 곳으로 광화문호텔(光化門ホテル, 총독부앞), 임옥호텔(林屋ホテル, 경성역앞) 기타가 있다. …… (중략) …… 순화풍여관(純和風旅館, 순일본식여관)은 많았지만, 예전 남산정 3정목에 파성관(巴城館, 하죠칸)이라고 하는 것이 있어 이토 히로부미공(伊藤博文公)도 여러 차례 이곳에서 요로(要路)의 대관(大官)과 회합하고 육군관계의 유력자들도 정박(碇泊)하여 역사적인 담판협의도 이곳의 일실(一室)에서 행해졌던 것이지만, 이곳의 주인이 당시 일류요정(一流料亭) 천세(千歲, 치토세)의 여주인과 사랑에 깊이 빠졌다는 등의 소문이 난 일도 있어 대여관(大旅館)도 지탱하기 못해 폐업(廢業)하였고 지금은 이나다

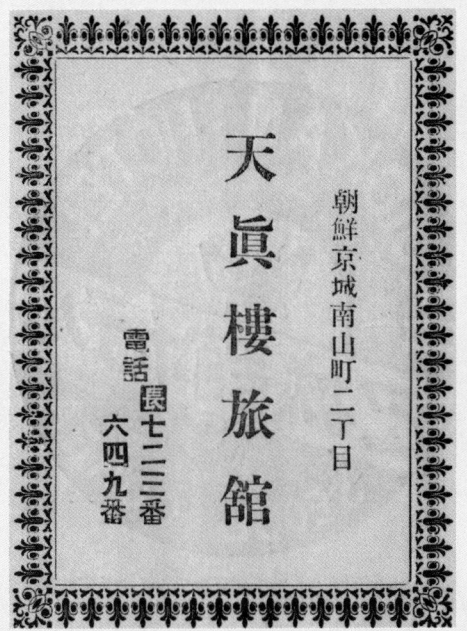

이토 통감 시절 '닛타중장(新田中將)'이라는 별명을 얻은 닛타 리헤이(新田利兵衛)가 1906년경 개업했던 천진루여관(天眞樓旅館)의 광고문안

박사(稻田博士)의 외과병원(外科病院)이 되어 있다. 그 무렵부터 파성관과 경쟁하던 제1등여관으로 나타난 것은 천진루(天眞樓, 텐신로)이다. 남산정 2정목의 입구에 지금도 여전히 옛날과 변함없이 실업가(實業家) 방면에 인기 있는 숙박업소로 이곳은 화가(畵家)에게 익숙한 숙박소이기도 하다. 1박에 7, 8원이 보통이고, 여기에 점심이라든가 팁이라든가를 포함하여 1일 14, 5원이라고 하는 바이다. 이 무렵 유명해진 것으로 비전옥(備前屋, 비젠야)가 있다. 장곡천정(長谷川町)의 편리한 곳에 있던 것으로 부쩍부쩍 두각을 나타냈고 철령온천(鐵嶺溫泉)도 경영하고 있었다. 정치가, 실업가, 관계방면에도 단골손님이 많아서 지금은 양관(洋館)도 신축하고 철도국 방면과의 연락도 좋아 제법 위세를 보이며, 산본여관(山本旅館, 명치정 2정목)과 더불어 일류여관으로 1박 4원 50전부터 7, 8원이라고 하는 바이다. 부지화(不知火, 욱정 2정목), 소복(笑福, 참도 입구), 어성여관(御成旅館, 남대문통), 포미(浦尾, 본정 2정목), 미도리야(みどりや, 황금정 3정목), 대촌(大塚), 광택(廣澤, 둘 다 참도입구) 등 약간의 차이는 있겠지만 일류(一流)인데, 미도리야여관(みどりや旅館)은 3원 균일(均一)로 평판이 되고, 소복(笑福, 쇼후쿠)는 여주인이 친절하다고 얘기되며, 기타 삼중(三重, 역전 봉래정), 이견(二見, 역전 고시정), 대동관(大東館, 남대문통) 등 1원 50전부터 서비스를 하며 관광단(觀光團)에게는 없으면 안되는 숙박시설일 것이다. 평전여관(平田旅館, 본정 1정목), 금파호텔(金波ホテル, 태평통), 대화옥(大和屋, 황금정 4정목과 본정 4정목), 약

엽(若葉, 약초정) 등이 이름이 있고, 용산에 육군장교들이 단골인 장기옥(長崎屋, 나가사키야)이랑 내전여관(內田旅館, 우치다여관) 등이 있다. 1박에 3원 50전 이상이다. 또한 경성역전(京城驛前)의 임옥호텔(林屋ホテル, 하야시야호텔)은 기차를 기다리기 위한 휴게소로 편리하며, 조선풍(朝鮮風)의 여관으로는 적선정(積善町)의 선일여관(鮮一旅館), 관철정(貫鐵町)의 전성여관(全成旅館) 등이 있다.

이렇게 보면, 서양식 호텔이 존속기간은 지극히 짧았던 반면 서울지역에서 전성기를 누린 거의 모든 숙박업소는 실상 일본인의 손에 좌지우지되었던 호텔이나 여관이었음을 새삼 알 수 있다.

제2부
손탁호텔과 미스 손탁

손탁호텔과 그 주변
손탁과 정동구락부
미스 손탁에 관한 평전

1. 손탁호텔과 그 주변

정동 29번지, 1902년 신축, 1909년 소유자 변경(일반 호텔로 전환), 1917년 매각, 1922년 철거

　손택부인가(孫澤夫人家), 손택양저(孫擇孃邸), 손택저(孫澤邸), 손탁빈관(孫澤賓館), 한성빈관(漢城賓館), 손택낭저(孫澤娘邸), 손택양가(孫宅孃家), 손택양가(孫擇孃家), 손택양씨가(孫擇孃氏家), 손택양사저(孫澤孃私邸), 손택양저(孫擇孃邸), 손택양관저(孫擇孃官邸), 손택양여관(孫擇孃旅館), 궁내부 용달여관(宮內府 用達旅館), 정동화부인가(貞洞花夫人家), 정동화부인옥(貞洞花夫人屋), 정동화옥(貞洞華屋)······.
　여기에 나열한 것들은 모두 손탁호텔을 가리키는 명칭들이다. 가장 흔하게는 손택양(孫澤孃, 孫擇孃, 孫宅孃)이라고 불렀고, 때로 화초부인(花草夫人)으로도 호칭했던 미스 손탁(Miss Sontag)이 꾸려나갔던 손탁호텔은 구차한 설명을 달 필요도 없이 근대시기 변변한 숙박시설이 없던 시절부터 서울 시내에서 가장 유명하고도 주목을 받는 서양식 호텔이자 대표적인 사교공간이었을 뿐만 아니라 때로 이곳 자체가 중요한 역사의 현장이기도 했다.
　18세기 말에서 19세기 초로 넘어오던 시기에 외세의 흐름에 따라 일진일퇴했던 여러 정치세력의 집합소이자 본거지였으며, 특히 아관파천 이후 손탁 자신이 고종황제의 신임을 받은 밀사의 역할을 수행했던 때가 많았

1934년에 발행된 『경성부사』 제1권에 수록된 '손탁호텔'의 모습이다. 손탁호텔의 연혁에 비추어본다면 나름으로 상당한 기간에 걸쳐 존재했고, 더구나 여러모로 주목을 받는 공간이었음에도 불구하고 정작 그 모습을 제대로 담아낸 사진자료는 아쉽게도 극소수에 불과한 실정이다. 그나마 몇 장 남아 있는 사진자료들은 대개 1909년 이후 프랑스인 보에르에게 호텔이 넘겨진 이후 적극적으로 광고를 게재하거나 사진엽서로 만들어 배포하던 시절에 속하는 것들뿐이다.

으므로 숱한 근대사의 비화를 낳았던 장소가 이곳 손탁호텔이었다. 대한제국의 쇠망기에 반일파로 이름이 높았던 헐버트와 대한매일신보 사장 베델의 활동도 주로 이곳 손탁호텔에서 이뤄졌다. 또한 대한제국의 운명을 뒤흔들어놓았던 1905년 이른바 '을사조약' 당시 일본특파대사 이토 히로부미(伊藤博文, 1841~1909)가 숙소로 잡아 여러 날을 머물며 조약체결을 위한 배후공작과 압박을 가했던 장소라는 사실도 결코 빼놓을 수 없다.

흔히 이곳을 일컬어 서울에 건립된 최초의 서양인 호텔이라는 얘기도 있으나 손탁호텔에 앞서 이미 서울호텔(정동 황궁 구내, 1897년 개업), 팔레호텔(대안문 앞, 1901년경 개업), 스테이션호텔(서대문정거장 앞, 1901년 개업) 등이 있었으므로, 이 대목은 사실에 맞지 않는다. 하지만 이곳이 설령 최초의 서양인 호텔은 아닐지라도 근대사의 전개에 있어서 그 존재의미는 특별히 남다르다고 할 수 있을 것이다.

프랑스 태생의 독일인이었던 앙트와네트 손탁(Antoinette Sontag, 孫澤, 孫鐸, 孫擇, 孫宅, 宋多奇, 宋卓; 1854~1925)은 1885년 조선에 부임하던 러시아공사 웨베르(Carl Ivanovich Waeber, 韋貝; 1841~1910)를 따라 32세의 나이로 처음 서울에 들어와서 독어, 불어, 영어에다 우리말까지 능숙하게 구사하는 탁월한 언어감각과 정치적 수완을 발휘하여 당시의 궁중과 연결고리를 만들었으며, 서양식 요리와 실내장식 등을 담당하면서 자신의 영역을 넓혀왔던 것으로 알려진다. 자연히 손탁의 손을 거쳐 국왕과 왕비에게 소개된 서양식 관습과 근대풍물도 적지 않았다. 이러한 배경으로 인하여 그가 서울 외교가의 중심인물로 부각된 것은 당연한 결과였다.

그렇다면 손탁호텔의 실체는 언제부터 등장하는 것일까? 이에 대해 경성부가 펴낸 『경성부사』 제1권(1934), 652쪽에는 손탁호텔의 연혁을 다음과 같이 정리하고 있다.

> 손탁 양은 명치 28년(즉 1895년)에 이르러 고종으로부터 경운궁(慶運宮)과 도로를 마주 보는 서쪽 지소(地所)의 가옥을 하사받았는데, 그 저택은 외인(外人)의 집회소(集會所)가 되었을 뿐만 아니라 일청전역(日淸戰役, 청일전쟁) 후 친미파(親米派) 일당이 조직했던 정동구락부(貞洞俱樂部)도, 그 회관을 지금의 법원 앞에 건설하기까지는 손탁의 집으로써 집회소로 했던 것이다. 명치 35년(즉 1902년) 10월부터 구가옥을 헐고 양관(洋館)을 건축하여 호텔을 경영하였는데, 2층은 귀인(貴人)의 객실로 하고 1층은 보통의 객실

정동지역 지도

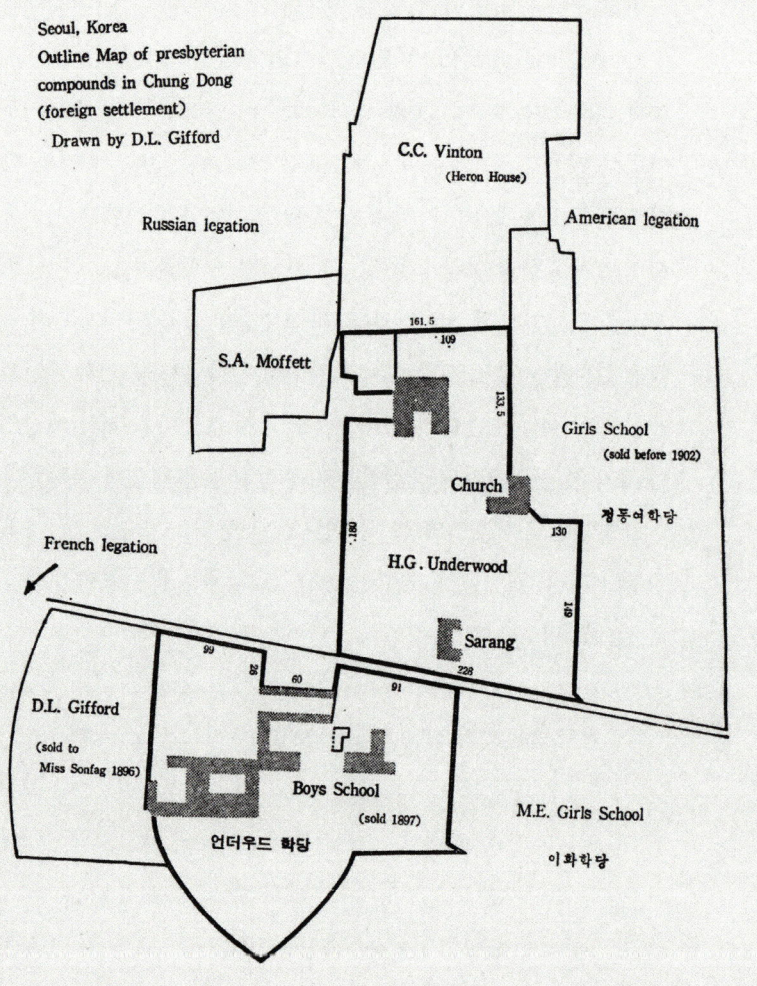

기포드(Daniel L. Gifford) 목사가 거칠게 그려놓은 메모를 바탕으로 재구성한 '장로교 선교기지 일대의 개략지도'이다. 장로회 정동선교부의 배치현황을 일목요연하게 잘 보여주는 이 자료는 1966년에 발행된 『경신 80년약사』에서 처음 등장한 이후 『새문안 85년사』(1973), 『정신 100년사』(1989)에도 거듭 인용되어 널리 소개된 바 있다. 여기에 표시된 내용에 따르면, 나중에 손탁호텔이 들어서는 정동 29번지 구역은 "기포드의 집이 있던 곳"으로 "1896년 미스 손탁에게 매도되었다"고 적었으나, 이것은 원자료에는 없는 대목을 추가한 것이다(경신사편찬위원회, 『경신사 1885~1991』, 경신중고등학교, 1991).

과 식당으로 충당하였다. 손탁호텔이라고 하는 것이 이것이다.[1)]

여러 자료마다 손탁호텔이 신축된 시기를 두고 흔히 1902년이라고 설명하는 것은 바로 이 기록을 그대로 차용한 결과인 듯하다. 그런데 여기에서는 손탁호텔이 들어서는 자리를 "1895년 고종으로부터 하사받았다"고 적고 있는 것이 눈에 띈다. 이곳은 지금의 정동 29번지(현재 이화여고백주년기념관이 들어선 자리)를 말한다.

기포드(Daniel Lyman Gifford, 奇普; 1861~1900) 목사가 남겨놓은 메모를 바탕으로 장로교 선교기지의 개략지도에 따르면, 이 공간은 기포드 자신의 가옥이 있었던 것으로 표시되어 있다. 더구나 여기에는 "1896년에 미스 손탁에게 매각됨"이라는 설명구절까지 덧붙어 있다. 하지만 이렇게 되면 1895년에 고종이 하사한 것이라는 내용과는 상충되는 결과가 빚어진다. 또한 1896년에 기포드의 집이 손탁에게 팔린 것이라면, 1894년 12월에 출범한 정동구락부(貞洞俱樂部)의 본거지로 사용된 손탁의 사저(私邸)가 어디에 있었던 것인지는 오리무중에 빠져들고 마는 셈이다.

이런 맥락으로 따져보면 1896년에 기포드의 집이 손탁에게 팔렸다는 구절은 사실과 다른 설명문일 가능성이 없지 않다. 실제로 기포드가 거칠게 그려놓은 약도의 원본에는 "언제 누구한테 팔렸다는 식"의 부가설명은 없었던 것으로 확인된다. 결국 이 지도는 지난 1966년에 『경신80년약사』가 정리될 당시 집필자가 임의로 덧붙여놓은 설명인 듯하다. 따라서 이 부분에 대해서는 엄밀한 사실관계의 대조확인이 필요하다고 하겠다.

하지만 손탁호텔 자리가 1895년에 고종으로부터 하사되었다고 하

---

1) 원문에는 키쿠치 켄조(菊池謙讓), 『조선잡기(朝鮮雜記)』 제2권과 코마츠 미도리(小松綠), 『명치사실 외교비화(明治史實 外交秘話)』가 이 대목의 인용출처라고 표시되어 있다.

이화여고 동편 정문 안으로 들어서면 주차장 입구에서 곧장 만날 수 있는 '손탁호텔' 표지석이다. 이 표석은 1990년 7월에 서울특별시가 설치한 것으로, 처음에는 '잘못된 고증' 탓으로 길 건너편 하남호텔(정동 16-1번지) 앞에 두었던 것이나 근년에 지금의 자리로 다시 옮겨졌다.

는 구절 또한 『경성부사』 그 자체의 기록내용을 제외하면 뚜렷한 근거자료가 없기는 마찬가지이다. 실제로 고종이 손탁에게 하사한 땅은 손탁호텔이 들어서는 자리가 아니라 길 건너편에 있는 별도의 공간이었다는 사실이 드러나는 까닭이다. 가령, 『구한국외교문서(舊韓國外交文書)』 권 18, 아안(俄案) 2에 보면 '로공관(露公館) 서북쪽의 양관 소유주에 관한 문의(1900년 5월 31일)'가 수록되어 있고, 이 문건에 덧붙여 다음과 같은 내용의 '로공관좌변 양관 하사증서(露公館左邊 洋館 下賜證書)'가 첨부되어 있다.[2]

---

2) 이와 관련하여 서울대학교 규장각 소장자료인 『궁내부안(宮內府案)』 제7책(자료번호 : 奎 17801)에는 그 당시 궁내부가 1900년 6월 24일부로 "러시아공관 근처 전옥(塼屋)은 1898년 대한제국 황제가 독일 규녀(閨女) 손탁(宋多奇)에게 은사(恩賜)한 것이 확실하다는 조복(照覆) 제67호"를 발송한 사실이 확인되고 있다.

발신 : 궁내부(宮內府)

수신 : 손탁(宋多奇)

황성 정동(皇城 貞洞) 아공사관(俄公使館) 대문좌변(大門左邊)에 황실소유 전옥(皇室所有 塼屋) 일좌(一座), 그 안에 방이 5개가 있는 것을 덕국규녀 송다기(德國閨女 宋多奇)에게 그 노고를 표하는 것으로써 상사(賞賜)하라시는 지의(旨意)를 봉승(奉承)하여 덕국규녀 송다기(德國閨女 宋多奇)에게 이를 지급하노라.

광무(光武) 2년(1898년) 3월 16일 궁내부(宮內府)

여기에서 말하는 러시아공사관의 대문 좌변에 있던 한 채의 벽돌건물이란 것은 나중에 프램튼 하우스(Frampton House)와 이화여전 음악관 시절을 거쳐 해방 이후 하남호텔로 변모되는 바로 그 건물을 가리킨다. 말하자면 이곳은 현재 캐나다대사관이 들어서 있는 정동 16번지 구역에 해당한다. 1917년에 발행된『경성부관내지적목록(京城府管內地籍目錄)』을 보면 손탁호텔 자리인 정동 29번지(1,184평)와 더불어 길 건너편에 있는 정동 16번지(418평) 또한 그 소유자가 모두 '독일국 손탁'이라고 표시되어 있다는 점도 이러한 관계를 잘 입증해주고 있다.

결국 확실한 것은 손탁호텔이 들어서는 정동 29번지 구역은 원래 1888년 10월 이후 미국인 선교사 다니엘 기포드(Daniel Lyman Gifford)가 살던 곳이었다가, 그 시기를 정확하게 파악하기는 어렵지만 손탁이 이를 사들여 1902년에 새 건물로 지어 손탁호텔의 용도로 사용했다는 사실이다. 그리고 이와 아울러 고종으로부터 하사받은 가옥은 이곳이 아니라 길 건너편에 해당하는 정동 16번지 구역이며, 그 시기는 1898년 3월이었다는 것도 명백하게 사실로 드러나는 대목이다.

그런데『디 인디펜던트(The Independent)』1898년 3월 19일자에 수록된 '손탁의 휴가귀국' 관련기사에는 그의 처소가 어디였는지를 알려주는 결정적인 구절이 담겨 있다.

> 미스 손탁(Miss Sontag)은 알사스의 고향집을 찾기 위해 수요일에 서울을 떠났다. 그녀는 외국인들 가운데 가장 오래된 서울 체류자의 한 사람이다. 그녀는 지난 12년간에 걸쳐 웨베르 부인(Mrs. Waeber)과 더불어 러시아공사관에 머물렀다. 웨베르 부인이 이 도시를 떠난 뒤에 미스 손탁은 러시아공사관 맞은편의 가옥에 거주해왔다. 그녀는 서울 시내에 상당한 수의 빌딩을 소유하고 있다. 그녀가 떠남으로써 비게 되는 집은 노한은행(露韓銀行, The Russo-Korean Bank)의 매니저인 가브리엘(M. St. Gabriel)이 들어가서 살 작정이다.[3]

이 내용은 손탁이 1885년 웨베르 초대 공사의 부임 때로부터 12년간 줄곧 러시아공사관에 처소를 두었다가 웨베르 공사 부인이 퇴임한 이후로는 러시아공사관 맞은편 가옥에 따로 거처로 삼아 그곳에 머물러왔다는 것을 말해준다. 실제로 초대 러시아공사 웨베르는 대리공사 겸 총영사(代理公使 兼 總領事, Charge d'Affaires & Consul General)로 장기간 재임한 끝에 서울을 떠난 때가 1897년 8월 24일이었으므로, 위의 기사내용이

---

[3] 이 기사에 따르면 손탁이 휴가목적으로 귀국한 날짜는 1898년 3월 16일(수요일)로 환산되는데, 우연찮게도 '로공관좌변 양관 하사증서(露公館左邊 洋館 下賜證書)'의 발급일자도 바로 이날이다. 이것으로 보면 그 당시 고종황제가 제 고향으로 떠나는 손탁에게 그간의 노고를 치하하는 뜻에서 휴가선물 삼아 러시아공사관 정문 좌측의 벽돌집 한 채를 하사했던 것으로 짐작된다. 이와 관련하여 호레이스 알렌(Horace N. Allen)의 『외교사연표(A Chronological Index)』(1904), 211쪽에는 "[1900년 4월] 미스 앙트와네트 손탁이 휴가에서 돌아와 궁내부의 직무에 복위하였다"고 적고 있는 바 이로써 이 당시 손탁의 휴가기간이 거의 2년에 달했음을 알 수 있다. 한편, 1905년 8월 이후 1년가량 손탁은 또다시 휴가를 떠나게 되었는데 이 당시의 그의 후임자로 서울에 체류한 이는 중국 칭타오에 근거를 둔 독일 여성 크뢰벨(Emma Kroebel, 1872~1945)이다. 크뢰벨은 이 당시의 경험과 목격담을 담아 그 이후 『나는 어떻게 한국 황실에 들어오게 되었는가(Wie ich an den Koreanischen Kaiserhof kam)』(1909)라는 책자를 펴내기도 했다.

필립 테리(T. Philip Terry)가 지은 『테리의 일본제국(조선과 대만 포함) 여행안내(Terry's Japanese Empire, Including Korea and Formosa : A Guidebook for Travellers)』(1914)의 말미에 수록된 손탁호텔 광고문안이다. 여기에서 호텔의 소유주이자 매니저로 표시되어 있는 보에르(J. Boher)는 1909년 10월에 미스 손탁이 자신의 호텔을 처분할 때에 이를 넘겨받는 프랑스인으로 그역시 덕수궁 앞에서 팰리스호텔을 운영하고 있던 사람이었다. 여기에서 보듯이 손탁호텔이 '특정호텔'의 형태에서 벗어나 '통상의' 호텔 영업이 개시되고, 적극적으로 호텔광고가 등장한 것은 바로 손탁 자신이 아니라 보에르가 주인이었던 시절부터라는 점은 유의하여 구분할 필요가 있다.

사실관계와 크게 어긋남이 없다는 것을 알 수 있다.

여기에서 말하는 러시아공사관 맞은편 가옥이라는 것은 옛 기포드의 집을 말하는 것이므로, 결국 이 기사에 적시된 내용대로라면 손탁이 이곳을 자신의 거처로 삼은 때가 1897년 이후라는 얘기가 되는 것이다. 그렇다면 이보다 앞선 시기에 존재했던 것이 분명한 정동구락부의 회합소로 사용했다는 손탁의 집이란 과연 어디였다는 것일까? 하지만 참으로 아쉽게도 이 대목에 대해서는 뚜렷한 결론을 내리기가 어려워 보인다.

아무튼 1902년에 신축되어 손탁빈관(孫澤賓館) 또는 한성빈관(漢城賓館)이라는 이름으로 널리 알려진 이 호텔은 황실(Imperial Household)의 '프라이빗 호텔(Private Hotel; 예약된 손님만 투숙하는 특정 호텔)' 형태로 운영되었다. 이 당시 건물의 위층은 귀빈실의 용도로 사용하였고, 아래층은 손탁 그 자신의 거주공간을 포함하여 일반객실과 식당 등을 배치하는 구조였다고 알려진다. 이 건물의 설계자와 시공자에 대해서는 자세히 알려진 바 없고, 간혹 건축양식과 시대상황에 비추어 러시아 건축가 사바틴으로 추정하는 견해도 제시되고 있지만 이에 대한 확실한 근거는 아직 찾기 어렵다.

원래 손탁의 집은 호텔로 전환하기 이전부터 서울에 거주하는 서양인들의 일상적인 공간으로 자리매김되곤 했다. 이에 대해 대한제국 시절 궁내부 소속의 시의(侍醫)를 지낸 독일인 리하르트 분쉬(Richard Wunsch, 富彦士; 1869~1911)는 1902년 4월 9일자로 작성한 서한을 통해 손탁의 집에 자주 내왕한 일을 이렇게 적었다.

…… 저는 요리사를 지난달 말에 해고해버렸고 지금은 황실의 으뜸시녀인 손탁(Songtag) 여사한테 가서 식사를 합니다. 그 집 요리는 일품입니다. 손탁 여사는 한국에 온 지 벌써 18년이나 되었습니다. 벨기에영사와 프랑스

공사의 비서도 거기서 식사를 하며 프랑스어로 대화를 합니다. 점심식사는 가져오게 하며 저녁은 궁에서 퇴근하면 거기로 가서 먹습니다. 여사의 집은 궁 바로 뒤에 있습니다.[4]

```
GUESTS AT THE HOTELS.

THE ASTOR HOUSE.—July 19.
Cameron, Mr. J. W., London.
Caviglia, Colonel, Tokyo.
Curtis, Mr. and Mrs. W. V. and 2 children,
    Nagasaki.
Curtis, Master W., Nagasaki.
Fisher, Mr. and Mrs. J. H., Dalny.
Friede, Mrs. R. and daughter, Harbin.
Haver, Miss, Dalny.
James, Mr. David H., Mukden.
Mattewman, Mr., Mukden.
Parodi, Mr. N., Toujiou.
Preston, Mr. C. S., Japan.

THE SONTAG HOTEL.—July 19.
Bhicaji, Mr. B., Teheran.
Bliss, Mrs. John S., New York.
Caltruf, Mr. Edmond, Hongkong.
Karl, Captain L. D., Mukden.
Kavanaugh, Mr. J., Seoul.
Knustsen, Mr. and Mrs. O., Tsingtau.
McGary, Mr. E. M., Seoul.
Mistri, Mr. J. P., Teheran.
Pitzburg, Mr. T. G., Hongkong.
Smith, Mr. W. L., Mukden.
Vail, Mrs. Joseph W., New York.
```

『더 서울 프레스(The Seoul Press)』 1910년 7월 31일자에 수록된 '호텔투숙자 명부'이다. 이 지면에는 원래 애스터 하우스와 팰리스호텔의 고객명부가 소개되고 있었으나, 1909년 9월을 기점으로 팰리스호텔은 사라지고 손탁호텔의 그것으로 대체되었다.

이렇듯 주요한 정치인물이나 서울주재 외국인들의 집합공간으로 널리 이름을 떨쳤던 손탁호텔은 러일전쟁 이후 러시아 세력의 쇠퇴에도 불구하고 꾸준히 그 명맥을 이어갔으나, 결국 1909년에 이르러 손탁은 이 호텔을 다른 서양인 호텔이었던 팰리스호텔의 주인 보에르(J. Boher)에게 넘기고 그 자신은 본국으로 되돌아가는 행로를 걸었다.

여기에 나오는 프랑스인 보에르는 1905년 12월까지 인천에서 터미나스호텔(Terminas Hotel)을 운영한 적이 있었고, 그 이후 서울로 옮겨와서 불타버린 옛 팔레호텔을 수리하여 1906년 하반기에 '센트럴호텔(팰리스호텔)'로 재개업했던 인물이었다. 이러한 보에르가 손탁호텔을 넘겨받게 되는 일련의 과정에 대해

---

4) 리하르트 분쉬(김종대 옮김), 『고종의 독일인 의사 분쉬』(학고재, 1999), 66~67쪽.

서는 『더 서울 프레스(The Seoul Press)』의 수록기사를 통해 엿볼 수 있다.

① 『더 서울 프레스』 1909년 7월 16일자, 「미스 손탁」

독일로 귀향하기 위해 궁내부의 직책에서 곧 물러날 미스 손탁이 모두 합쳐 3년 치의 봉급에 해당하는 3만 원을 정부로부터 수령할 것으로 우리는 안다. 그녀의 집과 가재도구에 대해 몇몇 한국 관리들은 그것들이 궁내부의 소유에 속하는 것이며 저명한 외국 귀빈을 접대하기 위한 용도로 제공되었다고 주장하고 있다. 하지만 미스 손탁은 (당연히 우리들이 생각하는 바 대로) 이것들이 자신의 소유재산이며 태황제에 의해 그녀에게 주어진 것들이라는 입장을 견지했다. 한국정부는 그녀에게 호의적인 결정을 내릴 것으로 보인다.

② 『더 서울 프레스』 1909년 8월 4일자, 「미스 손탁」

미스 A. 손탁이 이달 중에 고향으로 떠나며 다시 한국으로 돌아오지 않을 것이라는 내용이 국내신문들에 언급되고 있다. 정동에 있는 그녀의 현재 거처는 이미 보도한 바와 같이 팰리스호텔의 주인인 미스터 J. 보에르의 단독경영이 아니라 장춘경이라고 하는 한국 신사와 공동으로 경영하는 호텔로 전환될 것으로 알려진다. 새로운 경영은 아마도 미스 손탁이 떠나기 이전에 모습을 드러낼 것이다.

③ 『더 서울 프레스』 1909년 8월 5일자, 「팰리스 호텔」

어제 우리가 팰리스호텔의 주인인 미스터 보에르가 손탁의 거처를 한 한국 신사와 공동으로 호텔을 경영할 것이라는 몇몇 국내신문들을 재인용했던 보도와 관련하여, 우리는 이 내용이 전혀 사실무근이라는 것을 확인하였다. 미스 손탁의 근사한 집이 호텔로 전환될 것이긴 하지만, 이것은 보에르 씨의 단독 경영하에 그렇게 되리라는 것이 진실이다.

④ 『더 서울 프레스』 1909년 8월 29일자, 「미스 손탁의 전별연, 크 뤼거 박사와 코마츠 씨의 연설」

미스 손탁은 머지않아 이 도시를 떠나 프랑스로 향해 출발할 것이다. 이 유명하고도 매우 대중적인 독일여성은 이 도시에서 4반세기 동안이나 살아 왔으며, 한국 궁정에 엄청난 노고를 다하였다. 그녀는 프랑스로 가서 그녀가 소유한 집이 있는 이 나라의 해변 마을에서 당연한 노력의 결과물인 휴식을 즐기게 된다. 금요일 저녁 7시 30분에 그녀의 아름다운 처소에서 그녀는 수많은 친구들에게 전별연을 베풀었다. 여기에는 독일 총영사인 닥터 크뤼거(Dr. F. Kruger)와 크뤼거 부인, 프랑스 총영사 베린 씨(Mons. J. Belin), 통감부 비서관인 코마츠 씨(Mr. M. Komatsu), 통감의 개인비서인 사타케 남작(Baron Satake), 사세국장 스즈키 씨(Mr. Suzuki), 에케르트 부처(Mr. & Mrs. Eckert), 볼얀 씨(Mr. Bolljahn), 제물포의 쉬르바움 씨(Mr. Schirbaum)와 슈나이더 씨(Mr. Schneider), 궁내부비서 니나가와 씨(Mr. Ninagawa), 통감부의 혼다 씨(Mr. Honda), 미스 손탁의 조수인 미스터 조(Mr. Cho), 그리고 더 서울 프레스의 편집장인 야마가타 씨(Mr. I. Yamagata) 등이 포함되었다. 또한 초대장은 궁내부차관인 코미야 씨(Mr. Komiya)와 부인 및 딸, 그리고 스즈키 부인에게도 보내졌으나 가벼운 병환 때문에 코미야 씨와 스즈키 부인은 참석지 못하였다.

미스 손탁의 식탁은 언제나처럼 유명했으므로 근사한 저녁식사에 초청객들은 맘껏 성찬을 즐겼다. 식사 도중에 닥터 크뤼거가 일어나서 여주인을 대신하여 모인 사람들에게 참석해주신 것에 대해 감사를 드린 다음 한국 수도에서 보낸 그녀의 오래고 영광스런 이력에 대해 감동적으로 언급했다. 이 연설자가 말하길, 미스 손탁은 충심으로 한국의 궁정에 대한 직무에서 물러나게 되었으며, 직무를 수행하는 동안 짬짬이 이 나라를 찾아온 무수한 저명인사들에게 극진한 환대를 베풀었고 그리하여 그들 모두는 정답고 친절한 마음씨의 숙녀에 대한 가장 유쾌한 기억을 품고 떠났다. 그들은 그들 자신으로부터 그녀를 잃게 되는 것을 아쉬워하였으나, 이 연설자는 항상 그녀를 받아들일 준비가 되어 있을 뿐만 아니라 그녀의 수많은 친구들이 진심으로 환영하리라고 믿어 의심치 않는 이 도시로 그녀가 이따금 되돌아올 수 있기를 희망했다. 끝으로 닥터 크뤼거는 모든 이들에게 여주인의 건강을 기원하는 축배를 들기를 제안했고 여기에는 가장 진심 어린 호응이 뒤따랐다.

이어서 코마츠 씨가 참석한 일본인 초청객들을 대신하여 미스 손탁에게 감사를 표시했다. 영어로 이뤄진 그의 연설은 여주인에 대한 호의와 세련된 유머로 넘쳐났다. 이 연설자는 미스 손탁의 진심 어린 선행과 성품의 온화함과 아울러 한국에 있어서 그녀의 활동이 탁월함에 대해 감명 깊은 찬사를 보냈다. 이것을 묘사하기 위해 그는 많은 것들 가운데 하나의 사례를 말하고자 했다. 미스 손탁이 현재 살고 있는 가옥은 그녀 자신의 소유물이며 그녀는 완벽하게 마음대로 사용하고 또한 자기의 결정으로 그것을 처분할 수 있다. 하지만 그녀는, 이 점에 있어서 이 연설자는 아주 먼 훗날의 일이기를 전제했지만, 자신이 죽고 난 뒤에 한국의 궁정에 이것을 반환할 용의가 있음을 표명한 바 있다. 이 대목에서 코마츠 씨는, 비록 그녀가 결코 젊지도 않지만 그녀의 천성이 선하고 친절하다는 것을 경험했던, 그녀를 아는 모든 이들로부터 미스 손탁이 누렸던 엄청난 사랑을 재치 있게 언급하는 것으로 나아갔다. 그는 그녀가 좋은 건강상태로 행복한 세월을 오래도록 즐길 수 있기를 기원했다. 마지막에 코마츠 씨는 여주인을 위해 참석한 모든 이들과 함께 어울려 진심 어린 만세삼창을 불렀다.

저녁식사는 9시에 끝났으나, 전부가 가장 흥겨운 담화를 나누며 한 시간 이상을 더 머물렀다. 거기에는, 통상적인 준수사항처럼 그 같은 연회의 특징

1. 손탁호텔과 그 주변   157

『더 서울 프레스(The Seoul Press)』 1909년 9월 18일자에 수록된 '손탁호텔 광고문안'으로 보에르가 이 호텔을 인수한 뒤에 등장한 최초의 광고이다.

『더 서울 프레스(The Seoul Press)』 1910년 1월 13일자 이후에 수록된 '손탁호텔 광고문안'으로 이때에 광고도안이 새롭게 바뀌었다.

『더 서울 프레스(The Seoul Press)』 1910년 9월 18일자 이후에 새롭게 등장한 '손탁호텔 광고문안'이다. 기존의 것과는 달리 손탁호텔 일대의 전경사진이 수록되어 있다.

이 너무 자주 있어왔던 냉랭한 격식이 없이 적절한 유모어와 호의가 감도는 분위기가 이어졌다. 크나큰 아쉬움 속에 파티는 10시 30분 무렵에 종결되었다. 우리는 통감인 소네 자작(Viscount Sone)이 미스 손탁에게 기념품으로 몇 가지 어여쁜 선물들을 보내왔다는 사실도 덧붙여 둔다.

⑤ 『더 서울 프레스』 1909년 8월 31일자, 「미스 손탁 전별식사」

미스 손탁을 위한 오찬 대연회가 지난 일요일에 독일 총영사 닥터 크뤼거와 그의 부인에 의해 개최되었다. 서울과 제물포에 있는 독일거류민의 주요 멤버들이 참석했다. 식사 도중에 닥터 크뤼거가 기립하여 궁정의 감독자로서 미스 손탁의 공로를 다시 찬양하기 위한 것이 아니라 그녀가 특별히 독일인 친구들에게 해왔던 것들을 보여주려는 것이 자기의 의도라고 언급하였다. 그녀는 언제나 집을 열어두었고 그들의 모두에게 도움의 손길을 내밀었다. 그녀의 환대는 그들 사이에 잘 알려져 있으며, 이제 그녀가 떠남은 그들 모두에게 돌이킬 수 없는 손실이

될 것이다. 그는 유쾌한 귀국여행과 무병장수를 가장 열정적으로 그녀에게 기원하는 것으로 마무리했다. 미스 손탁은 닥터의 인상적인 연설에 깊이 감동하여 눈물을 흘리는 것으로 그에게 고마움을 표시했다.

오찬 후에 있었던 크뤼거 부인의 독창은 매우 흥을 돋게 하였고, 큰 아쉬움 속에 파티는 오후 5시가량에 연회장에서 해산되었다.

⑥ 『더 서울 프레스』 1909년 9월 17일자, 「손탁호텔」

이미 보도한대로 미스 손탁의 아름다운 거처는 팰리스호텔의 소유주인 J. 보에르 씨에게 양도되어지며, 위의 이름을 내건 채 일등호텔로 전환되어 질 것이다. 이 새 호텔은 내일부터 투숙객을 받을 준비가 되어 있다. 미스 손탁의 집은 지금껏 자애로운 여주인에 의해 하숙소(private boarding house, 특정호텔)로서 꾸려져 왔으며, 안락함과 훌륭한 요리를 투숙객들에게 제공하는 것으로 높은 평판을 얻었다. 보에르 씨의 경험 있고 유능한 경영 아래, 이 새로운 호텔이 명성을 지켜나가는 동시에 서울을 찾아오는 외국인 방문객들이 가장 선호하는 곳의 하나가 되리라는 것을 우리는 믿는 바이다.

⑦ 『더 서울 프레스』 1909년 9월 17일자, 「미스 손탁」

미스 손탁은 내일 프랑스 칸느를 향해 출발한다. 우리는 그녀가 제물포로 나아가 이달 19일 상하이를 향해 닻을 올릴 증기선 칭따오호(The s. s. Tsintau)에 승선할 예정이라고 전해 듣고 있다. 우리는 그녀의 유쾌한 항해와 아울러 그녀의 여동생과 함께 지낼 프랑스 마을에서 행복하고 평화로운 나날들이 오래오래 이어지길 진심으로 기원하는 바이다.

⑧ 『더 서울 프레스』 1909년 9월 18일자, 「미스 손탁」

미스 손탁은 일요일 오후 12시 20분 남대문정거장발 제물포행 열차로 서울을 떠날 것으로 우리는 알고 있다. 그녀는 같은 날 저녁 항구를 출발하여 상하이로 떠나는 독일 증기선 칭따오호에 승선한다.

⑨ 『더 서울 프레스』 1909년 9월 21일자, 「미스 손탁의 출발」

앞서 보도한 바와 같이 미스 손탁은 일요일 오후 12시 10분 기차로 이곳을 떠나 프랑스를 향해 떠났다. 남대문정거장에는 그녀를 전송할 많은 저명인사들이 운집하였다. 미스 손탁은 이곳에서 4반세기 이상을 살았으며, 우리는 제2의 고향이었을 이 도시를 떠남에 있어서 그녀가 느낄 슬픔을 충분히 상상할 수 있다. 그녀가 눈물로써 작별을 고할 때 모든 이들은 깊은 감동을 느꼈다. 우리는 그녀가 출발에 앞서 상당한 금액을 이 나라의 여러 교회와 자선기관에 기부했다는 것을 안다. 또한 한국 내 그녀의 모든 부동산은 그녀가 죽은 후에 이 나라의 자선사업을 위해 기증하라는 것으로 정리되었음을 알지만, 우리는 이러한 일이 수년 내에 벌어지지 않기를 진정으로 바라고 있다.

이 과정에서 손탁은 그 자신이 오랫동안 봉직했던 황궁에 대한 작별인사를 빠뜨리지 않았다. 이에 관해서는 『황성신문』 1909년 8월 31일자에 다음과 같은 관련기사가 수록되어 있다.

[하사은배(下賜銀杯)] 경성 정동(京城 貞洞)에 재(在)하던 손택양(孫澤孃)은 귀국(歸國)하기 위(爲)하여 거(去) 28일(日)에 덕수궁(德壽宮) 급(及) 창덕궁(昌德宮)에 진예(進詣)하여 고별(告別) 폐현(陛見)을 행(行)하였는데 기시(其時)에 대황제폐하(大皇帝陛下)께옵서는 특(特)히 은배 일조(銀杯 一組)를 하사(下賜)하옵셨다더라.

또한 손탁의 귀국과 관련한 특이사항으로, 서울대학교 규장각에 보관된 『표훈원래거문(表勳院來去文)』(청구기호 : 奎 17791; 1909년 9월 18일)에는 "궁내부대신(宮內府大臣)의 내문(來文)에서 전선찬사(典膳贊師) 송탁(宋卓)에게 특서훈사등 서봉장(特敍勳四等 瑞鳳章)을 내리라 한 건은 외국인(外國人)에 대한 서훈(敍勳)이므로 통감부(統監府)의 내의(內議)를 거쳐야 하는 까닭에 이를 알린다는 조회(照會)"가 수록되어 있는 것이 눈에 띈다. 하지만 이 당시 실제로 손탁에게 이러한 훈장이 지급된 흔적은 그 어떠한 공식자료에서도 전혀 찾아낼 수 없다.

'손탁이 없는 손탁호텔'이 등장한 이후 가장 두드러진 변화의 하나는 기존의 '특정 호텔' 방식이 폐지되고 통상적인 형태의 일반 호텔로 변모되었다는 사실이다. 신문매체를 통해 손탁호텔의 광고문안이 본격적으로 등장하기 시작한 것도 이러한 변화가 가져온 결과물이었다. 손탁이 직접 호텔을 꾸려나가던 시절에는 구태여 이러한 광고를 낼 필요가 없었으나, 보에르가 새 주인이 된 이후로는 적극적으로 투숙객을 유치하기 위한 광고가 연속적으로 신문지상을 장식했던 것이다.

『더 서울 프레스』 1909년 9월 18일자 이후에 연속 게재된 광고문안에는 손탁호텔의 현황에 이렇게 소개되어 있다.

> 손탁호텔, J. 보에르 (승계자), 서울 공사관거리 한국.
> 한국에서 가장 크고 가장 편리한 호텔.
> 각방에 욕실이 딸린 25개의 객실.
> 가족 투숙객 및 여행자 고객들을 위한 모든 가정편의시설과 최상의 프랑스 요리.
> 공식연회, 결혼식, 무도회, 피로연, 메이슨식 및 각종 여흥.
> 통역자, 가이드, 짐꾼은 즉시 대기.

케이블 주소 : "sontag.", 전화 739번.

이와 아울러 1914년에 발행된 『테리의 일본제국 여행안내』라는 책자의 말미에도 손탁호텔의 광고가 수록되어 있는데, 여기에는 다음과 같은 구절이 적혀 있다.

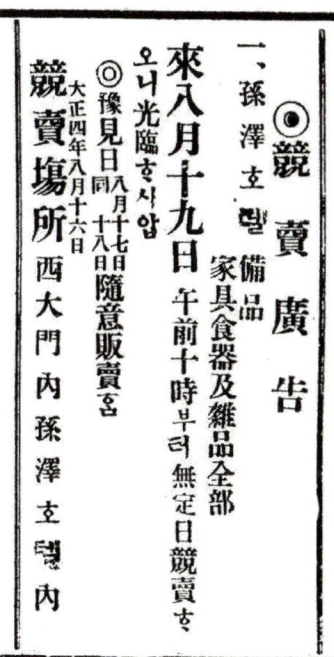

손탁호텔 비품경매광고(『매일신보』 1915년 8월 18일자)

손탁호텔(전에 황실의 프라이빗 호텔이었음)은 한국에서 선도 호텔임.

손탁호텔은 서울 성내에서 유일한 일등급 서양식 호텔임.

손탁호텔은 공사관거리(Legation Street)의 중심부에 자리하며, 각국 영사관들로 둘러싸인 장점과 가까이에 두 철도역(남대문와 서대문)을 두고 있는 장점을 지녔기에 여행자들에게 모든 편의를 제공하고 있음.

냉온수와 전기등, 최신의 위생시설을 완전히 갖추고 있음. 객실은 25개에 각방에는 개별 욕실이 딸려 있음. 프랑스인 요리장이 감독하는 훌륭한 프랑스 요리로 좋은 평판을 얻고 있음.

최고의 정성, 널찍한 정원. 통역자, 가이드, 짐꾼, 승마(乘馬)의 제공 가능. 바(Bar)와 대형 당구장(Billiard-room)이 든 별관. 프랑스어, 이탈리아어, 스페인어, 영어로 접객 가능.

전화 739번. 전신주소 : "SONTAG-SEOUL"

J. 보에르, 소유주 겸 매니저. 서울, 코리아.

하지만 보에르가 주인이었던 손탁호텔은 그다지 오래 지속되지 못하였다. 그저 이름뿐이었던 손탁호텔은 1910년 경술국치를 맞이하던 무렵 서서히 경영난에 빠져들고 있었던 탓이었다. 더구나 1914년 10월에는 조선총독부 철도국의 직영 호텔로 최신식으로 64개의 객실을 갖춘 '조선호텔'이 등장함에 따라 손탁호텔은 그야말로 회복 불능 상태에 들어간 것으로 보인다.

이에 따라 1917년에는 건물과 부지가 이화학당에게 넘겨지게 되었으며, 그 이후 이곳은 여러 해 동안 메인홀 기숙사의 별관으로서 여학생 기숙사로 전환되어 사용되기에 이르렀다. 그러다가 1922년에 이화학당 프라이홀(Frey Hall)의 신축을 위해 헐리면서 그 이름마저 역사 속으로 사라지는 상태가 되었고, 그 자리에 세워진 프라이홀은 1922년 8월에 착공하여 이듬해 9월에 준공되었으나 이 건물 또한 1975년에 이르러 화재로 전소되어 철거되었다.

그런데 손탁호텔은 이화학당으로 매각되기 전인 1915년에 벌써 사실상 폐업이 되었던 것으로 드러난다. 『매일신보』 1915년 8월 18일자에 수록된 '손탁호텔 경매비품광고'는 그러한 사실을 입증해주는 자료의 하나다. 여기에는 "서대문 내 손탁호텔 안을 경매장소로 삼아, 손탁호텔비품(가구, 식기 및 잡품 전부)을 8월 19일 오전 10시부터 기한 없이 경매처리"한다는 사실이 적혀 있다.

하지만 이것으로 손탁호텔이 완전히 소멸된 것은 아니었다. 해를 넘겨 『매일신보』 1916년 6월 3일자에 수록된 '패밀리호텔'의 광고문안에 '손탁호텔'이라는 이름이 분명하게 등장하는 까닭이다. 더구나 이 호텔의 주인은 '미세스 호엘'로 표시되어 있는데, 이는 필시 보에르 부인을 가리키는 것인 듯하다.

남대문로 3가에 주소지를 둔 패밀리호텔(손탁호텔)의 광고문안(『매일신보』 1916년 6월 3일자)

패밀리호텔(Family Hotel)

본관(本館)은 시(市)의 중앙(中央)에 재(在)하여 토지고층(土地高層), 정내광활하정(庭內廣闊閑靜)하여 숙박(宿泊) 급(及) 연회(宴會)에는 최호적(最好適)함.

불국식 요리(佛國式 料理), 숙박연회(宿泊宴會)

경성 남대문통 삼정목(京城 南大門通 三丁目)

미국 동양공업건축회사 저내(米國 東洋工業建築會社 邸內)

손택(孫澤)호테루

후아미리 호테루(フアミリ ホテル)

관주(館主) 미세스 호엘

전화(電話) 1218번(番)

이 호텔이 언제까지 존속했는지는 명확하게 알 수 없다. 그 무렵의 신문자료를 뒤져봐도 더 이상 이 호텔의 광고는 등장하지 않았던 것으로 확인된다. 이것이 현재까지 추적이 가능한 손탁호텔에 관한 마지막 흔적인 셈이다.

그렇다면 손탁호텔의 여주인, 미스 손탁(Miss Sontag, 손탁 양)은 과연 어떤 사람이었을까?

단지 독신녀의 신분이었기 때문에 통칭 '미스 손탁'이라고 불렀지만, 그 유명세에도 불구하고 그녀의 출신, 배경, 행적 등에 대해서는 정작 자세히 알려진 바가 거의 없다. 근대사의 격변기에 그녀가 지녔던 위상에 비해서는 이렇다 할 회고담이나 전기록조차 남겨지질 않았기 때문인지도 모르겠다.

흔히 손탁의 정체에 대해서는 러시아공사 웨베르의 처형으로 알려진 자료가 많이 있으나, 『윤치호일기』 1896년 7월 2일자에서 채록한 내용에 따르면 "웨베르 공사 부인의 남동생인 미스터 막크(Mr. Maack)의 부인되는 사람이 미스 손탁의 여동생"이라고 하였으므로 결국 손탁은 '웨베르 공사의 처남의 처형'이라고 보면 맞을 것이다.[5]

하지만 손탁의 신분에 관한 얘기는 이러한 정도가 전부이다. 그녀가 우리나라에 오기 이전까지 무엇을 했으며, 결혼은 하였다거나 경력이 무엇이라거나 하는 따위는 전혀 확인되거나 알려진 바가 없다. 그는 한때 휴가차 본국으로 일시 귀국했던 것을 제외한다면, 1885년 이후 1909년까지 무려 25년을 한결같이 우리나라에 머물렀던 것으로도 유명하다.

---

5) 민영환 지음, 조재곤 편역, 『해천추범(海天秋帆), 1896년 민영환의 세계일주』(책과함께, 2007), 117쪽에도 이러한 관계가 서술되어 있다. "[1896년] 7월 2일(음 22일, 러시아력 20일) 맑다가 밤에 천둥 침. ……오후 4시에 마아크가 자기의 집에서 만찬을 하자고 청하였다. 그 부인은 우리 서울 러시아공관에 거주하는 화초부인(花草夫人)의 동생이다. 접대가 매우 친절하고 술과 안주가 정결해서 즐겁게 놀다가 돌아왔다."

그리고 한 가지 흥미로운 사실은 그녀가 귀국할 때 한국인 한 사람도 동반하였다는 내용이다. 프랑스인 교사 에밀 마르텔(Emile Martel, 馬太乙; 1874~1949)이 코사카 사다오(小坂貞雄, 1899~1942)의 『외국인이 본 조선외교비화(外人の 觀たる 朝鮮外交秘話)』(1934)를 통해 증언한 내용에 따르면, "일찍이 손탁은 자신이 거느리고 있던 많은 뽀이들 가운데 한 사람을 골라 양자로 삼고 임금께 청하여 관직에도 앉혔던 적이 있었는데, 그 양자는 귀국할 제에 손탁 여사와 더불어 프랑스로 건너갔다"는 것이다. 그는 여기에, "그 후 양자는 여사의 곁에서 벗어나 조선으로 되돌아왔다고도 들었으나 도대체 어떻게 되었는지는 알지 못한다"고 덧붙였다.

또한 『윤치호일기』 1905년 6월 2일자에는 다음과 같은 흥미로운 내용도 수록되어 있다. 미스 손탁이 윤치호(尹致昊, 1865~1945)에게 말하길, 그의 딸을 자신에게 양녀로 달라고 했다는 내용이다. 그 당시 윤치호는 중국인 처 마애방(馬愛芳, 1871~1905)이 병으로 막 세상을 떠난 상태였으며, 그의 딸 로라(Laura)는 1894년에 태어난 장녀 봉희(鳳姬)를 말한다.

[5월 15일에] …… 저녁을 마치고 미스 손탁의 방으로 그녀를 찾아갔더니, 위로의 말이 너무도 애절하여 나로서도 간신히 참긴 했지만, 크게 흐느끼지 않을 수 없었소. 그녀도 역시 눈물을 흘렸소이다. 그리고 먼저 내 이마에, 다시 내 뺨에도 입마춤을 하였다오. 그녀는 내게 우리 로라(Laura)를 자기의 양녀(adopted daughter)로 줄 수 있는지를 물었소이다. 자기가 로라를 가장 잘 돌볼 수 있다며, "내가 가진 것을 남겨줄 누군가가 필요하답니다"라고 말을 했다오. 여보, 어찌해야 할지 말해주오. 나는 우리 로라를 한국 가정에 시집을 보내는 건 싫소이다. 그건 노예를 의미하는 것이니까 말이오. 그리고 한국에는 그녀를 위한 학교가 없어요. 만약에 내가 미스 손탁의 지속적인 사랑과 보살핌에 대한 확신만 선다면, 나는 우리의 딸을 그녀에게 가도록 허락했

손탁호텔 (본관)의 전경을 담은 사진엽서이다. 막 호텔을 인수한 직후에 담아낸 것인지 건물 외부에 그 어떠한 간판의 모습도 눈에 띄질 않는다(자료제공 : 이돈수 한국해연구소장).

손탁호텔(베란다 부분)의 내부 모습이다. 호텔의 소유주 겸 매니저가 '보에르'로 표시되어 있는 걸로 보아 1909년 이후에 발행된 사진엽서라는 것을 알 수 있다(자료제공 : 이돈수 한국해연구소장).

을 것이요. 하지만 프랑스인으로서 미스 손탁은 감정적인 충동에 의해 그 순간 그렇게 말했던 것인지도 모르지요. 이건 내가 지켜봐야겠소.

만약에 이 일이 성사되었더라면, 손탁은 우리나라와 훨씬 더 깊은 인연을 맺었을지도 몰랐다. 그리고 윤치호의 일기책을 통해 손탁에 관한 후일담도 좀 더 소상하게 남겨졌을는지도 모르는 일이지 않았을까 말이다.

그런데 근대사의 격랑에 서서 한 시대를 풍미했던 이 여인의 말로는 더욱 극적이다. 일본인 키쿠치 켄조(菊池謙讓)는 『조선잡기(朝鮮雜記)』(1931)라는 책에 이렇게 적고 있다.

1909년 9월, 손탁 양은 조선을 물러났다. 그의 친구는 거의 돌아갔고, 그의 우방은 패전하여 조선에서 구축(驅逐)되었다. 그녀가 조선에 왔을 때는 30세의 단려한 꽃과 같은 미모를 지녔으나, 그 떠남에 있어서 훤하던 풍협(豊頰)과 빛나던 완용(婉容)은 파란 많은 조선의 30년사를 짊어진 듯, 그 두둑해진 돈주머니의 무게보다도, 내동댕이쳐진 경성(京城)의 풍파(風波)에 의해 쫓겨나는 것처럼 돌아갔다.

그는 고국에 돌아가자마자 명승(名勝) 지구인 칸에 청상(淸爽)한 별장(別莊)을 지었다. 그곳에다 극동의 왕국에서 가져온 재산을 쌓아두고, 유유히 만년을 보낼 계획이었으나, 어쩐 일인지 그 재산의 대부분은 여동생인 웨베르 부인의 명의로 러시아의 은행에 저금되어 러시아의 기업에 투자되었다. 이윽고 러시아 혁명, 공산정부의 적화는 손탁의 저금도 투자도 한꺼번에 몰각(沒却)시켜 버렸다. 극동왕국의 말기를 목격하고, 극북제국의 패망을 바라보며, 그는 일대의 영화가 꿈과 같이 말살된 채로, 1925년 러시아에서 객

사(客死)했다. 그때 그는 71세의 노양(老孃)이었다.[6]

이미 다 지나간 일지만 만약 그녀가 세상을 떠나기 전에 자신의 생애와 행적에 대해 회고록을 남겼거나 누군가 이 여인의 존재에 주목하여 한 권의 전기물이라도 남겼더라면, 아마도 우리는 지금보다는 훨씬 더 흥미롭고 생생한 근대사의 비화를 풍부하게 되새길 수 있었을는지도 모른다.

---

[6] 손탁의 생몰연대에 대해 키쿠치 켄조는 1925년에 사망한 것으로 적고 있으나, 프랑스인 에밀 마르텔의 경우에는 "프랑스 남방 니스에 살다가 지금으로부터 13년 전에 죽어버렸다"고 서술한 바 있었다. 그의 회고담을 담은 코사카 사다오의 책 『외국인이 본 조선외교비화』가 나온 때가 1934년이고 이를 거슬러 13년 전은 1921년이므로, 이에 따라 간혹 손탁의 사망연대를 이것으로 잡아 서술한 자료도 상당수에 달하는 것으로 확인된다. 하지만 이 경우에도 원래 마르텔의 회고를 연재했던 『조선신문(朝鮮新聞)』 1932년 9월 17일자에는 "지금부터 10년 전에 죽었다"고 서술하였으므로, 이 기록에 따라 손탁의 사망연대는 1922년으로 보는 것이 더 올바른 표현인 듯하다. 요컨대 손탁이 세상 뜬 시기에 대해서는 '1922년설'과 '1925년설' 두 가지가 있으나 그 어느 쪽이 정확한 사실관계를 담은 것인지는 알 수 없다. 이 책에서는 일단 키쿠치의 자료에 서술된 내용에 따라 손탁의 생몰연대를 "1854~1925"로 표기하였음을 밝혀둔다.

이화학당 프라이홀

이화여고 동편 정문을 막 들어서면 주차장 입구 쪽에 '손탁호텔터' 표지석이 서 있다. 하지만 엄밀한 의미에서 옛 손탁호텔 자리는 이화백주년기념관을 포함하여 현재 심슨홀(Simpson Memorial Hall)의 서쪽 측면에 있는 공터 일대를 아우르는 정동 29번지 구역이다.

일찍이 서울 장안에서 최고의 서양식 호텔로 치부되던 손탁호텔은 1909년 이후 프랑스인 보에르에게 경영권이 넘어간 이후 그 명맥을 간신히 유지하다가 일제강점기로 접어들자마자 그동안의 명성이 무색하게 급속한 퇴조세를 맞이하였다. 실제로 1915년 8월에는 가구와 식기를 비롯한 비품 일체를 경매처분한다는 광고가 신문지상에 등장할 정도로 사실상 폐업이 되는 단계에 이르고 말았다.

옛 손탁호텔 자리(정동 29번지)에 들어선 프라이홀은 1975년 5월 12일에 발생한 화재사건으로 소실되고, 이곳은 한동안 공터로 남아 있다가 지금은 2004년에 준공된 '이화백주년기념관'이 그 자리를 차지하고 있다.

이러한 손탁호텔 자리를 그대로 이어받은 주체는 바로 이웃하는 이화학당이었다. 이 당시 이화학당에서는 학생 수가 급격히 늘어나는 데에 비해 기숙사 수용시설이 턱없이 부족한 형편이었는데, 이러한 공간부족 문제를 해결하는 방안으로 추진된 것이 손탁호텔의 매수로 이어졌던 것이다. 이와 관련하여『동아일보』1920년 4월 24일자에 수록된「이화학당(梨花學堂)의 기숙사(寄宿舍), 밤에는 얼음 같은 순전한 마루방뿐, 다수한 여자는 냉증을 얻는다」제하의 기사는 그 당시의 상황이 어떠했는지를 잘 말해준다.

조선여자교육의 원조는 경성 정동 이화학당(梨花學堂)은 현재에 대학과 이하로 중등과 고등과 초등과를 합하여 사백여 명의 학생을 수용하야 모든 범절이 날로 진보하여가고 여러 가지 설비가 때로 충실하여져서 전에도 그러하였지만은 장래에도 조선여자교육계의 패장노릇을 하려 한다. 학생이 많음을 따라서 기숙생도 다른 학교에서는 보지 못할 만큼 많아서 지금 기숙사에 들어 있는 학생이 일백팔십여 명이나 된다 하며 완연히 큰 가정을 이루어서 단란한 생활을 하여 나아간다 한다.

그러면 일백팔십 명의 꽃 같은 처녀를 수용하여 가정을 대신한 기숙사는 과연 어떠한가. 참으로 가정과 같이 따뜻한 사랑과 뜻 깊은 감회로써 자유로운 생활을 할 수가 있으며 음식거처는 어떠하게 하는가 한번 알아볼 필요가 있다. 그리하여 기자는 작일 오전에 동교를 방문하고 학교당국자에게 기숙사의 구경을 청하였으나 그 학교는 세상이 다 알음과 같이 서양인의 경영하는 학교이므로 서양사람의 풍속에 여자의 기숙사는 여자 외에는 구경을 시키지 아니한다 하여 교장이 허락지 아니한다. 그러나 아무리 남자라 하더라도 학생의 부형에게까지 아니 보일 이치는 없는 것이오, 그와 같은 이유로 특별사정이 있는 사람까지 아니 보인다 함은 서양의 풍속은 어떠한지 자세히 모르나 비밀을 즐겨하지 아니하고 양심대로만 산다는 서양사람의 행동으로는 너무 심한 일이오 기숙사의 설비가 불완전한 것을 미루어 알 만하며 그 결점을 감추기 위하여 구경을 시키지 아니하는 것이 아닐까

기자는 구태여 보이지 않겠다는 것을 보려 할 필요는 없으므로 다만 기숙사의 설비에 대하여 말만 물어보았다.

　기숙사는 교실의 뒤로 이층벽돌집이니 방이 약 삼십가량이나 되며 다시 기숙사가 좁아서 그전 '쏜택호테루(손탁호텔)' 하였던 집의 일부를 사용하여 모두 방이 사십에 가깝다 하며 학생 한 사람 앞에 한 평씩도 오히려 어려운 모양이다. 그런데 더욱이 놀랄 만한 사실이 있으니 학생의 자는 방은 모두 마루방이라 한다. 마루의 구조는 보통 마루보다는 다르게 하여 송판을 세 겹이나 깔았다 하나 여러 천년을 두고 조상 적부터 따뜻한 온돌에서만 자라는 조선사람의 몸, 더욱이 잔약한 여자의 몸으로 이와 같이 찬 마루방에서 거처하게 한다 함은 과연 큰 문제라 할 수가 있으며 첫째에 학부형 되는 자의 놀라지 아니치 못할 바오 일반사회에서 그 내용을 자세히 알아서 크게 여론을 일으킬 만한 일이다.

　그리고 식사는 어떻게 하느냐 한즉 월에 십 원의 식비를 받아가지고 종래에는 쌀에다가 약간의 팥을 두어서 밥을 짓고 반찬은 보통 김치 깍두기, 장 같은 것이오 한 주에 한 번씩 금요일 날 아침에는 소위 곰국을 끓이어 주더니 요사이에는 약간의 조(粟)를 섞어서 준다 한다. 그러나 아무러한 말을 하여도 다만 이야기에 지나지 못하고 실지를 보지 아니하였으니까 자세한 바를 확실히 알 수가 없다.

　그러나 그 학교의 졸업생으로 현재 가정을 이루어 남의 집 부인이 된 어느 부인은 말하되 "저도 육칠 년 동안은 기숙사에서 생활을 하였습니다마는 참으로 큰 문제이야요. 학교에서 아직 재정이 허락지 아니하니까 그렇겠지오마는 여자는 사나이와 달라서 잔약한 연품이라. 몸을 함부로 굴리어서는 조금 좋지 못한 편이 있고 더욱이 우리 조선여자는 자래로 연약하고 보드라운 생활만 하여온 편이므로 졸지에 이렇게 추운 곳에서 거처를 하게 되면 폐단이 많습니다. 거의는 냉병이 들고 여자의 몸으로 말씀하기는 너무 어떠합니다만은 생식(生殖)에도 관계가 있는 듯하여요. 더욱이 겨울에는 증기난로를 피어주기는 하여도 밤 열 시만 되면 난로가 꺼지고 마릅니다. 정작 견디기 어려운 한밤중에 난로가 꺼지기까지 하니까 참으로 기숙사생활하는 여자는 불쌍합니다. 그러므로 학생 간에는 '이렇게 마루방에서 고생을 하여가며 공부를 하여가지고 장래에 큰 사람이 못되면 어찌하나' 하고 더욱 열심으로 공부하는 사람도 있으나 참으로 남의 집 고운 아가씨들로는 못 당할 고생이오 몸에 큰 병을 사게까지 되니까 여러분이 힘을 쓰시어서 속히 기숙사를 고치게 하였으면 좋겠습니다" 하더라.

이와 아울러『이화팔십년사』(1967), 561~562쪽에는 이화학당 기숙사(寄宿舍)의 연혁을 이렇게 정리하고 있다.

초창기의 기와집은 그 후 헐리고 1900년에 이르러 학당 최초의 양관교사(洋館校舍)를 짓고 여기 3층 뒷부분에 마루방으로 된 기숙사를 마련하였다. 이 기숙사엔 약 30개의 방이 있어 한 방에 4~5명씩 기거하였으며, 이때는 자비생(自費生)이 늘어 식비(食費)로 월(月) 3원씩을 부담하는 학생이 많았다. 식사시간에는 최고학년 1명을 장(長)으로 해서 8명(名)이 1조(組)를 이루고, 각자가 자기의 식사와 식기를 날라 먹는 씨스템으로 운영했으며, 1908년에는 벌칙(罰則)이 강화되었다. 1912년에는 침대를 사용하였으며, 18년에는 미세스 토마스의 송금에 의해 스팀 장치를 하였다.
1917년에 이르러는 사생(舍生)이 180명(名)이 넘게 되자 3명 살 곳에 9명이 거주하는 정도로 기숙사가 좁아져, 회색벽돌로 된 손탁호텔을 구입하고 대학과 학생들을 이곳에 옮겨 메인홀 기숙사의 별관(別館)으로 사용하였다. 이때는 식비(食費)도 월 10원 정도를 받았으며 월(月) 1회(回) 외출이 허락되었고 11월(月)에는 김장철을 맞아 약 일주일간의 김장방학으로 수업을 쉬고 사생전체(舍生全體)가 직접 김장을 담구었다.[7]

그런데 이화학당 측에서 옛 손탁호텔 건물을 사들인 때에 대해서는 몇 가

---

7) 정충량,『이화팔십년사』(이대출판부, 1967), 561~562쪽.

1. 손탁호텔과 그 주변   173

지 자료에서 기록이 엇갈린다.

우선 키쿠치 켄조(菊池謙讓)의 『조선잡기(朝鮮雜記)』 제2권(1931), 100쪽과 이 자료를 바탕으로 재정리한 『경성부사』 제1권 (1934), 652쪽에는 손탁호텔이 매각된 때를 "1918년(대정 7년)"으로 표시하고 있는 것이 눈에 띈다. 하지만 『이화팔십년사』, 141쪽에서는 경성부사를 인용출처로 적고 있으면서도 "1919년 손탁호텔을 사들였다"고 잘못 적기도 하였으나, 정작 '연표(年表, 765쪽)' 부분에 가서는 "1917년에 손탁호텔을 구입사용하였다"라고 상반되게 정리하고 있다. 다소간 혼선이 있긴 하지만, 일단 여기에서는 손탁호텔이 이화학당 측으로 넘어간 시점이 '1917년'이라는 설명 쪽을 따르기로 한다.

옛 손탁호텔을 헐어낸 자리에 들어선 이화학당 프라이홀 주변의 모습을 담은 사진자료이다. 사진에 표시된 대로 왼쪽으로 측면이 보이는 건물이 프라이홀(Frey Hall)이고, 아래쪽으로 테니스 코트(Tennis Court)라고 표시된 구역이 손탁호텔의 별관이 자리했던 공간이다. 그리고 오른쪽에 고등학교(High School)라고 한 건물은 심슨홀(Simpson Memorial Hall)을 가리키며, 정문(Gate) 너머 길 건너편에 음악관(Music Hall, 이화여전)이라고 표시한 건물은 1898년에 손탁이 고종에게서 하사받은 양관(洋館, 나중의 하남호텔)이다(자료제공 : 이돈수 한국해연구소소장).

졸지에 이화학당 기숙사 별관으로 변모한 손탁호텔 자리는 다시 몇 년을 넘기지 못하고 옛 건물이 철거되는 동시에 그 공간에는 프라이홀(Frey Hall)이 들어섰다. 이 건물은 이화학당 대학부(大學部)의 전용으로 지은 첫 결과물이었는데, 이화학당의 제4대 학당장을 지냈으며 그 무렵에 막 세상을 떠난 미스 프라이(Miss Lulu E. Frey, 富羅伊; 1868~1921)를 기리는 뜻에서 '프라이홀'로 이름 지어졌다. 실제로 대학과의 설치는 물론이고 그 이후의 발전은 거의 전적으로 프라이 학당장에 의한 것이었다.

지난 2005년 8월 이후 '이화백주년기념관'의 남쪽 로비에 진열 전시되고 있는 옛 프라이홀의 잔해 일부이다. 정초석에 "FREY HALL, 1922"라는 글씨가 아직도 또렷이 남아 있다.

이 건물은 미국인 크로스(Cros)의 설계와 중국인 왕공온(王公溫)의 시공으로 1922년 10월 6일에 정초식을 갖고 이듬해인 1923년 9월에 완공을 보았으며, 그해 10월 6일에는 성대한 봉헌식이 거행되었다.[8] 이 당시 조선총독 사이토 마코토(齋藤實)도 몸소 참석하여 프라이 학당장의 공적을 찬양하는 연설을 하였다고 전해진다.

지하실을 포함하여 총 716평의 4층 건물 안에는 150명을 수용하는 기숙사, 10개 교실, 3개 실험실, 회의실, 교사의 숙사, 식당, 부엌, 재봉실, 도서실, 사무실, 응접실 등이 배치되었고, 수도, 전기, 스팀 시설도 잘 갖추어져 있었다. 500명의 학생을 동시에 수용하여 수업을 진행할 수 있었던 이 공간에는

---

8) 이화100년사편찬위원회, 『이화 100년사』(이화여자고등학교, 1994), 175쪽.

1923년 11월부터 학생들이 입주하였다가, 이화여자전문학교가 신촌으로 이전하는 1935년 이후에는 이화여고에서 주로 사용하였으며 해방 이후인 1957년에 스크랜튼홀이 완공되면서 이화여중으로 넘겨져 활용되었다.

그러나 1970년에 아파트형 '본관' 건물이 세워지면서 이곳의 일부는 재단 사무실, 또 일부는 서울예고에서 사용하던 중 1975년 5월 12일에 화재를 당하여 2층과 3층이 완전히 소실되는 큰 피해를 입게 되었다. 이러한 상태에서 이듬해인 1976년 7월 19일에 잔여 건물을 완전히 철거하여 주춧돌까지 들어내는 정비를 하였는데, 이때 주춧돌의 보관함에서 이화학당의 연혁과 프라이홀의 건립을 기념하는 여러 가지 자료들이 출토된 바 있다. 그리고 1978년에는 노천극장 등나무길을 포장할 때 이곳 프라이홀을 해체할 당시에 나온 벽돌을 이용했던 것으로 알려진다.

현재 이 자리는 지난 2004년에 건립된 '이화백주년기념관'(2003. 4. 4~2004. 7. 30)이 차지하고 있으며, 이와 관련하여 2005년 8월 이후 기념관의 남쪽 로비에는 화재사건 때 수습한 잔해 일부를 전시하고 있어 이미 사라져버린 프라이홀의 흔적이나마 되살려주고 있다.

손탁양관(옛 하남호텔 자리)의 내력

이화백주년기념관에서 정동길 맞은편에는 해묵은 회화나무(정동 16-2번지, 서울시 보호수 지정번호 : 서 2-3) 한 그루가 버티고 서 있고, 도로변 안쪽에는 캐나다대사관이 자리하고 있다. 정동 16-1번지 구역에 해당하는 이곳은 비교적 근년까지 '하남호텔(何南Hotel)'이 있었던 자리로도 잘 알려져 있으며, 특히 아관파천 직후에 고종황제로부터 하사받은 양관(洋館)이 있던 공간이었던 점이 주목된다.

이에 대해서는 『구한국외교문서』 권 18, 아안(俄案) 2에 보면 「로공관 좌변 양관(露公館左邊 洋館)을 손탁 여사에게 하사하는 증서」가 수록되어 있고, 여기에 "1898년 3월 16일자로 황성 정동 러시아공사관 대문 왼쪽 편에 황실 소유의 방 5개가 딸린 벽돌건물(塼屋) 한 채를 덕국규녀(德國閨女) 손탁(宋多奇)에게 상으로 내려, 이로써 그 노고를 치하한다"는 구절이 나와 있는 것으로 사실관계가 입증된다.

또한 프랑스 기자 빌타르 드 라게리(Villetard de Laguerie)가 1898년에 저술한 『라 꼬레(La Coree)』에는 이 건물의 연혁을 유추할 수 있는 귀중한 사진자료들이 수록되어 있다. 우선 여기에는 매우 가까운 거리에 이른바 '러시안 게이트(Russian Gate; Russian Arch)'가 등장하므로, 이곳이 러시아공사관의 정문 앞쪽이라는 사실이 저절로 드러난다. 그리고 개선문(凱旋門)을 쏙 빼어 닮은 이 문의 왼쪽 옆으로 나란히 붙어 양관(洋館)이 세워져 있는 바 이것은 손탁이 하사받은 그 '러시아공관 좌변의 벽돌집'이라는 것을 짐작하기란 그리 어렵지 않다. 이와 함께 미국의 사진여행가 엘리아스 버튼 홈즈(E. Burton Holmes, 1870~1958)의 저작물인 『버튼 홈즈의 여행강의(The Burton Holmes Lectures)』 제10권(1901)에 수록된 러시아공사관 관련 사진자료는 이 건물이 아관파천 무렵에 건축된 것임을 입증해주고 있다.

그런데 이 손탁의 양관은 일찍이 벨기에영사관이 처음 개설될 당시 사용했던 건물과도 일치한다. 이와 관련하여 호암 문일평(湖岩 文一平)이 『조광』 1938년 4월호에 기고한 「금석(今昔)을 말하는 외국영사관(外國領事館)의 기지 유래(基地 由來)」라는 글에는 다음과 같은 구절이 수록되어 있다.

영미로 이외(英美露 以外)에 독일(獨逸)도, 불란서(佛蘭西)도, 백이의(白耳義)도 모두 정동(貞洞)에 공사관(公使館)을 두었으니 그 유지(遺址)로 말하면 전자(前者)는 현 고등법원 정문부근(現 高等法院 正門附近)에 해당(該當)하고, 중자(中者)는 현 서대문공립심상소학교(現 西大門工立尋常小學校)가 되었고, 후자(後者)는 영인 부암돈(英人 夫岩敦)의 가(家)가 되었다가 오늘날은 박영균(朴永均)이란 문패(門牌)가 붙어 있는데 정동정(貞洞町) 46번지(番地) 1호(號)이다. 백이의공사관(白耳義公事館)은 그 후 정동(貞洞)에서 떠나 삼월오복점(三越吳服店) 미국인 흘법(美國人 訖法, Hulbert)의 집터에 신축(新築)하고 그리로 옮

멀리 러시아공사관이 보이는 가운데 개선문 모양의 정문 옆으로 양관 신축공사가 한창이다. 이곳에는 손탁의 양관이 세워지며 이 건물은 벨기에영사관, 프램톤 하우스, 이화학당 음악관, 하남호텔의 용도로 사용된다. 이 사진은 'By permission'표시가 붙어 있는 것으로 보아 아관파천 무렵에 촬영된 것을 재인용하여 수록한 것으로 볼 수 있다(버튼 홈즈, 『버튼 홈즈의 여행강의』, 1901).

손탁호텔 뜰에서 러시아공사관 쪽을 담아낸 모습으로, 가운데에 앉은 이가 미스 손탁이고 그 주변을 둘러선 사람들은 궁내부 내관들이다(라게리, 『라 꼬레(La Coree)』, 1898).

손탁호텔 뜰에서 러시아공사관 쪽으로 담아낸 모습으로 나무울타리 너머로 곧장 보이는 서양식 건물은 1898년에 고종황제로부터 하사받은 손탁의 양관이다. 이곳은 나중에 벨기에영사관과 이화여전 음악당으로 사용되었으며, 해방 이후 하남호텔로 전환되었다가 1995년 5월에 철거되어 사라졌다(라게리, 『라 꼬레(La Coree)』, 1898).

겨 갔다. 현 욱정(現 旭町) 2정목(丁目) 78번지(番地)의 본권번(本券番)이 그 구기(舊基)로 꽃 같은 4백의 예기(藝妓)가 들락날락하는 것도 자미(滋味)스러운 일이다.

여기에서 백이의(伯耳義, 벨기에) 영사관의 주소지를 "정동정 46번지"라고 적은 것은 '16번지'의 인쇄 착오이다. 그런데 이 건물을 1924년에 이화학당 측에서 사들여 이화여전(梨花女專)의 음악관(音樂館)으로 개조하여 사용하는 과정을 거친다. 그리고 이 음악관은 이화여전이 신촌(新村)에다 새 터전을 마련하여 자리를 옮겼던 1935년까지 사용되었다. 그 당시 이화여전 측에서는 학교 이전 비용을 마련하기 위해 이 음악관을 처분하였으며, 이에 따라 소유권은 조선토지경영회사로 넘겨졌던 것으로 확인된다.

바로 이 자리에 낯익은 '하남호텔'이라는 이름이 등장하는 것은 해방 이후의 일이다. 이 하남호텔은 손탁호텔의 후신으로 자주 언급되기는 하지만, 애당초 건물의 소유주가 모두 손탁이었다는 것 말고는 아무 관련이 없는 별개의 건축물이다. 한때 '손탁호텔터'의 역사유적 표지석(제148호, 1990년 7월, 서울특별시 설치)이 이 하남호텔 앞에 놓여 있었다는 것은 바로 이러한 오해가 빚어낸 어이없는 해프닝이었다.

하남호텔은 1969년 3층짜리 신관이 덧붙여진 바 있고, 그 이후 1973년에는 재일동포 사업가의 손에 소유권이 넘어간 것으로 알려진다. 이 무렵의 사진자료를 살펴보면, 새로 지은 3층짜리 신관의 모습이 더 돋보이기는 하지만 아관파천 직후부터 존재하던 손탁의 양관이 전면 외관만 약간 다듬어졌을 뿐 원래 그대로의 모습으로 여실히 남아 있었음을 확인할 수 있다.

다시 세월이 흘러 1990년대 이후 경영난에 빠진 하남호텔의 주인은 이 건물을 캐나다대사관 측에 처분하였고, 1995년 5월 18일에는 끝내 철거작업이 개시되었다. 그 이후 캐나다대사관 건물의 신축공사는 진행되어 2007년 7월 24일에는 프레스센터 뒤편의 코오롱빌딩에서 정동으로 이전까지 완료하고 대사관 업무를 재개하였다.

1898년에 미스 손탁이 하사받은 유서 깊은 정동의 벽돌양관은 그 내력을 제대로 기억해주는 사람조차도 별로 없이 딱 100년의 세월을 넘기기 직전에 그렇게 사라지고 말았다.

2. 손탁과 정동구락부

손탁호텔의 연혁과 관련하여 이곳과 결부되어 비교적 곧잘 등장하는 용어는 '정동구락부(貞洞俱樂部, Chong Dong Club)'이다.

원래 정동구락부는 1894년 청일전쟁 이후 친일파 내각의 등장에 맞서는 친미친러파 정객들의 정치세력을 말한다. 을미사변 이후 춘생문사건(春生門事件, 1895년 11월 28일)과 아관파천(俄館播遷, 1896년 2월 11일) 등 두 번에 걸친 국왕구출사건(國王救出事件)은 모두 간혹 존왕파(尊王派, Loyalist Party)라고도 부르는 이들 정동구락부의 주도로 이뤄진 일이었다.

이러한 정동구락부에는 시일(John Sill, 施逸) 미국공사와 웨베르(Karl Waeber, 韋貝) 러시아공사의 후원 아래 알렌(Horace Allen, 安連) 미국공사관 서기, 플랑시(V. Collin de Plancy, 葛林德, 佛郎是) 프랑스공사, 르젠드르(Charles Legendre, 李仙得, 李善得) 고문관, 다이(William M. Dye, 茶伊) 군사고문, 미국선교사 아펜젤러(Henry G. Appenzeller, 亞扁薛羅), 언더우드(Horace G. Underwood, 元杜尤), 헐버트(Homer B. Hulbert, 訖法, 紇法, 轄甫), 애비슨(Oliver R. Avison, 魚丕信) 등이 가담했고, 내국인으로는 이완용(李完用), 이윤용(李允用), 이상재(李商在), 윤치호(尹致昊), 이채연(李采淵), 민영환(閔泳煥), 이범진(李範晉), 이학균(李學均), 윤웅렬(尹雄烈), 현흥택(玄興

澤) 등 주로 구미 각국을 다녀온 인사들로 구성되었다. 정동구락부의 멤버들은 대개 나중에 독립협회(獨立協會)에서 활동하던 사람들과도 상당수가 겹친다.

이들이 등장한 시기에 대해서는, 주한미국공사 시일(John Mahelm Berry Sill, 1831~1901)이 미국 국무부장관에게 보낸 1894년 12월 18일자 보고서에 이미 미국파(美國派, American Party)라는 표현이 등장한다는 사실로써 가늠할 수 있다. 시일 공사는 판리공사 겸 총영사(辦理公使 兼 總領事, Minister Resident & Consul General)의 신분으로 1894년 4월 30일부터 1897년 9월 13일까지 우리나라에 재임했던 인물이다.

그런데 이 정동구락부의 활동 중심지이자 회합소가 바로 정동에 있는 손탁의 사저(私邸)였다는 것이다. 이 부분에 대해 키쿠치 켄조(菊池謙讓)는 『조선잡기(朝鮮雜記)』 제2권(1931), 102~105쪽에서 다음과 같이 서술하고 있다.

> 서기 1885년[원문오류, 1895년] 하반기부터 정동의 손탁 집에 회합한 정객신사(政客神士)로서 중요인물은 전외부대신(前外部大臣) 이완용(李完用), 오래도록 아메리카에서 유학했던 신사 서재필(徐載弼), 일본과 아메리카에 유학했고 신진의 논객으로서 청년간에 환영을 받았던 윤치호(尹致昊), 미국 공사관서기관이며 또한 민씨일족의 수재로서 촉망을 받던 민상호(閔商鎬), 궁내의 예식관(禮式官)이던 이학균(李學均), 왕궁의 용달인(用達人)으로 부자였던 이봉래(李鳳來) 등 모두가 아메리카 인사와 친밀한 사람들이어서, 세상에서 이르기를 친미파(親米派)로 칭해지던 사람들이었다.
>
> 그들은 일청전(日淸戰, 청일전쟁) 후, 일본이 전승(戰勝)의 여위(餘威)로써 일본 단독으로 조선의 독립을 옹호하면서 일본 독점으로 조선의 개혁을 전담하는 것에 호응하지 않고, 일본의 세력을 배척하며 일본의 문화를 구축하

고자 그 평정소(評定所)로 손탁의 집을 차입(借入)하였고 손탁 양도 또한 그들의 구락부에 충당되는 것을 승인하여, 바야흐로 손탁 저택은 배일파(排日派)의 집회소(集會所)가 되었다.

이 구락부는 10월 8일 사변(을미사변을 말함) 이래 아연(俄然) 기세가 올라 1895년 말부터 1896년 초에는 러시아파도, 프랑스파도, 일본을 제외한 제국파(諸國派)가 합류하여 이 구락부로써 일본 친근의 내각을 포위공격했다.

왕궁의 외인접대계(外人接待係)인 손탁 양은 배일단(排日團)의 식당(食堂)을 알선하고, 배일파의 집회소 지배인이 되었다. 그녀는 왕궁의 요리번인(料理番人, 감독)에서 일전(一轉)하고 궁중의 어화장부옥(御化粧部屋, 실내장식)으로부터 도약하여, 궁전의 접대소에서 벗어나 정객상수(政客相手)의 비밀집합소 주인공이 되었다. 정동구락부의 거두였던 이완용은 10년 후에는 배일파의 제일선에서 친일당(親日黨)의 제1선으로 전회(轉回)하였을 때, 당년의 후원자였던 손탁 양은 조선을 버리고 고국(故國)의 청산으로 되돌아갔다. 그는 재차 정동구락부의 리더와 악수의 고별을 하지 않았다.

그리고 이러한 내용을 재인용하여 정리한『경성부사』제1권(1934), 652쪽에서는 다시 손탁호텔과 정동구락부의 관계를 다음과 같이 요약하고 있다.

손탁 양은 명치 28년(즉 1895년)에 이르러 고종으로부터 경운궁(慶運宮)과 도로를 마주 보는 서쪽 지소(地所)의 가옥을 하사받았는데, 그 저택은 외인(外人)의 집회소(集會所)가 되었을 뿐만 아니라 일청전역(日淸戰役, 청일전쟁) 후 친미파(親米派) 일당이 조직했던 정동구락부(貞洞俱樂部)도, 그 회관을 지금의 법원 앞에 건설하기까지는 손탁의 집으로써 집회소로 했던 것이다.

여기에는 한결같이 정동구락부의 회합장소로 손탁의 사저를 지목하고 있으나, 실상은 이 무렵 손탁의 집이 정확히 어디였는지에 대해서조차 구체적으로 드러난 바가 없는 상태이다. 우선 『경성부사』의 기록에는 '1895년' 고종으로부터 하사받았다고 적었으나 이에 대한 구체적인 입증자료는 존재하지 않는다. 미스 손탁이 하사받은 양관(洋館)은 『구한국외교문서』에 수록된 문건을 통해 "러시아공사관 대문 좌변의 벽돌집"으로 이는 '정동 16번지' 구역에 해당하며, 더구나 그 시기는 '1898년 3월 16일'이었다는 사실은 이미 앞에서 설명한 바와 같다. 따라서 정동구락부가 손탁이 하사받은 집에서 집회하였다는 것은 그 시기로 보나 지번관계로 보나 앞뒤가 잘 맞아떨어지지 않는다.

이럴 경우 손탁의 집은 나중에 손탁호텔이 들어서는 '정동 29번지' 구역을 생각할 수 있겠지만, 이곳이 원래 선교사 기포드의 집이었다는 사실만 확실할 뿐 언제, 어떤 경위로 손탁의 수중으로 넘겨진 것인지는 구체적으로 확인되지 않는다. 따라서 이곳 역시 정동구락부의 집회소로 사용된 손탁의 집이었다고 단정하기는 어려운 상태이다.

오히려 『디 인디펜던트(The Independent)』 1898년 3월 19일자에 수록된 '손탁의 휴가귀국' 관련기사에 따르면, 손탁은 "러시아공사관에서 12년간 줄곧 체류하였다가 웨베르 부인이 떠난 뒤부터 러시아공사관 맞은편의 가옥에 거주해왔다"는 사실에 주목할 필요가 있을 것이다. 이렇게 보면 손탁의 사저라는 개념은 웨베르 공사가 서울을 물러나는 1897년 8월 이후의 시기에 생겨나는 것이 되므로, 손탁의 처소는 곧 정동구락부의 집회소라는 등식은 그대로 성립하기 어려운 일이 되고 만다.

따라서 손탁의 집, 나아가 손탁호텔이 정동구락부의 거점이라는 식의 설명은 키쿠치 켄조라는 일본인 저술가가 남겨놓은 기록을 별다른 고증 없이 잘못 답습한 결과물이 아닌가 하는 의구심이 드는 것이다. 따지고 보면 정동구락부라는 것은 구체적인 결사체라기보다는 친미친러파 정객들의 정치세력을 통칭하여 부르는 개념이 아닌가 말이다. 당연히 어느 일정한 공간 그 자체를 부르는 용어가 아니라는 점에도 유의할 필요가 있을 듯하다.

한편, 정동지역에 존재했던 서양인들의 회합장소로 가장 널리 알려진 곳으로는 '외교관구락부(外交官俱樂部, Diplomatic Consular Club)'라는 것이 있었다.

주한미국공사를 지낸 호레이스 알렌(Horace N. Allen, 安連; 1858~1932)이 정리한 『외교사연표』(1904)에 따르면, 외교관구락부는 1892년 6월 2일에 처음 결성된 이래로 프랑스공사관에 인접하는 가옥(나중에 '마르텔'의 집으로 표시)에서 회합을 갖다가 1894년 5월 28일에 새로운 건물을 짓기 위한 정초식(定礎式)이 거행된 것으로 확인된다. 정식명칭은 '외교관 및 영사단 서클(Cercle Diplomatique et Consulaire)'이었으며, 이러한 명칭에서 보듯이 회원자격은 서울에 주재하는 외교관에 한하여 주어졌다. 외교관구락부의 위치는 나중에 1923년 이후 서울외국인학교(Seoul Foreign School)가 들어서는 정동 17번지 구역에 해당한다.

이러한 내력을 지닌 외교관구락부는 1902년 말에 이르러 더 이상 외교관들만의 사교모임이 꾸려지기 어려운 상황이 되자 해체가 결정되기에 이른다. 이에 따라 기존의 구락부는 1903년 1월 31일자로 해산되었고, 그에 앞서 1902년 12월 서울구락부(Seoul Club)이라는 이름으로 새로운 조직이 만들어졌으며 그 이후 임원단의 선출과 더불어 1903년 2월 5일에 공식 출범하였다. 그리고 일제강점기로 접어든 직후 1912년부터 서울구락부는 중명전(重明殿, 정동 1-11번지)으로 자리를 옮겨 사용하였다.

이러한 외교관구락부의 연혁과 정동구락부의 결성시기를 비교해보면, 초기의 회합장소로는 아무래도 외교관구락부 쪽이 즐겨 사용되었을 가능성이 당연히 높아 보인다. 앞서 인용한 『경성부사』 제1권(1934), 652쪽에 "청일전쟁 이후 친미파(親米派) 일당이 조직했던 정동구락부도, 그 회관을 지금의 법원 앞에 건설하기까지는 ……운운"한 대목 역시 정동구락부와 외교관구락부의 존재를 다분히 혼동한 흔적이 아닐까도 싶다.

아무튼, 정동구락부가 결성되던 1894년 12월의 시점에서 손탁의 사저가 따로 존재했던 것인지, 그리고 그곳이 실제로 정동구락부의 회합소로 사용된 것이 맞는지는 앞으로 풀어야 할 연구과제로 남은 셈이다.

3. 미스 손탁에 관한 평전[1]

1) 코마츠 미도리(小松綠), 『명치사실 외교비화(明治史實 外交秘話)』(중외 상업신보사, 1927), 377~382쪽

133. 음모의 뒤에 여성이 있다

동양통(東洋通)의 평론가(評論家)로 유명한 조지 케난은 조선사정을 시찰하러 왔을 때는 광무제(光武帝)에 대해 몹시 무례한 비평을 남기면서,

> 한국왕(韓國王)은 조선인 독특의 음모성(陰謀性)을 지니고 있는데다 젖먹이 같은 무신경(無神經)에다 보어인과 같이 집요하고, 지나인(支那人)과 같이 몽매하며, 그리고 호텐토트인과 같은 허영심(虛榮心)으로 가득 찬 사나이다.

---

[1] 프랑스 태생의 독일인이었던 앙트와네트 손탁(Antoinette Sontag, 孫澤, 孫鐸, 宋多奇; 1854~1925)에 대해서는 생각보다 그다지 많은 사실이 알려진 바는 없는 상태이다. 그나마 일제강점기에, 그것도 일본인의 시각으로 정리된 몇 가지 제한된 자료를 근거로 2차 설명이 이뤄지다 보니, 매우 불분명하거나 왜곡된 사실이 널리 통용되고 있는 것도 부인할 수 없는 측면이다. 여기에서는 그 실상이 어떠한지를 살펴보기 위하여, 관련자료의 전부를 차례대로 옮겨두기로 한다.

라고 말하고, 다시 이토통감(伊藤統監)의 인격(人格)을 추칭(推稱)한 뒤에,

  이토공과 같이 공정(公正)을 존중하는 문명류(文明流)의 정치가는 반드시 이러한 무절조(無節操)한 이교자(怜巧者)에 농락(籠絡)될 것임에 틀림없다.

라고 예언하였는데, 이 예언은 불행히도 사실로 적중되어 보호제도 실시후(保護制度 實施後) 이내 광무제(光武帝)는 음모의 중심이 되어 충실(忠實)한 이토통감을 번롱(飜弄)하기 시작했던 것이다.
 저자(著者)는 전후 10년에 걸쳐 여러 번 광무제를 알현하고 또 그 언동을 주시할 기회를 얻을 수 있었는데, 황제는 자안풍협(慈眼豊頰)하고 거지전아(擧止典雅)하여 확실히 대도(大度)의 군주(君主)처럼 보였으나, 여하튼 이토가 통감으로서 경성에 갔을 때에는 이미 43년이라고 하는 긴 성상(星霜, 세월)을 파란 많은 정해(政海)를 헤쳐 왔고, 그 중에서도 특히 실부(實父)인 대원군 일파(大院君 一派)와 민비일족(閔妃一族)과의 중간에 끼어 간계사략(奸計詐略)의 와중에 부침(浮沈)하여 왔기 때문에, 양심(良心)은 황폐하고 분별(分別)은 어지러워 오로지 급급하여 일시의 투안위락(偸安爲樂)에만 굴탁(屈託)하고 있었던 것이다. 여기에 더하여 황제의 주위에는 자기의 이해에만 몰두하여 국가의 휴척(休戚, 평안과 근심) 따위를 아예 염두에 두지 않는 환관잡배(宦官雜輩)가 많이 있었고, 또한 한인책사(韓人策士)의 배후에는 불의(不義)의 이득을 찾아 헤매고자 하는 외국인(外國人)의 유상무상(有象無象, 어중이떠중이)이 버티고 있어서, 한정(韓廷, 한국조정)이 마치 복마전(伏魔殿)과 같이 생각되어진 것도 무리는 아니었다.
 왕궁(王宮)에 가까이 손탁호텔이라고 하는 외인전문(外人專門)의 여관(旅館)이 있었다. 그 주인은 손탁 양(孃)이라고 하는 도이치인(人)으로 용

모는 그다지 좋지 않았지만, 꽤나 재주가 있는 사람으로 시종(始終) 궁중(宮中)에 출입하며 왕비(王妃)는 말할 것도 없고 국왕에게까지도 안내(案內)없이 근접하는 것이 가능할 정도로 중보(重寶)가 되어 있었다. 따라서 왕실(王室)과 외인(外人)과의 연락은 물론, 운동비(運動費)의 취차(取次, 중간전달)에 이르기까지 대저(大抵) 그녀의 손을 거치지 않는 것이 없었는데, 그 세력은 대단한 것이었다. 그녀가 경영했던 손탁호텔은 자연히 음모(陰謀)의 책원지(策源地)로 변하였다. 온갖 음모의 뒤에는 여성이 있다고 말하지만, 유달리 빈계(牝鷄, 암탉)가 새벽을 알리는 조선의 일로서, 왕비엄씨(王妃嚴氏)는 이 손탁 양과 서로 호응하여 여자의 얕은 지혜로서 사태를 배드(bad)로부터 워스(worse)로 이끌어 갔던 것이다.

이토공이 광무제에 알현하는 때에는, 엄비(嚴妃)가 반드시 뒤의 장막 안에 몰래 숨어 있어, 마치 시바이(芝居, 연극)의 쿠론보(黑補, 무대 뒤에 검은 옷차림을 한 사람)가 대사를 일러주는 것처럼 국왕에게 응대의 방법을 작은 소리로 지도하는 것을 예로 들 수 있었다. 만약 국왕(國王)이 불필요하게 불이익(不利益)한 반답(返答)으로 말한 것 같다면 미친 듯이 큰 소리로 몹시 야단치는 일조차 번번이 있었다. 이것은 엄비만이 아니라 전후(前后)인 민비(閔妃) 등이 이보다도 일층 심하여 몸소 참견하여 민족(閔族)의 대신(大臣)을 조종하고 섭정(攝政)을 자처한 대원군(大院君)을 배척했던 탓에, 결국 대원군이 노여움을 드러내어 임금 곁의 간신을 제거하고자 일본장사(日本壯士)를 사주하여 황료치(荒療治, 단호한 조치 또는 잔인한 살상)를 했던 일이 있었다(그것이 세상에서 말하는 민비암살사건(閔妃暗殺事件)이다).

엄비는 민비만큼 노골적으로 정치에 간섭하지는 않았으나 손탁이라고 하는 외국인의 상봉(相棒, 짝)이 되었던 것인데, 그 음모는 국제적 중대미(重大味)를 띤 모양이 되었으므로 그 해독(害毒)은 도리어 심각하였다.

134. 손탁 양(孃)의 누화(淚話)

　손탁호텔의 밀실(密室)이 외교적 음모의 상담소(相談所)가 되어 있었던 것이지만 일한병합(日韓倂合) 이전에는 치외법권(治外法權)이 존재하고 있었던 까닭에 이토통감의 위광(威光)에도 아직 정위(情僞, 진정과 거짓)를 가려내는 것이 불가능했다. 저자(著者)는 외국영사(外國領事) 등과의 교제상, 자주 손탁호텔에서 연회를 했던 것인데, 어느 날 저녁 손탁 양을 붙잡고 얘기를 걸어보았다. 그 무렵은 벌써 50가량의 노양(老孃)이었는데, 그렇게까지 간녕(奸佞)한 인품으로도 보이지 않았다. 저자는 시험 삼아

　국왕에게 두터운 은혜를 입고 있으면서도, 어째서 국왕을 위해서 되지도 않을 음모를 하고 있었는가? 그 결과는 보시다시피 국왕의 몰락으로 되었던 것은 아닌가?

라고 물어보았다. 그랬더니 손탁은,

　세간의 사람들이 나를 비상(非常)한 악인(惡人)인 것처럼 말하고 있다는 걸 전해 듣고 분하고 분하여 참을 수가 없다. 나는 단지 심부름의 역할을 의뢰받은 것뿐으로, 내가 먼저 하기 시작했다는 생각은 조금도 없다. 임금에게서 맡겨진 일의 선악(善惡)을 깨닫지 않는 것도 아니었지만, 그것을 내가 거절하면 반드시 다른 한인(韓人)이거나 외인(外人)이거나가 인수(引受)하라고 정해진다. 예를 들면 누군가가 국왕으로부터 전언을 의뢰하려고 한다. 다른 사람이라면 그것을 자신의 형편에 좋도록 얽어내려고 하는지라 임금의 의사와 반대되는 결과로 되는 일이 간혹 있지만, 나는 국왕이 분부하신 그대로 언제나 정직(正直)하게 중간에서 전달을 했다. 임금께서 내증(內證, 비밀스럽게)으로 오만원의 운동비(運動費)를 건네주신 일이 있다고 하자.

다른 사람이라면 이 가운데서 일만이나 이만은 도중에 착복하기 마련이지만, 나는 한 푼도 호마화(胡麻化, 고마카스, 속이는 것)하지 않고 전부 보내주었다. 다른 사람이 만착(瞞着, 속임수)하는 것을, 나는 정직하게 했을 뿐이다. 그런데도 악인(惡人)이라고 말한다면, 할 수 없는 것 아닌가?

라고 눈물과 더불어 얘기했다. 이 손탁 양은 도이치인(人, 독일인)이지만, 영불어(英佛語)에도 조선어(朝鮮語)에도 매우 능통했으므로 사방팔방(四方八方)에서 중보(重寶)가 되었던 것이다. 손탁의 손을 거쳐, 왕실로부터 돈을 인출했던 자는 수도 없지만, 그 중요한 자는 영국인 토마스 베델, 이는 대한매일신보(大韓每日申報, 韓文) 및 코리아 데일리 뉴스(英文)의 양 신문을 발행하며 왕성하게 배일론(排日論)을 고취하던 자(者)다. 그 다음은 미국인 헐버트 및 콜브란으로, 전자(前者)는 학교교원(學校敎員)이면서도 정치운동에 부신(浮身)을 했던 자이고, 후자(後者)는 전차(電車)의 차장(車掌)에서 일약 전기회사사장(電氣會社社長), 광산회사사장(鑛山會社社長)이 되어 거만(巨萬)의 부(富)를 이룬 자(者)다. 그리고 또 도이치인 크뢰벨 부처(夫妻) 등도 모두 다 부끄러움을 모르는 모험가(冒險家)일 뿐이었다.

이토가 통감으로서 경성에 들어온 지 일 년도 안 된 때의 일이다. 국왕의 신인(信認)이 각별히 두터움을 득의양양 뽐내고 있던 이토의 비주(鼻柱, 코뼈)를 뚝 하고 꺾은 것 같은 춘사(椿事, 뜻밖의 사건)가 일어났다. 베델이 경영하고 있던 대한매일신보에 국왕의 친한(親翰)이라고 칭하는 것의 사진판(寫眞版)이 돌연히 등재(登載)되어진 일이다. 그것은 물론 한문(韓文, 한글)이었지만, 일본문(日本文)으로 직역(直譯)하면 다음과 같다.

생각지 못하게 시국이 크게 변하고 강린(强隣)의 침핍(侵逼)이 날로 심해져 마침내 우리 외교권을 빼앗고, 우리 자주의 정치를 훼손하기에 이르렀다. 짐과 거국신민(擧國臣民)이 통분(慟憤)하여 하늘에 부르짖고 땅에 울음이 없지 않다. 바란다면, 교호(交好)의 도리와 부약(扶弱)의 의리를 수념(垂念)하여 널리 각 우방에 논의하여 법(法)을 세우고 우리 독립(獨立)의 국세(國勢)를 보전하며 짐과 전국의 신민으로 하여 은혜를 담아 만세에 그 덕(德)을 칭송케 하고자 함을 간절히 바라노라.

여기에 어새(御璽)가 찍혀 있다. 그리고 나서 이 서한은 같은 내용으로 로(露, 러시아), 독(獨, 독일), 불(佛, 프랑스), 미(米, 미국) 네 나라의 원수(元首)에게 보낸 것이라고 설명하고 있었다.

이토가 이것을 보자마자 혈상(血相, 낯빛)이 변하여 분노했던 것은 말할 것도 없다. 그는 곧장 궁내대신 이재극(宮內大臣 李載克)을 불러 국왕에게 사정을 규명하게 했다. 그러자 국왕은 그런 친서를 보낸 기억이 없으므로 신문에 나온 것은 다분히 음모자(陰謀者)의 위작(僞作)이 아닌가라고 태연스럽게 말하여 일축해버렸다.

2) 키쿠치 켄조(菊池謙讓), 『조선잡기(朝鮮雜記)』 제2권(鷄鳴社, 1931), 98~105쪽[2]

한국(韓國)의 근대사(近代史)에 등장(登場)했던 여성(女性)
제2. 호텔의 주인공 미스 손탁

[손탁의 소전(小傳)]

미스 손탁의 등장을 읽음에 있어 그 소전(小傳)을 말한다.

손탁은 독일이 전승(戰勝)의 조건으로 프랑스에서 할양(割讓)받은 알사스 로렌의 태생이다. 여동생의 남편이 러시아 주한공사인 웨베르였던 관계로 서기 1885년 웨베르 공사에 수종(隨從)하여 경성(京城)으로 왔다.

손탁 양이 경성에 왔던 때는 32세의 묘령(妙齡)이었다. 그 온화한 풍모와 단려한 미모는 경성외교단(京城外交團)의 꽃이었다.

경성에 와서 몇 년도 지나지 않은 사이에, 그녀는 웨베르 공사의 추천에 따라 민비(閔妃)에 소견(召見)되고, 왕궁의 외인접대계(外人接待係)에 촉탁(囑託)되었다. 자주 민비에게 불려가서 서양요리(西洋料理)의 이야기랑 음악회화(音樂繪畵)의 일 등을 아뢰었다. 1895년 정동(貞洞)에 있는 왕궁부속의 토지가옥을 하사받고, 외인접대 외에 왕궁친근(王宮親近)의 귀족에게 서양식기(西洋食器)를 들여놓거나 서양실(西洋室)의 장식 등을 중개도 하면서 살았는데, 왕궁내의 서양식(西洋式)은 손탁 양의 지휘에 따라 행해졌다.

정동구락부(貞洞俱樂部)가 되거나, 또 왕궁출입의 외국인도 거의 손탁의 집을 그 회합소로 삼았다.

---

2) 이 내용은 와다 야치오(和田八千穗)·키쿠치 켄조(菊池謙讓), 『조선의 회고((朝鮮の 回顧)』(近澤書店, 1945), 309~313쪽에 「한말(韓末)에 등장(登場)했던 여성(女性)」이라는 제목으로 재수록되어 있다. 대체적인 내용은 동일하지만, 부분적으로 내용의 일부나 문구가 첨삭되어 있다.

1902년 10월, 먼저 공사 중이던 양관(洋館)이 준공된 까닭에 공연(公然)히 손탁호텔이라 불렸는데, 그 위층은 왕궁귀빈의 객사(客舍)로 충당하고 그 아래층은 보통의 숙박, 집회, 식탁으로 충당했으며, 손탁 양의 거주공간도 아래층으로 정하였다.

1904년 11월, 일본에서 이토공(伊藤公)이 김대비(金大妃)의 훙거(薨去)를 조문(弔問)하고자 특파대사로 내한하였다.[3] 이때 왕궁의 객관(客館)이었던 대관정(大觀亭)은 하세가와대장(長谷川大將)의 관저(官邸)가 되어 있었으므로, 손탁호텔을 대사의 여관으로 정하게 되었다.

1909년 9월, 손탁 양은 조선을 물러나 돌아갔다. 그의 친구는 거의 떠났고, 그의 우방은 패전하여 조선에서 구축(驅逐)되었다. 그녀가 조선에 왔을 때는 30세의 단려(端麗)한 꽃과 같은 미모를 지녔으나, 그 떠남에 있어서 훤하던 풍협(豊頰)과 빛나던 완용(婉容)은 파란 많은 조선의 30년사를 짊어진 듯, 그 두둑해진 돈주머니의 무게보다도, 내동댕이쳐진 경성(京城)의 풍파(風波)에 의해 쫓겨나는 것처럼 돌아갔다.

그는 고국에 돌아가자마자 명승(名勝) 지구인 칸(Cannes)에 청상(淸爽)한 별장(別莊)을 지었다. 그곳에다 극동(極東)의 왕국(王國)에서 가져온 재산을 쌓아두고, 유유히 만년을 보낼 계획이었으나, 어쩐 일인지 그 재산의 대부분은 여동생인 웨베르 부인의 명의로 러시아의 은행에 저금되어 러시아의 기업에 투자되었다. 이윽고 러시아 혁명, 공산정부(共産政府)의 적화(赤化)는 손탁의 저금도 투자도 한꺼번에 몰각(沒却)시켜 버렸다. 극동왕국(極東王國)의 말기를 목격하고 극북제국(極北帝國)의 패망을 바라보며, 그는 일대의 영화가 꿈과 같이 말살된 채로, 1925년 러시아에서 객

---

3) 여기에서 '김대비(金大妃)'라고 하였으나 이는 필자의 착각이다. 이토 히로부미가 특파대사로 방한한 때는 1904년 3월 17의 일로 그보다 바로 이틀 전이 명헌태후 홍씨(明憲太后 洪氏)의 인산일이었다.

사(客死)했다. 그때 그는 71세의 노양(老孃)이었다.

손탁의 형제는 3인으로, 그 동생은 세계대전에 종군하였다가 전사했고 그 여동생은 웨베르 부인으로 지금도 여전히 러시아의 어느 지역에서 궁핍한 생활을 하고 있다. 손탁호텔은 한때 보에르(Boher)에 위임되어 있었다가 1918년 이화학당(梨花學堂)에 매각했다.

[미스 손탁은 러시아와 조선의 다리]

러시아공사 웨베르는 서기 1885년 경성에 도래(到來)했다.

지나(支那, 중국)도, 일본(日本)도, 러시아가 조선에 진출했다는 것은 마치 바위 위에서 포효하는 맹호(猛虎)의 자태를 보는 것과 같은 것이었다. 지나에서 전해지는 비평도, 일본에서 날아오는 얘기를 따르더라도, 러시아공사가 경성에 주재하는 것은 국제의 폭풍이 언제 불지도 모르는 근심거리였다.

이리하여 조선은 전전긍긍하면서 러시아공사를 맞아들였다.

웨베르공사는 북경을 거쳐 경성에 당도하자 지나의 풍문이나 일본의 평판과는 전혀 다르게 그는 온화하고 침묵하여 조선에 대해 무엇을 요구하는 것도 없었고, 양국의 통상(通商)에 있어서도 서두르는 것이 없이 가능하다면 경흥(慶興)과 러시아 국경의 육상무역을 개설하자는 것을 요청했다. 이에 반하여 지나는 임오군란, 갑신정변에 다수의 군대를 사용하여 세력을 확장하고 조선에 대해서는 속국(屬國)의 대우를 행하여, 드디어는 위안스카이(袁世凱)에게 권력을 부여하였는데, 마치 위안스카이는 조선총독(朝鮮總督)처럼 군림하고 있었다. 지나의 이런 태도는 민비(閔妃) 및 민족정부(閔族政府)에게는 만족될 수 없었다.

때마침 대원군(大院君)은 리훙장(李鴻章)과 자주 회견하고 청국의 후원을 얻어 의기양양하게 돌아왔는데, 지나는 대원군의 귀국을 국왕의 효도(孝道)에 따른 것으로서 조정의 은택(恩澤)이라는 것을 퍼뜨리면서 돌아오게 했다. 민비는 대원군의 귀국을 보며 한가하게 있을 까닭은 없어서, 벌써 이에 대항할 러시아의 강대함을 배후에 끌어들였다. 민비는 위안스카이에 웨베르로써 대항시키려던 심산이었다.

이러한 사정으로 러시아공사와 왕궁 사이에는 친밀한 외교도로(外交道路)가 개설되었다. 국제정책의 궤도가 구축되었던 것이다. 미스 손탁은 그 도로를 왕래하면서 그 궤도를 왕복할 노한(露韓)의 비밀함(秘密函)을 운반하는 역할을 맡았다.

러시아 일류의 외교정략(外交政略)은 먼저 손탁 양에게서 제1보를 내디뎠는데, 1888년 파기된 노한의 밀약(密約)은 묄렌도르프의 반기(叛旗)와 손탁 양의 어사(御使)로서 성립된 것이었다. 민비가 손탁 양을 가까이 한 제1의 이유는 배후의 러시아와 통신(通信)하는 데 있었다.

[정동구락부(貞洞俱樂部)와 손탁 저택]

서기 1885년[원문오류, 1895년] 하반기부터 정동의 손탁 집에 회합한 정객신사(政客紳士)로서 중요인물은 전외부대신(前外部大臣) 이완용(李完用), 오래도록 아메리카에서 유학했던 신사 서재필(徐載弼), 일본과 아메리카에 유학했고 신진의 논객으로서 청년간에 환영을 받았던 윤치호(尹致昊), 미국공사관서기관이며 또한 민씨일족의 수재로서 촉망을 받던 민상호(閔商鎬), 궁내의 예식관(禮式官)이던 이학균(李學均), 왕궁의 용달인(用達人)으로 부자였던 이봉래(李鳳來) 등 모두가 아메리카 인사와 친밀한 사람들이어서, 세상에서 이르기를 친미파(親米派)로 칭해지던 사람들이었다.

그들은 일청전(日淸戰, 청일전쟁) 후, 일본이 전승(戰勝)의 여위(餘威)로써 일본 단독으로 조선의 독립을 옹호하면서 일본 독점으로 조선의 개혁을 전담하는 것에 호응하지 않고, 일본의 세력을 배척하며 일본의 문화를 구축하고자 그 평정소(評定所)로 손탁의 집을 차입(借入)하였고 손탁 양도 또한 그들의 구락부에 충당되는 것을 승인하여, 바야흐로 손탁 저택은 배일파(排日派)의 집회소(集會所)가 되었다.

이 구락부는 10월 8일 사변(을미사변을 말함) 이래 아연(俄然) 기세가 올라 1895년 말부터 1896년 초에는 러시아파도, 프랑스파도, 일본을 제외한 제국파(諸國派)가 합류하여 이 구락부로써 일본 친근의 내각을 포위공격했다.

왕궁의 외인접대계(外人接待係)인 손탁 양은 배일단(排日團)의 식당(食堂)을 알선하고, 배일파의 집회소 지배인이 되었다. 그녀는 왕궁의 요리번인(料理番人, 감독)에서 일전(一轉)하고 궁중의 어화장부옥(御化粧部屋, 실내장식)으로부터 도약하여, 궁전의 접대소에서 벗어나 정객상수(政客相手)의 비밀집합소 주인공이 되었다. 정동구락부의 거두였던 이완용은 10년 후에는 배일파의 제일선에서 친일당(親日黨)의 제1선으로 전회(轉回)하였을 때, 당년의 후원자였던 손탁 양은 조선을 버리고 고국(故國)의 청산으로 되돌아갔다. 그는 재차 정동구락부의 리더와 악수의 고별을 하지 않았다.

[손탁의 평판]

미스 손탁은 프랑스인의 혈통이지만 그녀의 국적은 독일(獨乙)이었으며, 게다가 그 일생은 러시아제국과 떨어질 수가 없었다.

그는 30세 때, 러시아공사 웨베르에 수행하여 내한(來韓)한 25년간 러시아에 희생하여 그의 최후까지 러시아에 그 생명과 재산과 명예까지도 헌신했다

그녀는 풍미(豊味)한 풍모(風貌)를 지녔다. 진령군(眞靈君)의 안색과 마

찬가지로 자비(慈悲)와 온정(溫情)과 관화(寬和)와는 그에 대한 호감은 충분했으며, 그는 암흑으로 둘러쳐진 정계(政界), 음탕방종에 빠져든 전중생활(殿中生活), 비밀에 던져진 외교관의 악옥생애(樂屋生涯, 이면세계)에 빠져들어, 그녀의 미모를 손상시키거나 그녀의 품성을 더럽히는 추성(醜聲)에 휩싸이는 것을 들어본 일이 없었다. 그녀는 누군가를 굳건히 사랑하며, 굳건히 믿는다는 소중한 신념을 품고 있었다.

그녀에게 고용되었던 2, 3인의 사용인(使用人)은 아직 오늘날까지도 잔존해 있는데, 그들은 여전히 손탁 양의 친절했던 것, 무슨 일에도 바른 걸음으로 확실하게 일을 했던 것을 상찬(賞讚)했으며, 특히 그녀의 자애심(慈愛心)은 완전히 그들의 추억을 끌어당기고 있다.

그는 조선이 일본의 보호(保護)에 전속되고, 경운궁(慶運宮)으로부터의 밀사(密使)가 최후의 활동을 하고자 블라디보스톡으로, 상하이로, 페테르부르그로, 파리로, 헤이그로 분주할 무렵, 그도 역시 표연(飄然)히 고국으로 떠났다. 짐작컨대 그의 포켓 가운데는 비밀문서의 몇 조각이라도 들어 있지 않았을까?

3) 경성부, 『경성부사』 제1권(1934), 651~654쪽

[손탁 양]

러시아공사 웨바(=웨베르)에 관련하여 기술할 만한 것은 손탁 양(孃)의 활약이다. 그녀는 개국 494년(명치 18년, 서력 1885년) 10월 웨바가 영사(領事)로서 착임했을 때 동반하여 입성(入城)했던 자(者)로, 알사스 로렌의 태생이라고 알려지고 있다. 그녀는 그 후 수년을 거치면서 웨바의 추천에 따라 궁정(宮廷)의 외인접대계(外人接待係)에 임명되어, 본업무 외에 국왕 및 양반의 서양식기(西洋食器), 양식실내장식품류(洋式室內裝飾品類)의 구입을 떠맡아 왕궁내 양식의 제조도(諸調度, 세간)는 전부 다 이를 마련하였다.

뒤이어 누차 왕비(王妃)에게 불려가서 서양사정에 대한 얘기 상대가 되었다. 그녀는 재기환발(才氣煥發)하여 영불어(英佛語) 및 조선어(朝鮮語)에 숙달하여 왕비는 물론이고 드디어는 고종(高宗)마저도 안내(案內) 없이 지척에 갈 수 있기에 이르렀다.

[정계의 이면과 손탁 양]

왕비가 노국(露國, 러시아)의 세력을 이용할 수 있었던 것은 손탁 양 및 웨바 부인을 매개로 했던 일이 많았고 또 노국이 한국에 세력을 부식(扶植)할 수 있었던 것은 그녀의 이면 활동에 힘입은 것이 많았다. 그녀는 또 단지 궁정뿐만 아니라 각 방면으로도 중용(重用)되어 궁정에서 지출하는 각종운동비(各種運動費)의 수수는 거의 그녀의 손을 거치기에 이르러, 일개 부인(婦人)이면서도 그 세력은 왕성한 점이 있었다.

아울러 궁정을 중심으로 하여 거듭 행해졌던 음모사건에도 접촉했다고 말해지고 있다. 그녀에 의해 운동비를 얻은 주요한 인물들은 배일지

(排日紙) 대한매일신보, 코리아 데일리 뉴스를 발간했던 영국인 토마스 베델, 학교교사(學校敎師)로 있으면서 정치운동에 몰두했던 미국인 헐버트, 전기회사장(電氣會社長) 미국인 콜브란 및 독일인 크뢰벨 부처(夫妻) 등이었다고 전한다.

[손탁호텔과 배일파(排日派)]

손탁 양은 명치 28년(즉 1895년)에 이르러 고종으로부터 경운궁(慶運宮)과 도로를 마주 보는 서쪽 지소(地所)의 가옥을 하사받았는데, 그 저택은 외인(外人)의 집회소(集會所)가 되었을 뿐만 아니라 일청전역(日淸戰役, 청일전쟁) 후 친미파(親米派) 일당이 조직했던 정동구락부(貞洞俱樂部)도, 그 회관을 지금의 법원 앞에 건설하기까지는 손탁의 집으로써 집회소로 했던 것이다. 명치 35년(즉 1902년) 10월부터 구가옥을 헐고 양관(洋館)을 건축하여 호텔을 경영하였는데, 2층은 귀인(貴人)의 객실로 하고 1층은 보통의 객실과 식당으로 충당하였다. 손탁호텔이라고 하는 것이 이것이다.[4]

명치 37년(즉 1904년) 3월 및 동 38년(즉 1905년) 11월 이토후작(伊藤後爵)이 입성(入城)할 때에도 이 호텔에 숙박하였다. 손탁 양은 명치 42년(즉 1909년) 9월 5일 재주(在住) 24년으로써 경성을 떠났으나 귀국 후 여기저기 유전인생(流轉人生)의 괴로움을 맛보았으며, 대정 14년(즉 1925년) 71세로써 러시아에서 객사했다고 전한다. 손탁호텔은 대정 7년(즉 1918년)에 이르러, 사립학교 이화학당(梨花學堂)에서 이를 매수하고 후에 이를 헐어 내어 신교사를 건축했다. 현 정동 32번지 이화여자고등보통학교의 소재지 북방의 일부가 곧 그 터전이다.

---

4) 이 대목까지 원문에는 키쿠치 켄조(菊池謙讓),『조선잡기(朝鮮雜記)』제2권과 코마츠 미도리(小松綠),『명치사실 외교비화(明治史實 外交秘話)』가 인용출처라고 표기하고 있다.

4) 코사카 사다오(小坂貞雄), 『외국인이 본 조선외교비화(外人の 觀たる 朝鮮外交秘話)』(조선외교비화출판회, 1934), 199~200쪽[5]

[손탁호텔, 손탁 여사]

손탁 여사는 알사스 태생으로 그녀의 누이(妹)는 러시아 공사 웨베르 씨 부인의 올케(嫂)였다. 그러한 관계로 그녀는 웨베르 씨와 더불어 조선에 건너왔으나, 항상 노국공사관(러시아공사관) 내에 기거하였다.

때마침 조선의 국왕이 동 공사관으로 이어(移御)하시게 되어 임금의 식사, 기타 만단의 세화(世話, 보살핌)를 동 여사가 인수하게 되었는데, 왕은 유달리 손탁 여사를 마음에 들어하여 이것이 인연이 되어 나중에는 왕궁(王宮)의 조리(調理)부터 연회(宴會)의 어세화(御世話, 주선) 일체를 맡기기에 이르렀다. 이리하여 왕은 그 후 다시 그녀를 위해 토지를 사들여 가옥을 지어 하사하게 되었다. 그것은 큰 신식의 건물이었는데, 그녀는 거기에 손탁호텔이라고 이름을 짓고 직접 그 여장(女將=오카미, 여주인 겸 총지배인)이 되어 호텔을 경영하게 되었다. 현재 정동(貞洞)에 있는 사립 이화학당(私立 梨花學堂)의 건물이 그 터이다.

당시 그녀는 45세가량의 뚱뚱한 사람으로 미망인(未亡人)이었다. 1907년, 일로전쟁(日露戰爭) 종료 후 그녀는 호텔을 프랑스인 보에르 씨에게 양도하고 막대한 돈을 쥐어 프랑스로 귀국하여 남방에 '니스'라고 하는 지방의 벽촌에 별장을 사들여 살고 있었으나, 지금으로부터 13년 전에 죽어버렸다.

아직 왕성(王城)에 있던 때, 여사는 연회계(宴會係)에 많은 뽀이들 가운

---

5) 이 책은 저자가 코사카 사다오로 표시되어 있으나 실제로는 에밀 마르텔(Emil Martel)의 구술회고록에 해당한다. 이 책은 원래 『조선신문』 1932년 9월 8일 이후 『외국인이 본 38년간의 조선외교계(外人の 見たる 三十八年間の 朝鮮外交界)』라는 제목으로 71회 연재한 내용을 바탕으로 재정리한 결과물이다.

데서 한 사람의 조선인을 골라 양자(養子)로 삼고 임금께 청하여 관도(官途)에 앉혔다. 사람들은 어처구니없는 짓을 하는 것이라고 조롱했던 것이나, 그 양자는 귀국할 제에 여사와 더불어 프랑스로 건너갔다. 그 후 양자는 여사의 곁에서 벗어나 조선으로 되돌아왔다고도 들었으나 도대체 어떻게 되었는지 알지 못한다.

[관용(官用) 호텔]

왕성내(王城內)에 있어서 여사의 세력은 큰 것이었는데 나중에 그녀가 경영했던 손탁호텔과 같은 것도 전적으로 임금의 신임에 따른 결과로 하사된 것에 지나지 않고, 따라서 명성을 날린 호텔도 관용(官用) 호텔이라고도 말할 수 있으며, 손님의 종류도 자연히 각국대관(各國大官)이 으레 있었다. 이를테면 키시나경(卿), 이토경(伊藤卿), 각국육해군대장(各國陸海軍大將) 등 아주 빼어난 사람들이었다. 그러나 그녀가 귀국할 제에는 그 처분(處分)에 잠시 복잡한 사정이 있었으나, 결국 그녀의 재산이 되어 이를 처분하여 돈으로 바꾸는 것이 가능했던 것이다.

5) 문일평, 『사외이문비화 : 호암전집 제3권』(조광사, 1945), 75~76쪽

66. 손택양(孫澤孃)호텔

서양여자(西洋女子) 손택(孫澤)호텔은 비록 규모(規模)는 적으나마 조선(朝鮮)에 있는 근대식(近代式) 호텔의 효시(嚆矢)가 될 것이다.

상업(商業)과 교통(交通)이 발달(發達)되지 못한 조선(朝鮮)에는 예로부터 여관(旅館)이 발달(發達)되지 못하였다.

여객(旅客)을 숙박(宿泊)케 하는 보행객주(步行客主)와 물화(物貨)를 중개(仲介)하는 물상객주(物商客主)가 있기는 있었으나 이것은 모두 오늘날 의미(意味)의 여관(旅館)은 아니다.

조선(朝鮮)이 외국(外國)과 상통(相通)하게 된 이후(以後) 빈번(頻繁)히 내유(來遊)하는 외인여객(外人旅客)의 유숙(留宿)할 여관(旅館)의 설비(設備) 하나이 없었음은 조선인(朝鮮人)의 수치(羞恥)가 되지 않은 것이 아니다. 문화중심(文化中心)인 대경성(大京城)에 근대식(近代式) 호텔이 생긴 것은 요사이 일로서 지금부터 한 3, 40년전(年前)만 하여도 일본인(日本人)의 경영(經營)에 속(屬)한 파성관(巴城館)호텔 같은 것이 있을 뿐이오 이밖에 서양인(西洋人)의 경영(經營)으로는 팔레스호텔과 손택(孫澤)호텔이 있었을 뿐이다.

이 손택(孫澤)호텔이 그 규모(規模) 및 그 설비(設備)에 있어 오늘날 조선(朝鮮)호텔에 비(比)하면 동일(同日)의 어(語)가 아니지마는 그 당시(當時)에는 경성 유일(京城 唯一)의 호텔이어서 열방(列邦)의 사절(使節)과 귀빈(貴賓)이 오면 반드시 여기서 유숙(留宿)하게 되었으며 이런 의미(意味)에서 손택(孫澤)호텔은 조선근대식(朝鮮近代式) 호텔의 효시(嚆矢)라고 볼 수 있다. 적연와제(赤煉瓦製)의 커다란 이층양옥(二層洋屋)이 정동가상(貞洞街上)에 외연(巍然)히 솟아 있었는 바 그 주인 손택(主人 孫澤)은 독일처

녀(獨逸處女)로 그 이름을 한역(漢譯)하여 손택(孫澤, 손탁)이라고 불렀으며 그가 조선(朝鮮)에 오게 된 것은 노국공사(露國公使, 러시아공사) 위패부인(韋貝夫人, 웨베르부인)과 인사(姻査)의 관계(關係)가 있는 때문이오 또 호텔을 경영(經營)하게 된 것은 노관파천시(露館播遷時, 아관파천시)에 고종(高宗)께 지성(至誠)으로 봉사(奉事)한 그 보수(報酬)로 거액(巨額)의 내탕(內帑)을 내리어 '호텔'을 지어준 것이니 손택(孫澤)호텔은 이렇게 구한국황실(舊韓國皇室)의 후원(後援)아래 손택(孫澤)이 경영(經營)하던 것이다.

손택양(孫澤孃, 손탁양)은 당시(當時) 왕궁(王宮)을 위요(圍繞)한 여러 여성(女性) 중에 있어 일종이채(一種異彩)를 놓았었다.

제3부 개화기 풍물의 이모저모

커피의 전래시기에 관한 오해와 진실
활동사진과 애스터 하우스
고쳐 써야 할 당구장 도입의 역사
신식결혼식의 기원에 관한 자료
철도개통 이전에 서울과 인천을 오가는 방법
이 땅에 처음 자전거가 등장하던 시절의 풍경
서울탐방 외국인이 궁궐을 구경하는 절차

1. 커피의 전래시기에 관한 오해와 진실

고종, 아관파천, 손탁호텔, 미스 손탁, 정관헌 …….

이는 우리나라 근대시기 커피의 전래과정에 관한 얘기를 할 때마다 빠지지 않고 자주 등장하는 장소와 명칭들이다. 아관파천 때에 러시아공사관에서 처음 커피에 맛을 들인 고종이 경운궁으로 환궁한 뒤에도 그 맛을 잊지 못하고 가까운 손탁호텔의 여주인 미스 손탁(Miss Sontag)을 시켜 커피를 가져오게 하여 일종의 야외다방인 정관헌(靜觀軒)에서 이를 즐겼다 하는 그런 얘기들과 함께 말이다. 하지만 이 어느 것도 커피의 '첫' 이야기와는 그다지 관계가 없다.

커피(coffee)의 우리식 표기로는 가배(咖啡, 珈琲, 加排), 가배차(咖啡茶), 가비차(茄菲茶), 카피차, 가피차(加皮茶) 등이 있었다. 이규태의 『개화백경』(신태양사, 1971)에는 그 시절에 커피를 일컬어 민간에서는 '양탕국(洋湯국)'이라고도 불렀다고 적고 있으나, 이에 대한 확실한 고증자료는 없다.

우리나라에 커피가 처음 등장한 것은 필시 근대개항기를 전후한 시기에 서양인들에 의해서였을 텐데, 이에 관해서는 일목요연하게 정리된 자료를 찾아내기 어렵다. 다만, 단편적인 기록을 통해서만 그 흔적들을 간신히 찾아낼 수 있을 따름이다.

「독립신문」 1898년 9월14일자에 수록된 김홍륙(金鴻陸)의 독차사건(毒茶事件, Coffee Poisoning Plot) 관련기사이다. 여기에는 "그저께 밤에 황상폐하와 황태자전하께서 카피차 진어하신 후에……"라고 하여 '커피'를 '카피차'라고 표기하고 있는 대목이 눈에 띈다. 이 사건은 궁중 내에서 서양식 요리와 커피 음용 이 그만큼 진즉부터 일상화하고 있었다는 사실을 잘 입증해주고 있다.

 이와 관련하여 지금까지 드러난 자료를 통틀어 가장 그 시기가 빠른 것으로는 영국외교관 칼스(William Richard Carles, 賈禮士, 加里士; 1848-1929)가 지은 『조선풍물지(Life in Corca)』(1888)를 지목할 수 있다. 칼스는 1884년 3월 17일부터 1885년 6월 6일까지 인천주재 영국부영사 를 지낸 인물이다. 그런데 그의 책에는 그가 영국부영사로 부임하기에 앞 서 1883년 11월에 우리나라를 찾은 때의 일을 적고 있다. 그리고 바로 여기에 커피에 관한 구절이 등장한다.

이 당시 영국정부는 주중영국공사인 해리 파크스(Sir Harry Smith Parkes, 巴夏禮; 1828~1885)를 특파하여 전년도에 스스로 비준을 거부한 수호통상조약에 대해 새로운 조약을 체결하도록 재교섭을 시도하던 상태였다. 이때 우연찮게도 중국에 머물고 있는 칼스 역시 자르딘 매터슨 상사(Messrs. Jardine, Matheson, and Co.)의 동업자인 패트슨(Mr. Paterson)의 제안에 따라 조선의 내륙으로 들어가 광산을 탐사하고자 '개인적으로' 조선을 탐방할 계획을 세우고 있던 차였다. 이리하여 칼스는 파크스 공사 일행에 합류하여 우리나라에 들어왔으며, 수호통상조약이 맺어진 1883년 11월 26일을 전후한 한 달가량의 시간을 이 땅에서 체류하였던 것이다.

> (pp.31~32) 그가 살고 있는 집은 국왕에게서 하사받은 것이었으며, 지체 높은 사람들이 쓰는 여러 채의 건물로 구성되어 있었는데, 다만 지금까지 우리가 묵었던 집들과는 그 스타일이 똑같은 것이었다. 우리가 안내되어 들어간 구역은 아주 매력적이었으며, 이 도시와 길거리에서 막 목격했던 것들이 있었던지라 조선에 있는 한 독일인 집의 청결함과 안락함에 대한 감사는 최고조에 달했다. 우리들의 안락함이라는 놈은 이내 훌륭한 목욕과 따뜻한 커피(hot coffee)라는 사치함에 이르게 되고, 이것들도 당연히 고마운 일이었다.

여기에서 말하는 독일인이란 흔히 '목참판(穆參判)'이라는 별칭으로도 유명한 독일인 묄렌도르프(Paul George von Moellendorf, 穆麟德; 1847~1901)를 가리킨다. 그는 청나라의 북양대신 직예총독 이홍장(北洋大臣 直隸總督 李鴻章, 1823~1901)에 의해 조선으로 파견되어 1882년 가을 이후 해관 총세무사(海關 總稅務司)와 아울러 협판교섭통상사무아문(協辦交涉通商事務衙門)으로 활동하다가 1885년 12월에 해임되어 중국으로 소환을 당한 인물이었다. 그가 우리나라에 머물 때에 사용하던 집은 박동(礡洞, 지금의 종로구 수송동 108번지 일대)에 있던 것으로, 원래 선혜청 당상관(宣惠廳 堂上官) 민겸호(閔謙鎬, 1838~1882)의 가옥이었으나 그가 임오군란(壬午軍亂)의 와중에 피살된 이후로는 흉가로 간주되어 빈집이었다가 묄렌도르프에게 하사된 내력을 지녔다. 이 집은 나중에 독일영사관을 거쳐 육영공원과 관립법어학교 등으로 전환되어 사용되기도 한다.

여기에서 보듯이 칼스는 1883년 11월에 묄렌도르프의 집에서 '따뜻한 커피'를 얻어 마셨다고 하였으므로, 커피 도입의 역사에 있어서 그 선두는 '잠정적으로나마' 묄렌도르프의 몫으로 돌려지는 것이 마땅할 것이다. 그리고 흔히 궁중의 음식과 기호품이 서양식으로 바뀐 것은 미스 손탁의 활동과 결부되어 해석되는 경향이 있으나, 묄렌도르프의 손을 거쳐 궁궐로 커피가 먼저 유입되었을 가능성도 매우 크지 않을까 싶다. 실제로도 손탁보다는 묄렌도르프가 우리나라에 온 시기가 더 앞선다.

그게 아니더라도 일본 외무성이 1882년 이후 연속 발간한 『통상휘편(通商彙編)』 제3책, 339쪽에 수록된 「명치 16년(즉 1883년) 8월중 조선국 인천항 수출입조 일람표」에는 '수입외

일본 외무성 발행 『통상휘편(通商彙編)』 제3책 수록된 「1883년 8월중 조선국 인천항 수출입조 일람표」에는 수입외국산물품에 '커피(コヒ)'가 엄연히 들어 있다.

국산(收入外國産)'의 물품목록에 '커피(コヒ)'가 엄연히 들어 있는 것을 확인할 수 있다. 이렇게 본다면 커피의 유통은 구태여 손탁과 같은 특정인이 아니더라도 여느 서양인들을 통해 손쉽게 이뤄지고 있었음이 드러나는 셈이다.[1)

미국 군함 주니아타호(USS Juniata)의 해군군의관 조지 우즈(George W. Woods, 1858~1932)가 1884년에 우리나라를 방문했을 당시에 남겨놓은 일기장도 일찍이 개항 직후부터 이 땅에서 커피가 음용되었다는 사실을 입증해줄 수 있는 매우 빠른 기록의 하나이다.

> [1884년 3월 28일, 미국공사관, 서울 코리아] 나는 오늘 아침 다시 일찍 일어나서 커피를 마신 후에 어제처럼 바로 똑같은 그 자리에서 전적으로 나 홀로 산책을 하였고, 11시에 아침시간에 때를 맞춰 돌아왔다. 오후에는 미첼 씨와 윤치호 씨를 동반하여 외국무기로 외국식 조련을 하고 있는 사실상 "신식군대"인 부대의 지휘를 맡고 있는 조선인 장군을 방문하러 갔다. 그는 궁중에 들어갔거나 휘하부대의 절반에 대한 급료를 치르고자 호조로 간 것인지 자리에 없었으므로, 우리는 정령(正領, Colonel)에게 질의를 하게 되었다.[2)

흔히 '언더우드 부인'으로 알려진 릴리아스 호튼 언더우드(Lillias Horton Underwood, 1851~1921)가 남긴 증언도 커피의 전래에 관한 것으로는 비교적 초기의 기록에 속한다. 1889년 3월 14일에 결혼식을 치른 언

---

1) 이것 말고도 퍼시벌 로웰(Percival Lowell)의 『조선, 고요한 아침의 나라(Choson, The Land of Morning Calm)』(1885), 180쪽에도 1883년 12월에 이미 그가 서울 한강변의 '잠자는 파도의 집(The House of the Sleeping Waves: 息波亭의 의미로 추정)'에서 조선 관리들로부터 최신 수입품인 '식후 커피(after-dinner coffee)'를 얻어 마셨다는 구절이 수록되어 있다.

2) Fred C. Bohm & Robert R. Swartout, Jr. (eds), 『Naval Surgeon in Yi Korea: The Journal of George W. Woods』(Institute of East Asian Studies University of California, Berkeley, 1984), p.57.

더우드 내외는 특이하게도 조선 내륙으로 장기간 신혼여행을 떠났는데, 이들은 평안북도 위원(渭原)에서 커피에 관한 약간 독특한 경험을 하게 된다. 언더우드 여사는 『상투잡이와 더불어 15년(Fifteen Years among the Top-Knots)』(1904)이라는 책을 통해 이곳에서 겪은 일을 다음과 같이 적었다.

(pp.77~78) 위원을 떠나기 전에 우리는 현감과 그 친구들의 호기심을 만족시키기 위해 그들에게 저녁식사를 마련했다. 우리는 어떻게 해서든 그의 친절과 호의에 대한 감사를 표시하고 싶었는데, 야영지와 총각식 요리에 상당한 경험과 능란한 기술을 갖고 있는 언더우드 씨가 좀 이상하긴 하지만 이 일을 담당하기로 하였다. …… 우리는 수프, 생선, 화관과 딸기로 장식하고 사과소스를 얹은 다음 감자, 밤, 양파로 속을 채운 매혹적인 작은 구이돼지 등을 포함하여 여섯 개가량의 코스가 잘 준비된 것에 대해 스스로 대견스러웠다. 크래커에 마멀레이드를 바른 우리들의 디저트는 최고의 미각을 즐기도록 하기에 충분했으며, 우리는 현감에게 설탕이 떨어졌다는 소리를 하지 않은 채 벌꿀로 탄 커피를 소개했다.

(pp.83~84) 이런 말을 하기는 미안하지만, 술 취하는 것은 조선에서 매우 흔한 일이다. 사람들은 일본이나 중국처럼 차를 마시지도 않고, 명백히 최고 부자인 사람들조차 최근에야 겨우 차 또는 커피를 마시는 것을 배웠으며, 여느 사람들은 너무도 가난하여 그것을 살 형편이 되질 못한다. 이상하게 들리겠지만 이들은 결코 우유를 마셔본 적이 없으며, 따라서 친구들과 연희를 즐길 상황이면 그들에게 제공할 수 있는 것으로서 해가 없는 음료가 아닌 것은 없다. 그러한 탓에 이들은 스스로가 주조한 와인과 아주 독한 알코올 음료에 너무도 흔하게 의존할 수밖에 없다.

여기에는 보듯이 언더우드 부인의 책에는 위원현감에게 직접 커피의 맛을 보게 했던 상황뿐만 아니라 그즈음 부유층 사이에 이미 커피를 마셔 본 경험자들이 존재했다는 사실이 고스란히 담겨 있다.

이와는 별도로 아관파천에 앞서 이미 궁중에서 커피가 애용되고 있었음을 보여주는 자료는 저명한 지리학자인 영국인 이사벨라 버드 비숍(Isabella Bird Bishop; 1831~1904) 여사의 『한국과 그 이웃나라들(Korea and Her Neighbours)』(1897)이다. 여기에는 1895년 초에 그가 왕비를 알현한 때의 얘기를 적고 있는데, 이러한 구절이 눈에 띈다.

> 노란색 비단이 드리워진 수수한 방으로 안내되자 우리는 곧 정중한 태도로 커피와 케이크를 대접받았으며, 그 후 저녁식사 때는 상궁이 궁중 통역관의 도움을 받아 아주 아름답게 꾸며진 식탁으로 데려갔다. 저녁식사는 놀랍게도 '서양식'으로 요리되었으며, 수프를 포함해서 생선, 퀘일, 야생오리와 꿩고기, 속을 채워 말아 만든 쇠고기요리, 야채, 크림, 설탕에 버무린 호두, 과일, 적포도주와 커피 등이 포함되어 있었다. 여러 명의 궁녀와 다른 사람들이 우리들과 함께 식탁에 앉았다. 오랫동안 지체한 후에 우리는 통역관만을 대동하여 조그만 알현실로 안내되었는데, 단상 위에는 한쪽으로 세 개의 진홍색 벨벳 의자 앞에 왕과 왕세자와 왕비가 서 있었고, 언더우드 부인이 나를 소재하자 그들은 다시 자리에 앉으며 우리들에게 미리 준비되어 있던 두 개의 의자에 앉기를 권했다.

이 무렵의 궁궐음식은 이미 서양식이라고 해서 그것이 하등 새삼스러울 것도 없는 상태에 이른 것으로 보인다. 다양한 서양식 요리가 등장하고 있으며, 간단한 접대용으로도 커피와 다과가 함께 등장하고 있음을 살펴볼 수 있다. 이것으로 보면 아관파천 때에 이르러 커피 맛을 들였다고 하는 얘기는 그냥 속설에 지나지 않을 뿐 별다른 근거가 없다고 여겨진다.

흔히 '벙커 부인(房巨 夫人)'으로도 익숙한 여의사 애니 엘러스 벙커(Annie Ellers Bunker, 阿羅氏; 1860~1938)의 회고담에도 궁중에서 커피를 얻어 마셨다는 얘기가 나온다. 『더 코리안 리포지토리(The Korean Repository)』 1895년 10월호에는 엘러스가 기고한 「나의 첫 왕비 전하 알현」이라는 제목의 글이 수록되어 있는데, 여기에는 1886년 가을에 명성황후를 첫 대면하여 진찰한 때의 내용이 나오고 그 말미에 다음과 같은 내용이 적혀 있다.

법어교사 알레베크(Charles Aleveque)가 배포한 사진엽서 시리즈에는 1898년 독차음모사건의 주범인 김홍륙의 모습이 소개되어 있다. 사진촬영 장소는 정동 손탁호텔의 뜰이다. 뒤쪽으로는 손탁양관과 러시아공사관의 전경이 눈에 들어온다.

…… 최근의 알현 때마다 우리는 커다란 궁궐 정문을 통해 안으로 들어와서 곧장 대기실의 문까지 들어갈 수 있도록 윤허를 받았다. 이곳에 도착하면 차와 커피와 과일이 접대되며, 그러고 나서 좀 더 아담한 전용공간에서 우리를 맞이해주는 왕비마마에게로 인도되었다. 국왕과 왕세자는 항상 거기에 임어하셨다. 알현한 뒤에는 우리는 곧장 집으로 물러나도록 윤허되었다.

이 무렵 궁중에서 서양식 요리와 커피가 일상화되고 있었음을 잘 나타내주는 사례는 바로 1898년 9월 11일에 벌어진 김홍륙(金鴻陸, 1850~1898)에 의한 '독차음모사건(Coffee Poisoning Plot)'이다.

이 사건은 아관파천 이후 승승장구하던 러시아공사관의 통역관 출신인 김홍륙이 몰락하여 유배지로 가는 과정에서 이에 대한 불만을 품고 하수인 공홍식(孔洪植)으로 하여금 아편 한봉지를 건네주고 이를 어선(御膳)에 타서 올리도록 사주한 데서 비롯된 일이었다. 이에 공홍식은 다시 양식요리 숙수인 김종화(金鍾化)를 통해 일을 벌이도록 하였는데, 그때 마침 가배차(咖啡茶)가 부글부글 끓고 있으매 여기에 그것을 집어넣어 황제와 황태자에게 마시도록 올렸던 것이다. 이 사건의 주동자인 김홍륙과 공홍식과 김종화는 모두 체포되어 극형에 처해졌다.

이 당시 카토 일본공사가 오쿠마 일본외무대신에게 발송한 기밀전문(1898년 9월 25일자)에는 사건의 내막이 이렇게 요약되어 있다.

…… 폐하께서는 때때로 즐겨 양식을 찾으시는 일이 있는데 항상 먼저 커피를 찾으시는 것이 상례였습니다. 그날 밤에도 역시 전례와 같이 먼저 커피를 드렸는데 커피는 상시로 변하는 것인지 맛이 좋지 않다고 하시면서 아주 소량으로 두세 번 마셨고, 황태자께서는 거의 한두 번에 반 잔을 마셨습

니다. 그 후 얼마 안 되어서 두 분 모두 불쾌함을 느꼈는데 황태자전하께서 먼저 토사하고 곧이어서 황제께서도 역시 토하였습니다. 그리고 그날 밤 봉시한 자의 면면은 내시 7명, 여관 3명, 별입시 1명으로 그 중 남은 커피를 마신 사람은 누구 할 것 없이 모두 중독되어, 이로써 그 해독이 음식물에 있음을 알게 되었습니다.

그렇다면 궁중사람이 아닌 일반인들에게 커피를 마시는 일이 자연스레 받아들여진 때는 도대체 언제쯤이었을까?

이에 대해서도 명확한 답변을 찾아내기는 어려우나, 몇 가지 단서는 찾아낼 수 있다. 가령 『독립신문』 1896년 10월 8일자에 수록된 '고살키상점(A. Gorschalki)'의 영문광고에는 '모카 커피(Moka Coffee)', '자바 커피(Java Coffee)'가 수입품 판매목록으로 등장한다. 이것으로 보면 적어도 이 시기에 이르러 커피라는 존재는 이미 일부 계층의 독점물이거나 전유품의 단계를 완전히 벗어나 있었던 것으로 보인다.

더구나 영문판 독립신문인 『디 인디펜던트(The Independent)』 1899년 8월 31일자에 수록된 광고에 윤룡주라는 사람이 청량리 홍릉 앞에 서양식 요리점을 개업하였다는 내용 가운데 '커피'가 포함된 것이 눈에 띈다.[3]

REFRESHMENTS!

Yun Yong Ju has opened Refreshment Rooms at the Queen's Tomb Terminus, close to the line, where refreshments of all kinds may be obtained including, Tea, Coffee, and Cocoa, etc.

Special attention given to the needs of foreigners.

『디 인디펜던트(The Independent)』 1899년 8월 31일자에는 윤룡주라는 사람이 청량리 홍릉 앞에 차린 서양식 요리점에서 홍차, 커피, 코코아 등 모든 종류의 다과를 제공한다는 내용의 광고가 수록되어 있다. 이것으로 보면 커피의 일상화는 생각보다 꽤나 이른 시기에 이미 진행되고 있었음을 짐작할 수 있다.

---

3) 이 광고에 며칠 앞서 『독립신문』 1899년 8월 25일자에는 같은 사람에 의해 다음과 같은 한글광고가 수록된 바도 있다. "[광고] 홍릉 앞 전기철로 정거장에 대한 사람이 새로 서양요리를 만들어 파는데 집도 정결하고 음식도 구비하오니 내외국 손님들은 많이 오시면 소청대로 하여 드리이다. 윤룡주 고백."

1. 커피의 전래시기에 관한 오해와 진실   217

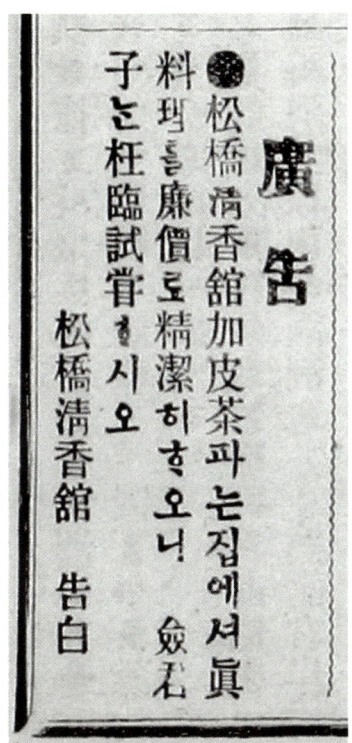

『황성신문』 1900년 11월 24일자에 수록된 '송교 청향관'의 광고문안이다. 여기에는 "가피차 파는 집"이라는 표기가 뚜렷이 남아 있다.

다과제공!

윤용주가 전차선로와 가까운 홍릉 종점에 홍차, 커피, 코코아 등을 포함하여 모든 종류가 다과가 준비되어 있는 다과실(Refreshment Rooms)을 개설하였습니다. 외국사람의 왕림에 특별배려를 합니다.

이와 아울러『제국신문』1900년 3월 3일자에도 "홍릉 정거장 좌우편 요릿집에서 새해를 당하와 각국 음식을 더 갖추고 개시하였사오니 내외국 첨군자는 왕림하시와 성미대로 찾으옵소서. 조원규 고백"이라는 광고문안이 수록되어 있다. 1899년 전차개통과 아울러 새로운 명소로 부각된 청량리 전차종점의 홍릉 앞은 각색 요리점의 집합소처럼 변하기 시작하였고, 당연히 이 일대는 일반 대중들이 커피의 맛을 경험하는 새로운 창구역할을 하는 공간으로 자리매김되고 있었던 것이다.

또한『황성신문』1900년 11월 26일자에 수록된 광고에서도 커피의 맛을 보급하는 또 다른 형태의 가게를 찾을 수 있다.

송교 청향관(松橋 淸香館) 가피차(加皮茶) 파는 집에서 진요리(眞料理)를 염가(廉價)로 정결(精潔)히 하오니 첨군자(僉君子)는 왕림시상(枉臨試嘗)하시오. 송교 청향관 고백(松橋 淸香館 告白).

여기에서 말하는 '가피차'는 곧 '커피차'이다. 그리고 이곳은 '가피차 파는 집'이라고 하였으니, 청향관은 일종의 다방(茶房)인 셈이다. 이것을 일컬어 커피의 대중화라고 단언하기는 섣부르지만, 적어도 이 무렵에 일반인에 대한 커피의 보급이 광범위하게 진행되고 있었던 것만큼은 분명히 확인할 수 있다.[4]

오늘날 근대개화기 이후 커피의 전파와 보급에 관한 참고자료들을 살펴보건대, 대개 손탁의 역할과 손탁호텔의 존재에다 이를 결부하여 설명하는 견해가 주류를 이루고 있다. 하지만 실상 커피는 앞에서 살펴본 바와 같이 미스 손탁이나 손탁호텔과는 무관하게 그보다 훨씬 이른 시기에 이 땅에 전래되었으며, 또한 생각보다는 매우 이르게 이미 우리네의 일상생활로 스며들고 있었던 것이 틀림없는 사실이다. 그리고 그 선두에는 바로 독일인 묄렌도르프가 있었으며, 비단 그가 아니었더라도 우리나라를 찾아온 서양인들이라면 그 누구라도 생활필수품이자 오랜 기호품의 하나로 커피를 즐겨했던 것이므로 그들의 여행가방에도 으레 커피 한 통쯤은 함께 담겨 있었던 것인지도 모를 일이다.

---

[4] 그런데 『매일신보』 1936년 1월 16일자에 수록된 「현대조선 원조이야기 : 그것은 누가 시작하였던가? 13. 요리 편」에는 "……30여 년 전에 현재 죽첨정공설시장(竹添町公設市場) 부근에 목욕탕(沐浴湯)과 이 울러 '커피차' 파는 다방(茶房)이 있었고 그 후 광교(廣橋) 남측 천변에 수월루(水月樓)라는 목욕탕이 있어 그곳에는 다방과 이발소까지 겸업을 하여 일종의 요리점의 형식을 가지게 되었다"고 하여 이 두 곳이 커피점의 원조쯤으로 서술한 바 있으나 이미 본문에서 설명했다시피 청량리 홍릉 앞에 윤룡주의 다과점이 들어선 것이 1899년이고, '가피차 파는 집'이라고 공개 광고한 송교 청향관(松橋 淸香館) 역시 이미 1900년 당시에 존재하고 있었으므로, 사실관계가 크게 어긋난 신문기사라고 보아야 할 것이다.

2. 활동사진과 애스터 하우스

다음은 100여 년 전인 『매일신보』 1913년 3월 6일자에 수록된 '소화(笑話, 웃음거리)' 한 토막이다. 요즘으로 말하면, 신문의 '유모어란'에 해당하는 내용이다.

교사 : 얘, 네 나이 몇 살이냐?
아해 : 무슨 나이 말씀이오니까?
교사 : 나이도 여러 가지 종류가 있느냐?
아해 : 네, 내 나이는 세 가지요. 학교에서는 여덟 살, 집에서는 일곱 살이오, 전차를 타거나 활동사진 구경을 갈 때에는 네 살이야요.

지금의 유모어 감각으로 보면 참으로 구태의연한 얘기인 듯하다. 그 당시 전차를 공짜로 탈 수 있는 나이는 다섯 살 이하였다. 그래서 이러한 우스갯소리가 생겨난 것인데, 그만큼 극장 나들이와 전차를 타는 일이 그다지 새삼스러운 것이 아닐 정도로 성행하던 상태였음을 짐작할 수 있다.

그렇다면 활동사진[活動寫眞, 1896년 에디슨에 의해 보급된 바이타스코프(vitascope)를 번역한 말], 즉 영화(影畵)가 우리나라에 처음 도래한 때는 도

대체 언제인가?

이에 관해서는 영화관련 학계에서조차도 그 의견은 매우 분분하다. 몇몇 자료에는 1890년대 후반기에 이미 우리나라에 영화가 들어온 것으로 소개하고 있으나, 이 부분에 대해서는 사실관계가 뚜렷하게 입증된 바 전혀 없다.

하지만 구체적인 기록과 자료에 따르면, 우리나라에 처음으로 영화를 소개한 주인공은 미국인 사진여행가 엘리아스 버튼 홈즈(Elias Burton Holmes, 1870~1958)라고 보는 것이 정확하다. 흔히 트래블로그(travelogue, 여행강연)의 창안자로도 알려진 그는 1901년 여름에 우리나라를 다녀갔고, 이때의 탐방기를 정리하여 그의 시리즈물인 『버튼 홈즈의 여행강의(The Burton Holmes Lectures)』(1901)에 담아냈다. 이 책은 전 10권으로 구성되어 있으며 한국 관련 대목은 제10권에 해당하는데, 여기에 「서울, 한국의 수도(Seoul, The Capital of Korea)」라는 제목으로 수록되어 있다.

여행강연이라는 것은 주로 슬라이드를 이용하는 것이 보통인데, 버튼 홈즈는 이러한 여행강연에 영화를 처음으로 도입한 인물이었다. 그리고 그가 여행강연을 위해 스스로 영화의 방식으로 전 세계의 탐방지역을 찍기 시작한 것은 '1899년' 이후의 일로 알려진다.

그가 우리나라에 온 시점에 대해서는 약간의 이론이 없지 않으나, 그의 책에 기록된 연도표기와 행로를 따져보면 1901년 늦여름인 것이 분명하다.

이에 앞서 그는 1900년에 독일의 오베람메르가우(Oberammergau)에서 예수 수난극을, 파리에서 만국박람회를 촬영했으며, 1901년 6월 시베리아횡단열차를 타고 극동을 향해 출발하는 경로를 거쳤다. 이 당시는 아직 횡단철도가 완공되기 직전이었으므로 그는 이르쿠츠크까지는 기차를 이용하였지만, 그 이후의 바이칼호와 아무르강은 배를 타고 이동함에 따라 블라디보스톡까지는 도합 42일이 소요되었다. 그 이후 일본을 경유하여 중국 북경지역을 둘러본 것이 1901년 8월이었으며, 다시 일본으로 되돌아가는 길에 제물포항을 거쳐 서울로 진입한 것이 그의 여행경로였다. 그러니까 그가 우리나라를 찾은 때에 대해서는 구체적인 표기가 없었지만, 앞뒤의 경로에 비춰보건대 얼추 1901년 8월 말 또는 9월로 넘어가는 언저리였던 것으로 추정된다.

이러한 일정확인이 아니더라도 그가 1900년 7월 8일에 완전 개통을 본 제물포~한강철교~서대문역 노선을 통해 서울로 들어왔다든가, 특히 1901년 4월에 막 개장한 서대문정거장 앞의 스테이션호텔(Station Hotel)에 여장을 풀었다든가 하는 점에 비춰보면 그가 1901년에 우리나라를 찾아왔다는 사실에 대해서는 별다른 이견이 있을 수 없다. 또한 그의 책

미국인 사진여행가 버튼 홈즈가 영화촬영기를 들고 남대문 홍예를 막 지나고 있는 모습이다. 사진에서 보듯이 그는 한성전기회사에서 빌려준 특별전차를 타고 영화를 촬영하던 중이었는데, 때마침 소달구지가 전차선로에 바퀴가 끼어 큰 사고가 날 뻔하였다. 간혹 이 장면이 우리나라 최초의 자동차사고 장면으로 소개되기도 하나, 이것은 잘못된 설명이다. 그가 우리나라에 왔을 때에 서울에 자동차가 존재했다는 흔적도 발견되지 않을뿐더러 그가 올라타고 있는 것은 분명 자동차가 아닌 '개방형' 전차니까 말이다.

에는 1901년 가을에 완공되는 종로의 한성전기회사 사옥이 한창 공사 중일 때의 사진자료가 수록되어 있으며, 청량리에 있던 명성황후의 홍릉을 양주땅 금곡으로 옮기는 공사를 벌이던 중 땅속에서 바위가 나와 이 자리를 선정한 지관(地官)이 처벌을 받은 얘기도 등장한다. 홍릉의 천릉과 지관의 처벌에 관한 일이 벌어진 때는 『고종실록』에 따르면 1901년 4월에 발생했던 사건으로 기록되어 있다.

이러한 그의 책에는 영화의 유용성에 관한 얘기가 자주 등장할 뿐더러 그가 직접 촬영기계를 들고 서울 시내의 한복판에서 사람들을 촬영하는 모습도 수록되어 있으므로, 그가 우리나라에 영화를 소개한 최초의 서양인이라는 사실은 저절로 입증이 된다.[1]

이와 동시에 그는 소형 영사기를 통해 외국의 풍물을 담은 영상을 처음으로 소개한 인물로도 기록된다. 그의 책에 따르면 그가 처음으로 영화를 상영한 공간은 궁내부대신(宮內府大臣)을 지낸 청안군 이재순(淸安君 李載純, 1851~1904)의 별장이었다. 그는 흔히 외국인들 사이에 '뚱보공(Fat Prince)'이라는 별명으로 통했으며, 고종의 사촌으로도 알려졌으나 정확하게는 8촌지간이었다. 이재순을 일컬어 '프린스(Prince)'라고 표기한 것은 그가 왕족의 일원이기도 했거니와 '군(君, 청안군)'이라는 칭호를 가진 신분이었기 때문이 아닌가 한다.

> 우리는 우리가 가져간 휴대용 영사기(portable machine)로 그가 생전에 한 번도 구경해보지 못했을 소형 동영상(miniature motion pictures)을 상영하는 것으로써 뚱보공을 응대했다. 그는 점점 열광을 하더니 궁궐로 이 장

---

1) 더구나 이 당시에 그가 촬영한 서울의 모습은 2004년에 『코리아(Korea)』라는 제목의 필름 형태로 발굴 소개되어 크게 주목을 받기도 하였는데, 이와 관련된 필름자료는 현재 국립영상자료원에 확보되어 있는 것으로 알려진다. 이 필름에는 그가 나중에 서울을 재방문했을 당시에 담아낸 영상자료도 혼합되어 편집된 것으로 확인된다.

치를 가져가 황제에게 보여줄 수 있도록 허락해달라고 요청하였다. 우리는 기꺼이 동의하고 나서, 그에게 이 장치의 사용법을 가르쳐준 다음에 태양빛이 가득한 외곽마을과 시골길을 거쳐서 우리의 도보여행을 재개하였다.

하지만 버튼 홈즈와 영사기에 관한 얘기는 이것이 끝은 아니었다. 영사기에 얽힌 에피소드는 다음과 같이 계속 이어진다.

…… 우리의 작은 영사기 덕분에 우리는 일 년에 한두 번 바깥출입을 할까 말까 한 황제가 지금 살고 있는 새 궁전의 구내로 들어오라는 허락을 얻게 되었다. 앞에서 말했다시피 소형 영사기는 황제에게 보여주기 위해 '뚱보공' 이재순이 가져갔던 것이었다. 그러고는 궁궐에서 이틀을 머물렀다가 횃불과 등불을 들고 길거리를 거쳐 호텔을 다 깨우듯이 오밤중에 찾아온 황제의 시종을 통해 우리에게 되돌려졌는데, 황제의 막내아들이자 사실상 궁전의 무법자인 아기왕자가 이 장난감에 매료되어 이것을 뺏으려고 하면 울고 심지어 그 통통한 손아귀에 이것을 꼭 쥔 채로 잠이 드는 통에 반환이 지연되었다는 설명과 더불어 20야드나 되는 녹색의 화려한 비단과 여섯 개의 부채를 포함하여 황제가 하사한 몇 가지 선물이 담긴 마법상자를 함께 전달해주었다. 다음 날 뚱보공에게서 궁중무회를 구경하러 궁궐로 와달라는 초청장이 당도하였으나, 우리에게 영사기를 꼭 가져오라는 추신도 붙어 있었다. 미스터 박(통역자)은 경고하는 어조로 말하였다. "그것을 한 번 더 궁궐로 가져간다면 그것을 빼앗길 걸로 생각하시오." 우리는 갖고 싶어 하는 상자를 건네줄 생각으로 찾아가서는 어린왕자가 울음을 그치도록 그걸 기꺼이 선물로 줌으로써 그 보답으로 20야드가 훨씬 넘는 고급 녹색비단, 2개의 족자, 다른 은제 선물을 받았으며, 그리고 무엇보다도 황실의 무용단을 엿보는 기회를 얻게 되었다.

이상의 기록으로 보면 우리나라의 거리풍경과 일상생활을 동영상의 형태로 담아낸 최초의 인물은 곧 버튼 홈즈이며, 영사기를 통해 영화를 상영한 최초의 인물 역시 바로 그였다는 사실을 확인할 수 있다. 다만, 버튼 홈즈가 이용한 '휴대용 영사기'란 것은 어떠한 유형의 기계이며, 어떠한 방식으로 영화를 상영했던 것인지는 좀 더 검토해볼 여지가 있는 듯하다. 아무튼 여러 가지 이론이 있음에도 불구하고 구체적인 기록과 객관적인 자료를 통해 활동사진의 흔적을 확인할 수 있는 최초의 기록은 바로 버튼 홈즈의 것이며, 그 시기는 1901년으로 정리될 수 있을 것이다.

그런데 버튼 홈즈가 우리나라를 다녀간 직후에 다시 궁중에서 별도의 영사기를 구입했다는 기록이 눈에 띈다. 아마도 버튼 홈즈를 통해 활동사진의 맛을 들인 황제 또는 여타의 궁중인물을 통해 이러한 시도가 있었던 것이 아닌가 짐작할 수 있다. 대한제국 시절에 궁내부 소속의 시의(侍醫)를 지낸 독일인 리하르트 분쉬(Richard Wunsch, 富彦士; 1869~1911)가 작성한 1903년 2월 6일자 서한(書翰)에는 다음과 같은 내용이 남아 있다.

…… 제 활동영역은 조금 확대되었지만 병원을 짓는 일은 엄두도 못 냅니다. 한국정부는 그런 일에는 한 푼도 쓰지 않고 유치한 일에 수천 냥을 바치니 계산능력이 의심스러울 지경입니다. 나라가 놀랍게 메말라버렸고 남부지방에서는 세금이 혹독하다고 폭동이 일어나고 있습니다. 그래도 포대가 몇 개 달린 낡은 **일본전함**(양무호를 지칭하는 듯)을 사들일 수백만 마르크는 있는 모양입니다. 얼마 전에는 궁중에서 영사기를 샀는데, 신품이라고 4,000마르크를 주었다지 뭡니까. 몇 년 전 파리에서 500프랑밖에 안 하던 낡은 것으로 램프도 없는 망가진 기계였는데 말입니다. 거의 매일 이런 일이

일어납니다. 사람들이 진정으로 하는 충고는 받아들이지 않고, 닥치는 대로 사기꾼에게 걸려듭니다.[2]

폴란드태생 러시아인 작가 바츨라프 세로셰프스키(Watslav Sieroszewski, 1858~1945)도 이와 비슷한 목격담을 남기고 있다. 그가 지은 『코레야Korea』(1909)라는 책에는 다음과 같은 내용이 수록되어 있다. 이 책의 저자인 세로셰프스키는 1903년 10월 10일 부산에 도착하여 원산 방면을 거쳐 같은 달 30일 서울에 당도한 것으로 기록되어 있다. 따라서 아래의 내용은 1903년 11월 무렵의 상황이라고 보면 무방할 것이다.

"서울에서 또 볼 만한 게 무엇이 있지요?" 나는 앞서 묘사한 집을 포함하여 도시안내를 해주고 있는 신문균에게 물었다.
"글쎄요. 영화도 볼 만하지만, 황제께서 영사기를 궁정으로 가져오도록 명하셨어요. 극장은 있지만 돈이 없어서 상영을 못하고 있거든요. 상영을 하려면 최소한 50명의 관객이 있어야 손해를 안 보는데, 그만한 수의 사람들이 모이질 않아요. 궁정에서 지원을 포기하는 바람에 돈이 없는 거지요."
"개인적으로 기생들을 부를 수는 있습니까?"
"물론 가능하지요. 하지만 돈이 많이 들기 때문에 부르는 사람들이 없어요." 잠시 생각한 후에 그는 가능한 싼값에 자기 집에 자리를 마련해보겠다고 약속했다.[3]

이들의 대화에서 등장하는 극장이란 것이 과연 무엇인지는 분명하지 않지만, 혹여 협률사(協律社)를 가리킬 가능성도 있다. 협률사는 1902년

---

2) 리하르트 분쉬(김종대 옮김), 『고종의 독일인 의사 분쉬』(학고재, 1999), 81쪽.
3) 바츨라프 세로셰프스키(김진영 외 옮김), 『코레야 1903년 가을』(개마고원, 2006), 398쪽.

8월 지금의 신문로 1가 58-1번지 일대에 궁내부 소관으로 세워진 우리나라 최초의 극장인데, '흥행이 저속하고 난잡하다'는 관료들의 반발에 밀려 1906년 4월 폐쇄된 곳이다. 그리고 신소설 작가로 유명한 이인직(李人稙, 1862~1916)이 자리를 그대로 물려받아 건물의 내부를 개수하고 연극 전용극장으로 재개관하는데, 이것이 곧 원각사(圓覺社)이다.

그리고 협률사에서 대중들을 상대로 영화가 상영된 사실에 대해서는 『황성신문』 1903년 7월 10일자에 수록된 「유완조위(遊玩遭危)」라는 제목의 기사내용을 통해서 확인할 수 있다.

> 근일(近日) 동대문내 전기철도사중(東大門內 電氣鐵道社中)에 활동사진 기계(活動寫眞機械)를 구입(購入)하여 사녀(士女)의 관완(觀玩)에 공(供)하므로 관완자(觀玩者)가 하오(下午) 8시(時)로 10시(時)까지 전차(電車)에 탑재(搭載)하야 분분왕관(紛紛往觀)하는데 인산인해(人山人海)를 족취(簇聚)하야 매석(每夕) 표가수입액(標價收入額)이 백여원(百餘元)이오 차표가(車標價)도 역연(亦然)한데 삼작일(三昨日)은 신문내 협률사(新門內 協律社)에도 여피기계 일좌(如彼機械 一坐)를 배치(排置)하고 관완(觀玩)케 함으로 완객유녀(玩客遊女) 수천인(數千人)이 취집(聚集)하였다가 홀연 전화(忽然 電火)가 열파(裂破)하여 만옥화광(滿屋火光)이 분신(奮迅)하므로 중인(衆人)이 일시경동(一時驚動)하야 자상천답(自相踐踏)하며 혹수인장원(或數人墻垣)에 자타(自墮)하야 의관훼열자(衣冠毀裂者)와 파두절각자(破頭折脚者)와 상협괴지자(傷脅壞肢者)의 유(類)가 무수(無數)한데 익조(翌朝)에 시지(視之)한즉(則) 금패영향패등속(錦貝纓香佩等屬)이며 화자수혜등속(靴子繡鞋等屬)이며 사라의폭등속(紗羅衣幅等屬)이 혹반재 혹일척 혹일편(或半載 或一隻 或一片)이 분분퇴적(紛紛堆積)하였다더라.

그런데 이 기사에서도 보듯이 그 무렵에 동대문 바로 안쪽에 자리한 한성전기회사의 기계창에서도 영화상영이 막 이루어지고 있었다. 더구나 이것은 일반 대중을 상대로 한 영화의 보급이라는 점에서 우리나라 영화사의 진정한 시초를 이것으로 잡는 견해도 우세한 편이다. 이에 관해서는 『황성신문』 1903년 6월 23일자에 수록된 광고문안을 통해 그 흔적을 뚜렷이 확인할 수 있다.

동문내 전기회사 기계창(東門內 電氣會社 機械廠)에서 시술(施術)하는 활동사진(活動寫眞)은 일요급담우(日曜及曇雨)를 제(除)한 외(外)에는 매일(每日) 하오(下午) 8시(時)로 10시(時)까지 설행(設行)하는데 대한급구미각국(大韓及歐美各國)의 생명도시(生命都市) 각종극장(各種劇場)의 절승(絕勝)한 광경(光景)이 구비(構備)하외다. 허인요금 동화십전(許人料金 銅貨十錢).

1903년 6월부터 활동사진 상영을 개시한 한성전기회사의 발전소 겸 기계창 모습이다. 이곳은 동대문 바로 안쪽에 자리하고 있었으며, 전차차고의 역할도 겸했다.

같은 시기에 『더 코리아 리뷰(The Korea Review)』 1903년 6월호의 「뉴스 칼렌다」 항목(268쪽)에는 한성전기회사에서 활동사진 상영을 개시한 때의 상황을 좀 더 소상하게 전달하고 있다.

전등, 전차(cars; 자동차를 지칭하는 것이 아니라 전차를 가리킴), 두 철도, 우편 및 전보 서비스 등등과 같은 다른 근대문명의 산물과 더불어, 서울이 극장(theatre)을 즐긴다는 사실은 널리 알려지지 못한 듯하다. 한국에서 가장 대중적인 경축일의 하나인 '초파일' 저녁에 이들 계몽세력의 두 곳 사이에서 우스운 대결이 발생하였다. 한성전기회사에서는 전차요금으로 들어오는 동전들이 무더기로 쏟아질 것을 기대하면서 이 도시로부터 3마일이 떨어진 용산(Yongsan)에 흥행장소를 세울 것을 계획하였다. 용산에서의 유인 말고도, 이 회사는 이날 현지인의 곡예단을 빌려줄 것을 서울 극장(the Seoul theatre; 협률사를 말하는 듯)의 매니저에게 간청하였다. 이 곡예단은 이미 이 극장에 그날 저녁 특별공연 예약이 된 상태이고 대규모 청중이 모여들 것으로 기대된다는 이유로 이러한 요청은 거절되었다. 이에 대한 앙갚음이었는지 아니면 "정말 우연히 그렇게" 되었는지, 흥행이 진행되는 도중에 전등불이 갑자기 나가 청중들의 엄청난 원성을 샀다. 석유등이 들어오고, 공연이 계속되었다. 하지만 극장관객들은 그들이 전차(cars)를 타지 않는 것으로 이를 되갚아주리라고 맹세하였다. 나중에 쌍방해명이 있었고, 이 사건은 무마되었다.

부분적으로 위의 사건 탓인지 아니면 전차를 부설하고 운영하는 미국회사에 대한 불신 때문인지, 서병태라는 이름을 가진 사람이 최근에 종로에서 한성전기회사를 비난하고 자신의 동포들에게 전차이용을 중지하라고 훈계하는 일장연설을 하였다. 그는 체포되어 경찰에게 넘겨졌다. 같은 날 김중진은 전차회사에 대한 불만을 늘어놓는 벽보들을 도성의 대문에 게시하였다.

위에서 전한 유쾌하지 못한 뉴스거리들에 이어서, 대중위락에 있어서 전기회사의 어떤 구성원들이 거두고 있는 대성공에 대해 보도하는 것은 즐거운 일이다. 이 회사와 연계된 두 신사는 최근에 매우 값비싼 환등기(Stereopticon)와 활동사진기(Moving Pictures Machine)를 구입하였다. 6월 중순경에 시작하여 이들은 동대문에 있는 전기회사의 구내에서 밤마다 8시 10분부터 10시까지 최상급의 구경거리를 제공하여왔다. 입장료는 가난한 사람들조차도 이

쇼를 즐길 수 있도록 가장 저렴하게 한국돈 10전(미국돈으로 3센트가량)으로 정해졌다. 외국인 관람객들을 위해 '칸막이좌석(private box)'으로 사용하기 위해 전환되어 차량방석을 갖춰 안락하게 만들어진 박스전차(a box car)는 동이 났다. 한 번의 상영에 1,100장이 넘는 티켓이 팔렸다.

그런데 이 공간에는 활동사진 즉 영화의 상영뿐만 아니라 여타의 오락시설도 함께 존재했는데, 쾌회기(快回機)라고도 불렸던 회전목마(回轉木馬, merry-go-round)가 바로 그 주인공이었다. 이에 대해서는 『대한매일신보』 1904년 8월 4일자에 수록된 '한성전기회사'의 광고문안을 통해 그 흔적을 발견할 수 있다. 여기에는 한성전기회사(American Korean Electric Company)의 각 부서에 관한 종합광고(영문)가 이어지는 가운데, "희락부(Amusement Department)"에 관한 대목에서 다음과 같은 내용과 사진자료가 등장한다.

[희락부] 활동사진전람소는 동대문 안에 있삽고 일요일 외에는 매야에 여덟 시부터 열 시까지 하옵고 전람대금은 하등에 십 전이오 상등에 이십 전이옵고 매주일에 사진을 딴 것으로 다 바꾸는데 서양사진과 대한과 온동양 사진인 네 대 자미있고 구경할 만한 것이오니 첨군자에게 값도 싸고 저녁에 좋은 소일거리가 되겠삽.

목마운동장은 동대문 안에 있삽고 매일 상오 영 시부터 하오 열한 시까지 하옵고 대가는 한 번 타는 데 오 전씩이오, 이 좋은 모형한 달아나는 말을 타고 위태치 않고 매우 편하고 또 자미있는 좋은 운동이 되겠삽. 또 이 기계에 같이 놓인 편하고 좋은 마차도 있삽. 여러 전차가 온 장안으로 통행하여 다니여 이상 활동사진전람소와 목마운동장 양처로 인도하옵나이다.

미국전기회사 고불안 보사덕 고백.

「대한매일신보」 1904년 8월 4일자에 수록된 '한성전기회사'의 광고문안에는 '희락부(Amusement Department)'에서 활동사진 전람소와 회전목마 시설을 운영하고 있다는 내용이 포함되어 있다.

　　여기에서는 회전목마라고 하지 않고 '목마운동장'이라고 부른 것이 이채롭게 느껴진다. 아쉽게도 이곳에 설치된 회전목마가 언제까지 운영된 것인지, 그리고 어느 정도 대중들의 호응이 있었던 것인지에 대해서는 뚜렷한 기록을 찾을 수가 없다.

　　한편, 총독부기관지인 『조선』 1939년 2월호에 수록된 김성균(金聲均)의 「조선영화소고(朝鮮映畵小考)」라는 글에는 초기 영화사의 전개를 이렇게 정리하고 있다. 여기에 서술된 기록의 사실관계를 일일이 다 믿을 수는 없으나, 대체적인 흐름에 대한 설명만큼은 어느 정도 이해하는 데 도움이 된다.

　　　(85쪽) …… 조선에 있어서 활동사진을 처음으로 본 것은 명치 35년(즉 1902년)의 일이다. 내지(內地, 일본)에서는 명치 29년경(즉 1896년경)부터 수입되었으니까 이로부터도 7년 후의 일인데, 명치 35년에 처음으로 동경으로부터 이입되어졌던 것이다. 즉 명치 35년, 영미연초회사(英米煙草會社)의 외국인이 동회사의 선전(宣傳)을 위해 동경의 요시자와상회(吉澤商會)로부터 50 내지 1, 2백 척위(呎位)의 실사품을 가져와서, 지금의 황금정 1정목(즉

2. 활동사진과 애스터 하우스   231

을지로 1가)의 영미연초회사의 창고 내에서 상영했던 것이 조선에 있어서 활동사진상영의 효시(嚆矢)이다. 당시의 사진내용은 대개 풍경이거나 혹은 기차 등의 실사였으며, 입장료는 연초(煙草, 담배)의 공상(空箱, 빈곽) 20매당으로 하였다고 이른다. 당시 사람의 얘기에 따르면, 관중 가운데 어떤 사람은 막의 뒤에 무언가를 장치해놓은 것이 아닌가 하고 생각했는지 일부러 막의 뒤로 돌아서 와보는 사람들도 있었다고 전하는데, 활동사진이 당시 사람들에게 어느 정도의 경이감(驚異感)을 주었던 것인지는 상상하고도 남음이 있다.

하지만 당시는 단지 선전을 위해 상영했던 것이었고, 흥행의 목적은 아니었다. 이로부터 약 6년이 경과하여 명치 41년(즉 1908년)에 이르러 비로소 흥행의 대상이 되었다. 즉 동대문 내에 있던 연극장 광무대(光武臺)에서 연극의 막간을 이용하여 활동사진을 상영했던 것이다. 하지만 이때의 실사도 단편에 지나지 않았다. 그런데 대정 원년(즉 1912년)부터는 활동사진이 본격적으로 흥행의 대상이 되어, 고등연예관(高等演藝館), 대정관(大正館), 황금

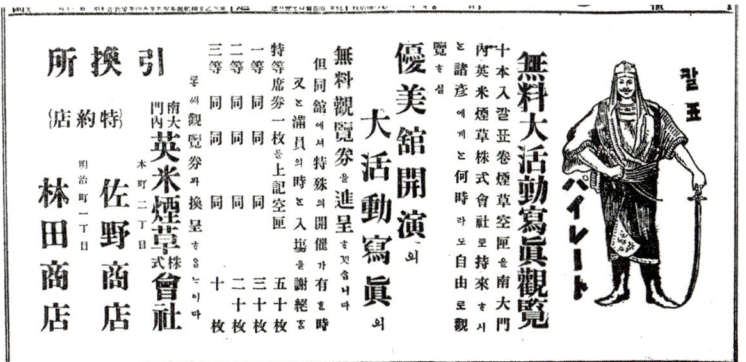

『매일신보』 1913년 11월 23일자에 수록된 '영미연초회사'의 담배광고이다. 여기에는 자사의 담배 빈 갑을 가져오면 활동사진 무료관람권과 교환하여 준다는 내용이 수록되어 있다. 아닌 게 아니라 이 영미연초회사는 일찍이 1906년 4월경부터 한미전기에서 상영하는 영화와 연계하여 활동사진을 자사 담배의 홍보수단으로 삼는 일의 개척자이기도 하다.

관(黃金館), 우미관(優美館) 등의 영화상설관(影畵常設館)이 속속 세워지고, 이어서 활동사진해설자(活動寫眞解說者)라고 하는 직업도 생겨나기에 이르렀던 것이다.

위의 내용 가운데 최초의 영화상영 시점을 1902년으로 산정하는 것은 그다지 신빙성이 있어 보이지는 않는다. 일반적으로 영미연초회사(英美煙草會社; B. A. T.)에서 자사 담배의 판매증대를 위해 활동사진을 활용하는 최초의 흔적은 『황성신문』 1906년 4월 30일자에 수록된 광고로 확인되고 있는 까닭이다. 그리고 그 장소도 영미연초회사의 창고가 아니라 한미전기회사의 기계창으로 알려져 있는데, 이러한 내용의 인용출처가 무엇인지는 따로 검증할 필요가 있지 않을까 한다.[4]

그리고 김성균(金聲均)의 「조선영화소고(朝鮮映畵小考)」에서 한 가지 간과한 부분은 바로 애스터 하우스(Astor House)의 존재이다. 이곳 역시 초창기 활동사진 곧 영화의 대중화에 상당한 기여를 한 공간으로 평가되고 있기 때문이다.

애스터 하우스는 돈의문 밖에 있던 서양식 호텔이며, 서대문정거장의 바로 위쪽에 있었다 하여 원래는 스테이션호텔(Station Hotel)이라고 불렸던 곳이다. 1901년 4월에 개관한 이곳의 주인은 처음에 영국사람 엠벌리(W. H. Emberley, 音法里)였는데, 그는 독립신문이 정리될 때 이것을 최후로 인수하여 1899년 6월 1일 독립신문사의 사장으로 취임했던 인물이다.

---

[4] 『황성신문』 1906년 4월 30일자에 수록된 광고문안은 다음과 같다. "양력(陽曆) 4월(月) 30일(日) [읍(陰)] 본월(本月) 초7일(日)]부터 동문내 전기회사(東門內 電氣會社)에서 활동사진(活動寫眞)을 장행설시(將行設示)할 터인데 시한(時限)은 하오(下午) 8시(時)로 10시(時)까지 하되 매야(每夜)에 각양사진(各樣寫眞)을 공완(供玩)하며 입장표가(入場票價)는 구화(舊貨) 10전(錢)이오 우(又) 영미연초회사(英美烟艸會社)에서 제조(製造) 오로도, 히이로, 호니, 스잇하트 각(各) 10개(個)나 북표, 붕어표 20개(個) 빈껍질을 지래(持來)하야도 허입(許入)할 터이요. 단(但) 우일(雨日)은 정지(停止)하옵. 한미전기회사 고백(韓美電氣會社 告白)."

그러던 것이 1905년 4월에 덕수궁 대한문 앞에서 팔레호텔(Hotel du Palais)을 운영한 경력을 지닌 프랑스인 마르텡(L. Martin, 馬田)에게 이 호텔이 넘겨지면서 애스터 하우스라는 이름으로 고쳐 부르게 되었던 것이다. 특히 애스터 하우스는 대한매일신보 사장이었던 영국인 어네스트 베델(Ernest Thomas Bethell, 裵說; 1872~1909)이 마지막 숨을 거둔 곳으로도 잘 알려져 있다.

그런데 스테이션호텔을 인수한 마르텡의 경우 호텔 경영도 경영이지만, 1907년 이후로 활동사진연극장(活動寫眞演劇場)의 운영에도 상당한 관심을 보였던 것으로 확인된다. 가령 『황성신문』 1907년 4월 19일자에 처음 등장한 것을 시작으로 "신문외 새다리목 동편벽돌집 법인 마전 고백"이라는 내용의 활동사진 광고와 더불어 이와 관련한 신문기사가 자주 지면을 장식하고 있다. 이 가운데 『만세보』 1907년 5월 5일자에 게재된 「활동사진장관活動寫眞壯觀」이라는 제목의 기사를 소개하면, 이러하다.

> 법국인 마전씨(法國人 馬田氏)가 신문외 신교북우 양제옥(新門外 新橋北隅 洋製屋)에 활동사진소(活動寫眞所)를 신설(新設)하였는데 사진(寫眞)도 신본(新本)이오 활동(活動)도 신술(新術)로 준비(準備)하야 동서양 무론(東西洋 毋論)하고 절승(絶勝)한 산천(山川)과 성시(城市)의 사시경개(四時景槪)와 남녀중(男女中) 탁월(卓越)한 인물(人物)과 제반예식(諸般禮式)과 전쟁(戰爭)과 유희(遊嬉)와 고담중(古談中)에 기묘(奇妙)한 형적(形跡)을 일체겸비(一切兼備)하여 천연(天然)히 환출(幻出)하는데 기승경(其勝景)을 약론(略論)하면 각국도성(各國都城)과 폭포(瀑布)와 화출(火出)하는 류(類)오 인물(人物)로는 초윤호걸(超倫豪傑)과 절대가인(絶代佳人)의 류(類)오 기타 예식(其他 禮式)과 유희(遊嬉)의 기묘(奇妙)한 형적(形跡)은 도도기술(道道記述)치

못하겠으니 천하(天下)의 장관(壯觀)을 가(可)히 안좌(安坐)하야 역람(歷覽)하겠다더라.

이상에서 살펴보았듯이 우리나라의 영화 도입에 관한 최초의 흔적은, 앞으로 새로운 자료의 발굴로 그 시기가 앞당겨질 가능성을 배제할 수는 없겠지만 적어도 지금까지 확인된 구체적인 기록만 놓고 보았을 때, 1901년 여름에 우리나라를 찾아온 미국인 사진여행가 엘리아스 버튼 홈즈와 관련된 것으로 정리된다. 때마침 그가 남긴 동영상의 일부나마 실물로 고스란히 남아 전달되고 있으므로, 그가 남긴 백 년 전의 자료를 다시 들여다볼 수 있다는 것은 참으로 다행스러운 일이 아닐 수 없다. 또한 이것은 그가 바로 기록매체로서 그 무엇도 아닌 '활동사진(motion picture)'을 그토록 선호하였던 까닭이며, 후세의 사람들이 이러한 모습을 '생생하게' 구경하기를 바랐던 그의 바람과 예측이 100% 적중하였다는 말이기도 한 것이다.

3. 고쳐 써야 할 당구장 도입의 역사

경술국치 이후 순종황제가 이른바 '창덕궁 이왕'으로 전락하여 뒷방신세가 된 후 '옥돌(玉突, 타마츠키)' 즉 당구를 즐겼다는 사실은 제법 알려져 있다. 이러한 사실관계는 『순종국장기념사진첩(純宗國葬紀念寫眞帖)』(1926)과 『순종국장록(純宗國葬錄)』(1926)에 수록된 다음과 같은 내용을 통해서도 잘 확인된다.

(1) 『순종국장기념사진첩』(경성사진통신사, 1926)
[어취미(御趣味)와 시계(時計)]
전하(殿下)께옵서는 한적(閒寂)하신 세월(歲月)을 송(送)하시는 관계상(關係上) 여러 가지 취미(趣味)를 택(擇)하시던 터이다. 일즉 고고영희자(故高永喜子, 죽은 고영희 자작이라는 뜻) 사명(使命)을 대(帶)하고 일본(日本)에 왕(往)하였다가 귀국(歸國)할 시(時)에 진품(珍品)인 금시계 일개(金時計 一個)를 헌상(獻上)한 사(事)가 유(有)하였었는데 차후(此後)부터는 시계(時計)에 대(對)한 취미(趣味)가 가장 심(深)하사 어좌(御座)의 좌우(左右)에는 상(常)히 각국(各國)의 시계(時計)를 괘열(掛列)하사 각각(各各) 시(時)를 위(違)함이 없이 일시일각(一時一刻)을 똑같이 가는 것을 보시고 심(甚)히 취미(趣味)

에 호적(好適)하심을 각(覺)하오시며 혹(或)은 신기(神奇)하다고 칭탄(稱歎)하신 일도 있다 한다.

[운동(運動)과 옥돌(玉突)]

시계(時計)에 대(對)한 기이(奇異)한 취미(趣味)를 가지신 전하(殿下)께서는 또다시 고이완용후(故李完用候, 죽은 이완용 후작이라는 뜻)의 진언(進言)으로 실내운동(室內運動)을 겸(兼)하옵시사 옥돌(玉突, 당구)에 취미(趣味)를 우(寓)하시고 승하(昇遐)하옵시던 당시(當時)까지 인정전 동행각(仁政殿 東行閣)에는 옥돌장(玉突場)을 설치(設置)하셨으니 차(此)는 평일(平日)에 매일(每日) 오후(午后) 2시(時)부터 동(同) 4시경(時頃)까지 시신(侍臣)을 데리시고 차(此)를 농(弄)하시는 것으로써 일과(日課)를 삼으시며 일본(日本) 혹(或)은 각국(各國)에서 옥돌선수(玉突選手)가 경성(京城)에 도착(到着)하면 반드시 일차식(一次式)을 인견(引見)하사 기기능(其技能)의 여하(如何)를 하시(下試)하옵셨다 한다.

『대한민보』 1909년 10월 2일자에 수록된 '신래성어(新來成語)' 항목에는 "옥돌(玉突, 타마츠키)"에 대한 설명이 나와 있다. 이 무렵에는 이미 시중의 여관이나 구락부에 두루 당구대가 설치되어 있었던 상황이었다.

(2) 『순종국장록』(조선박문사, 1926), pp.86~87

[운동(運動)의 필요(必要)로 옥돌(玉突)]

무술(戊戌) 7월 25일 김홍륙(金鴻陸)의 음모(陰謀)로 진어(進御)하신 가배차(珈琲茶, 커피)에 아편중독(阿片中毒)을 소해(消解)하기 위(爲)하여 대소양변도(大小兩便道)로 체독(滯毒)을 유하(流下)케 하는 해독제(解毒劑)를 과복(過服)하신 결과(結果) 위장(胃臟)과 신장(腎臟)이 아울러 어고장(御故障)을 생(生)하신 것이 연래(年來)의 숙환(宿患)의 원인(原因)이 되시었다. 그러므로 운동(運動)을 하시면 다소보효(多少補效)가 되실까 하여 인정전 동행각(仁政殿 東行閣)에 옥돌대(玉突臺) 두 개가 놓여 있으니 간간(間間) 시신(侍臣)들을 데리고 '큐'를 잡으시었섰다. 내외국(內外國)에 옥돌선수(玉突選手)가 경성(京城)에 이르기만 하면 반드시 한 번씩은 인견(引見)하옵시었섰다. 옥돌(玉突)의 적수(敵手)되는 사람은 전창덕궁경찰서장(前昌德宮警察署長) 야노(矢野)인데 결(決)코 이기시려는 욕심(慾心)이 없으시고 항상(恒常) 어찌하면 자미(滋味)있게 마칠까 하시는 고아(高雅)하옵신 생각으로 옥돌판(玉突板)을 대(對)하옵시는 터이라. 실력(實力)은 60에서 70내외(內外)까지이시었다 한다.

일제강점기에 이른바 '이왕가(李王家)'로 전락한 조선의 왕실에 '당구대'가 처음 등장한 것은 1912년 봄의 일이었다. 이에 대해서는 『매일신보』 1912년 3월 7일자, 「이왕선하 옥돌(李土殿下 玉突)」이라는 제목의 기사를 통해 그 흔적을 확인할 수 있다.

> 창덕궁(昌德宮)에서는 기보(旣報)와 여(如)히 이왕전하(李王殿下) 어운동(御運動)으로 인(因)하여 특(特)히 동경(東京) 일승정(日勝亭, 닛쇼테이)으로 주문(注文)하여 2대(臺)의 옥돌대(玉突臺)를 구구(購求)하여 동행각(東行閣)으로써 옥돌운동장(玉突運動場)에 충(充)하였는데 기후(其後) 매주(每週) 월, 목 양요일(兩曜日)을 옥돌운동일(玉突運動日)로 정(定)한지라 근경(近頃)에는 동기(同技)에 심(深)히 흥미(興味)가 유(有)하사 정일 이외(定日 以外)에도 동장(同場)에 빈빈(頻頻) 어림(御臨)하신다더라.

이에 앞서 『매일신보』 1912년 3월 1일자의 '제1면'에는 「이왕가 개설(李王家 開設)의 옥돌실(玉突室)」이라는 보도사진까지 수록하고 있어 자못 눈길을 끈다. 1926년에 발간된 『순종국장기념사진첩』의 기록에 따르면, 이 당시 "이완용 후작(李完用 候爵)의 진언(進言)으로 실내운동(室內運動)을 겸(兼)하여" 이 옥돌대가 설치되었다고 알려진다.

창덕궁 인정전 동행각에 설치된 옥돌실(玉突室)의 모습이다. 여기에는 1912년 3월경 일본에서 막 들여온 옥돌대 2개가 설치되었는데, 이로부터 당구는 대표적인 궁중오락의 하나로 자리매김되기에 이른다(『순종국장록』, 1926).

곧이어 이러한 옥돌대는 덕수궁에도 놓이게 되었는데, 『매일신보』 1913년 8월 29일자에 수록된 「이태왕전하(李太王殿下) 어환력연(御還曆宴)과 근상(近狀), 이태왕전하 환갑 수연」이라는 제목의 기사에서 그러한 흔적을 확인할 수 있다.

> 덕수궁 이태왕 전하께오서는 작년이 화갑되시는 해이나 양암중인 고로 축하하는 예절을 정지하였더라. 금년에는 구월 팔일 어탄신에 성대히 잔치를 배설한다더라. …… 소견하시는 것은 돌옥과 유성기가 연래로 습관이 되샤 아침에는 열한 시까지 함녕전 침실에서 취침하시고 밤 두세 시까지 침실에 들지 아니하시는 고로 소견하시는 것은 덕후전에 설비하여 놓은 옥돌장(玉突場)에 출어하샤 공채를 잡으시는 일도 있고 전하께오서는 공치시는데 극히 재미를 붙이샤 전에는 내전에서 여관들을 데리시고 공을 치게 하시고 즐거워하시며 여름에는 오후 서늘한 때에 석조전 누상에서 수음 사이로 흘러 돌아오는 청량한 바람을 몸에 받으시며 내인들을 데리시고 이야기도 시키시고 서늘한 달그림자 아래에 유성기 소리도 즐거워하신다더라.

3. 고쳐 써야 할 당구장 도입의 역사

『매일신보』 1912년 6월 2일자에 수록된 당구제조 업체 '닛쇼테이(日勝亭)'의 신문광고이다. 창덕궁에서 사들인 옥돌대 역시 이곳에서 제작한 것이다. 이 회사는 지금도 당구용품을 전문으로 생산하는 유명 브랜드로 남아 있다.

일본 외무성 발행 『통상휘편(通商彙編)』 제5책 수록된 1884년 11월중 인천항 수입품요략(일본산)에 옥돌대(玉突台) 하나가 들어온 내역이 정리되어 있다.

여기에 나오는 '덕후전'은 아마도 덕홍전(德弘殿)을 가리키는 말인 듯하다. 그리고 "덕후전에 설비하여 놓은 옥돌장에 출어하샤 공채를 잡으시는 일도 있고 전하께오서는 공치시는데 극히 재미를 붙이샤 ……운운"이라고 하였으므로, 이로써 고종황제가 한때 당구 치는 일에 심취했던 사실을 엿볼 수 있다.

이처럼 느닷없는 옥돌대의 등장은 전직 황제들의 무료한 일상생활을 달래주는 데 아주 마침맞은 소일거리가 되었던 것이다. 이와 아울러 이른바 '이왕비(李王妃)'로 부르던 윤황후의 경우에도 일주일에 두어 번씩 '포켓 당구'를 즐겼다는 기록도 눈에 띄는 걸 보면, 당구는 그야말로 대표적인 왕실 스포츠로 자리매김되기에 충분했다.

그런데 이 당시 창덕궁과 덕수궁에서 옥돌대를 도입한 사실을 두고 우리나라 당구역사의 시초라고 하는 식의 설명이 흔하게 통용되고 있으나, 이것은 명백히 잘못된 설명이다. 이보다 훨씬 앞선 때인 개항 초기부터 이미 당구대를 들여놓은 공간이 있었다는 사실이 꽤나 많이 발견되고 있는 까닭이다.

이들 가운데 가장 빠른 시기의 것은 호레이스 알렌(Horace Newton Allen, 安連;

1858~1932)과 관련된 기록이다. 그가 우리나라에 처음 건너온 때에 제물포의 해리호텔(Harry's Hotel)이란 곳에서 하루를 묵었고, 이 당시 그의 잠자리가 되었던 장소가 바로 '당구대'였다는 것이다.

그가 제물포에 당도한 것은 1884년 9월 20일이었다. 그 자신이 직접 술회한 바에 따르면, 그는 '해리'라는 중국인 경영의 오막살이 호텔에 투속하여 당구대 위에서 밤잠을 자고 숯불로 후라이한 닭고기로 요기를 채운 다음 하루 뒤, 상해에서 동행한 중국인 언어교사와 함께 당나귀를 타고 떠나 이튿날인 9월 22일 마침내 서울에 당도하였다.[1]

그리고 일본 외무성에서 연속 발간한 『통상휘편(通商彙編)』 제5책, 532쪽에는 「1884년 11월중 수입품요략(일본산)」이 수록되어 있는 바 여기에 '옥돌대(玉突台)' 하나가 수입된 내역이 또렷이 집계되어 있다. 이것으로 보면 개항 직후인 1880년대에 이 땅에는 진즉에 당구대가 상륙한 상태였다는 것이 새삼 확인되는 셈이다.

이와 아울러 조선주재 일본공사관의 교제관시보(交際官試補) 출신이었던 하야시 부이치(林武一, 1858~1892)가 1891년에 펴낸 『조선안내(朝鮮案內)』라는 책자에 수록된 내용도 당구대에 관한 초기의 흔적을 확인할 수 있는 유용한 자료의 하나이다. 이 책의 82쪽에는 다음과 같은 구절이 등장한다.

영사관(領事館)의 전후 나동(羅洞), 이현(泥峴, 진고개) 및 주동(鑄洞)은 우

---

[1] 이 부분은 민경배, 『알렌의 선교와 근대한미외교』(연세대학교출판부, 1991), 93쪽에 요약정리된 것을 재인용하였다. 이 내용의 원출처는 Horace Allen, Greetings, 「Quarto Centennial Papers」, read before the Korean Mission of the Presbyterian Church in the U. S. A. at Annual Meeting at Pyeng Yang, 1909년 8월, p.4로 표시되어 있다.

리 거류민으로서 충전되어, 그 주요한 것은 거류민총대역장(居留民總代役場)으로서 그 가운데 상업회의소(商業會議所)를 포함하며, 일본인구락부(日本人俱樂部)는 총대역장의 뒤편에 자리하고 있는데, 겨우 작은 방 하나에 불과하지만 구돌(球突, 타마츠키), 기타 상당한 유희(遊戲)에 적합하다.

이와 비슷한 시기에 일본인구락부가 그러했던 것처럼 서울주재 각국 공영사들의 회합소로 사용되던 외교관구락부(外交官俱樂部, 정동 17번지 구역)에도 당구대 시설이 갖춰져 있었다. 아관파천을 전후한 시기에 서울을 방문했던 러시아 참모본부 소속의 육군대령 카르네프와 그의 보좌관 육군중위 미하일로프 일행이 남긴 기록에는 다음과 같은 목격담이 수록되어 있다.

> 러시아공사관이 자리 잡고 있는 곳은 터가 매우 넓었고 도읍 전체가 한눈에 들어올 정도로 전망이 좋았다. 큰 건물 이외에도 작은 건물이 네 채 있었다. K. I. 베베르는 주변의 울타리 건설과 부지 구입까지 포함해서 3만 3,000루블을 들였다고 한다. 이 건물 뒤에는 헛간이 달린 작은 곁채와 정원이 있었는데, 그곳에서 토종 비둘기들을 많이 기르고 있었다. 울타리 왼편에는 독서실과 당구장이 있는 외교관 클럽이 정면에 있었다.[2]

외교관구락부가 결성되던 초기의 풍경에 대해서는 법어학교 교장이었던 에밀 마르텔(Emile Martel, 馬太乙; 1874~1949)의 증언록 『외국인이 본 조선외교비화』(1934), 259쪽에 이렇게 그려져 있다. 여기에도 당연히 당구에 관한 언급이 포함되어 있다.

---

2) 카르네프 외 4인(이르계바예브, 김정화 옮김), 『내가 본 조선, 조선인』(가야넷, 2003), 81~82쪽.

외국에서 온 서양인은 집단적인 장소로 구락부(俱樂部)를 설치하는 것이 관습으로 되어 있다. 이 구락부는 매우 편리한 사교기관이었고, 역소(役所, 관청)에 근무하는 자도, 상매(商賣, 장사)를 하고 있는 자도 하루의 일과를 마치면 매일저녁 그곳에 모여들어 당구(撞球)를 즐기거나 트럼프 놀이에 흥을 내거나 혹은 도서신문의 열람에 시간을 보내곤 하는 것이다. 그래서 예전에는 이 구락부는 꽤나 번잡하였다.

경성에 있어서 최초의 구락부는 외교관구락부(外交官俱樂部, Diplomatic Consular Club)라는 이름을 내걸고 정동의 현재 외인학교(外人學校)가 있는 장소에서 창설되었는데, 당초에는 간판(看板)에서 나타내는 것과 같이 경성주재의 각국공사관이랑 영사관에 근무하는 자들로만 하였고, 상인(商人)은 여기에 가입하지 않았다.

1899년 11월 이후 궁내부 찬의관(宮內府 贊議官) 겸 외부 고문(外部 顧問)을 지낸 윌리엄 프랭클린 샌즈(William Franklin Sands, 山島; 1874~1946)의 회고록인 『비외교적 비망록(Undiplomatic Memories)』 (1930)에도 미국공사관 서기관 시절을 회상하며 그가 즐겨 외교관구락부를 출입하던 때의 얘기가 등장한다. 여기에는 "다섯 시가 되면 하급자들과 독신으로 사는 고참들의 대다수가 당구(billiards)를

카츠키 겐타로(香月源太郎)의 『한국안내(韓國案內)』(1902)에 수록된 인천지역 옥돌장(당구장)의 명단 일부이다. 이 당시에 이미 이런 유락시설이 시중에 널리 존재하고 있었음을 엿볼 수 있다.

하거나 칵테일, 그리고 원카드 게임이나 포커놀이를 위해 클럽에 모여든 다"고 적고 있다.

물론 손탁호텔과 같은 접객시설에도 별관을 마련하여 바와 당구대가 설치되어 있었고, 1914년에 영업을 개시한 조선호텔의 경우에도 설계 당시부터 1층 좌측 공간에 당구대를 겸비한 바(Bar and Billiard Room)를 따로 배치해두고 있었다.

이것 말고도 『대한매일신보』 1906년 12월 19일자에는 「옥돌탈재(玉突奪財)」라는 제목의 기사가 수록되어 있는 바 여기에는 당구장에서 도박으로 '내기당구'를 하는 얘기가 채록되어 있다. 또한 『대한민보』 1909년 8월 10일자에는 남산동에 주소를 둔 '파주정(巴州亭)'이란 곳에서 양식(洋式)과 옥돌(玉突) 영업에 관한 광고를 게재한 것이 눈에 띄고, 후쿠자키 키이치(福崎毅一)가 1912년에 발간한 『경인통람(京仁通覽)』에 수록된 영등포역 앞 '하마다야(濱田屋)'란 곳의 광고문안을 보면, 여기에 '여관 겸 여객대합실'이라는 구절과 함께 '옥돌 대궁 유희부(玉突 大弓 遊戲部)'라는 문구가 있는 것으로 보아 이곳에도 '당구대'가 함께 설치되어 있었던 것을 확인할 수 있다.

이보다 앞선 시기인 1902년에 카츠키 겐타로(香月源太郎)이 펴낸 『한국안내(韓國案內)』에는 제물포지역에서 영업 중인 옥돌장 두어 곳의 명단이 수록되어 있다.[3] 그리고 특히 전북 전주와 전남 광주 등지에도 당구대가 일찌감치 설치되어 있었다는 흔적도 확연히 드러난다.

우선 그 가운데 하나는 후쿠지마 시로(福島士朗)의 『이조와 전주(李朝と全州)』(1909)라는 책으로, 발행일자는 1909년 9월 30일로 표시되어 있

---

[3] 이 점에 관하여 일찍이 영국의 저명한 외교관 조지 커즌(George N. Curzon, 1859~1925)은 『극동의 제문제(Problems of the Far East)』(1894), 93~94쪽에 "[제물포]에는 유럽인 클럽 한 곳과 여러 곳의 당구장(billiard-saloons)과 식당, 그리고 몇 군데 괜찮은 중국인 상점들이 있다"라고 적은 바 있다.

다. 여기에 수록된 광고를 보면 "전주 서문내 전주구락부(全州俱樂部)에 옥돌 오락장(玉突 娛樂場)"이 마련되어 있었던 것을 알 수 있다. 그리고 다른 하나는 전라남도 광주군 광주면에서 '면사무소신축기념'으로 펴낸 『광주의 금석(光州の今昔)』(1925년 12월)이라는 책자이다. 여기에는 광주면 내의 여러 현황을 소개하는 가운데 '오락기관(娛樂機關)'이라는 항목(39쪽)을 두었는데, 옥돌구락부의 존재를 이렇게 정리하고 있다.

구분	극장劇場	옥돌구락부 玉突俱樂部	비고
대정 원년(1912년)	-	1	극장은 1924년 3월에 신축된 개인경영이며, 지금은 대수선을 가하여 증축을 하고 있는데, 종전의 입장정원은 269인은 늘려서 두 배 이상에 달할 예정이라고 한다. 옥돌 중에는 식산은행 행우구락부(殖産銀行 行友俱樂部)의 분(1914년 설비) 및 조선철도사원집회소(朝鮮鐵道社員集會所)의 분(1923년 설비) 각 하나씩을 포함한다.
대정 5년(1916년)	1	2	
대정 10년(1921년)	1	2	
현재(1925년)	1	4	

여길 보면 창덕궁에 당구대가 설치되기 이전에도 벌써 저 멀리 지방도시에도 당구장이 설치되었을 만큼 생각보다는 이른 시기에 당구문화가 유입되었던 것을 짐작할 수 있다. 앞으로도 이와 같은 종류의 자료들을 좀 더 취합해본다면, 기존의 당구 유입사와는 훨씬 다른 내용이 정리될 수 있으리라 여겨진다.

거듭 말하거니와 이 땅에 당구대가 처음 유입된 것은 근대개항기의 시작점에서 아무런 시차도 없이 이뤄진 일이었다. 사실관계가 이러함에도 일제강점기에 창덕궁에 들여놓은 '옥돌대'를 우리나라 당구 역사의 시초로 잡는 것은 번지수가 틀려도 한참 틀린 얘기라고 할 수 있다.

마지막으로, 아래에서는 『매일신보』 1915년 2월 17일자에 수록된 「십여년(十餘年)의 표박생활(漂泊生活), 당구명인(撞球名人), 조선말 못 하는 조선사람, 아홉 살에 일본, 청국에서 혁명난리, 십여 년의 표류생활, 죽은 줄을 알았던 모자 상봉」 제하의 신문기사를 덧붙여둔다. 일본인구락부의 뽀이 출신이긴 하지만 우리나라 사람으로 당구를 배워 명인으로 이름을 떨쳤다고 하였으니 그러한 행적 자체로도 흥미로운 인물이 아닌가 생각된다. 더구나 이 기사에 따르면, 그가 창덕궁에서 순종황제를 배알하였다고 하였으므로 그 점도 주목이 된다고 할 것이다.

『매일신보』 1916년 2월 25일자에 수록된 '당구지남(撞球指南)' 광고문안이다. 이러한 당구교본의 광고가 신문지상에 등장할 만큼 세상은 이미 당구를 일상의 유희문화로 받아들이고 있었던 것이다.

[이름은 목하장길]

거금 열여덟 해 전 나는 아홉 살 때에 경성 본정 2정목 술장사 좌등목(佐藤牧, 사토 마키)의 집에 고용으로 있었습니다. 그 뒤에 일본인구락부(日本人俱樂部)의 옥돌장(玉突場) 뽀이가 되었는데 그 당시의 일본공사 임권조(林權助, 하야시 곤스케) 씨가 장길(長吉, 쵸키치)이라고 이름을 지어주었습니다. 그 뒤에 있던 대강탁(大江卓, 오오에 타쿠) 씨를 따라 일본으로 건너갔는데 너도 일본에 제일 유명한 영웅 풍신수길(豊臣秀吉)이 같이 되라고 풍신수길의 이전 성 목하(木下, 키노시타)라는 성을 주었습니다. 나는 일본말을 잘

하고 외양이 일본사람과 똑같은 고로 누구든지 일본사람으로 알았습니다. 열다섯 살 때에는 옥돌을 백 끗가량이나 치고 열아홉 살 때에는 일백오륙십 끗가량이나 쳤습니다.

[십년간 동서풍상]

그때에는 대강탁 씨를 따라 동경근처 대삼(大森)의 별장에 있어 학교에도 보내어준다 하였지만 원래 아무 교육도 받지 못하고 총명치도 못한 고로 그 집에서 나와서 횡빈(橫濱)으로 갔는데 거기는 상당한 직업도 없는 고로 일시는 노동을 하다시피 하다가 횡수하(橫須賀) 군항으로 가서 다시 경찰서의 주선으로 횡빈에 돌아온 후 대판(大阪)으로 나와서 홍매관(紅梅館)에서 두 해나 고용노릇을 하여 옥돌은 이백오십 끗이나 치게 되었습니다. 명치 40년(즉 1907년) 여름에는 신호(神戶) 미가도 호텔에서 행하는 옥돌대회에 가서 삼등상을 타고 백 원의 상품도 받은 일이 있습니다. 그 후 대판 문사(門司)를 거쳐 장기(長崎)로 나와 41년(즉 1908년) 1월에 육십 원가량어치 매약을 사가지고 지나 상해(上海)로 건너가서 소림(小林) 매약점에서 네 사람의 행상과 함께 지나말을 배우노라 애를 썼습니다. 그 위에 남경(南京)과 구현(九縣)지방을 돌아 상해와 한구(漢口) 사이로 다니는 화륜선의 방 한간을 빌려가지고 여름에는 약, 겨울에는 장화를 팔아 성공을 하여가는 남정에 혁명난리에 손해를 당하고 향항(香港)으로 내려와 일본영사의 주선으로 삼정물산회의 소림지점장에게 구제되어 그곳 일본인구락부에 뽀이 노릇을 하며 한 공일에 한 번씩 광동(廣東)에 있는 일본인에게 옥돌을 가르치러 다녔습니다. 그 후 신가파(新嘉坡)에 가서 서양사람의 주막에서 일 년 동안 고용노릇을 하다가 대판(大阪)으로 돌아와 본즉 그때에는 팔백 원가량이나 저축이 있는 고로 홍매관을 넘겨가지고 영업을 하였으나 재미가 없었고 금년 1월에 청도(靑島)로 건너가서 여순(旅順) 대련(大連)으로 오는 길에 조선으로 와보고 싶은 생각이 간절하여 이달 9일에 경성으로 돌아왔습니다.

[왕사는 일장춘몽]

아무 글자도 모르는 위에 잠시도 편안히 앉아보지 못하였던 고로 고향의 부모형제에게 음신을 통치 못하였던 고로 집에서는 아주 죽은 줄 여겼다 합니다. 사방 표류 십여 년이 일장춘몽과 흡사하여 아무 얻은 것은 없어도 옥돌은 오백 끗 이상을 치옵니다. 이번에 돌아와 본즉 경성은 모두 길이 변경되어 집이 어디 있는지도 알 수 없는 고로 먼저 좌등목의 집을 찾아가서 그 마누라를 놀래이고 대정구락부(大正俱樂部)에서 뽀이 감독 노릇을 하는 형을 찾아보고 같이 집으로 돌아가서 십여 년 만에 모친을 만난즉 첫 번에는 형의 친구인 줄만 알았다가 나중에 이름을 듣고 모친은 너무 좋아서 두 시간이나 우는데 아주 혼이 났습니다. 수일 전에는 이전부터 알던 시강의지조(市岡義之助, 이치오카 요시노스케) 씨의 소개로 이왕 전하께도 내알한 일이 있습니다. 너무 오래 불효를 하였으니까 이제는 경성에 있어 모친의 자식 노릇을 좀 하겠습니다. 한 가지 곤란한 것은 어렸을 때부터 일본사람과만 사귀인 까닭에 일본말만 알고 조선말은 잊어버려서 남의 하는 말은 알아들어도 내 입으로 말은 할 수 없는 것이라 합니다.

4. 신식결혼식의 기원에 관한 자료

근대개항기 이후 서양인들과의 접촉빈도가 높아지면서 우리의 일상생활에 이들의 영향이 미친 분야가 한둘이 아니지만, 그 가운데 가장 현저하게 변화가 일어난 것들 중의 하나는 바로 '결혼풍속'이다. 특히 교세가 확장된 기독교의 영향으로 교회를 중심으로 한 '신식결혼'은 '구식결혼'의 풍속을 밀어내고 서서히 세상의 대세로 자리 잡아나갔던 것이다.

오래 전 『조선일보』를 통해 연재된 '개화백경(開化百景)' 시리즈에는 이러한 결혼풍속의 변화를 잘 그려내고 있다. 『조선일보』1968년 5월 26일자에는 「결혼 : 특별연재 개화백경 (17) 시집의 소가 아니기 위한 발버둥 백년, 기독교가 씨뿌린 복수(福手)결혼」이라는 제목으로 다음과 같은 내용이 등장한다.

…… 개화 초기에 복수결혼(福手結婚)이란 신식결혼이 기독교도들 틈에 일어 서북(西北)지방에서 호서(湖西)까지 유행했었다. 이 결혼방식은 옛날부터 빈민들 틈에 이따금씩 이용되었던 것으로 다만 중류의 일반사회에서 그같은 빈민 결혼방식을 대담하게 택했다는데 그 모험과 용기가 장하며 개화에 뜻을 가진 것이다. 결혼 전야 신부는 댕기머리를 쪽지어 얹기 위해, 신랑

은 변발머리를 상투 꽂기 위해 친지를 부른다. 이 쪽지고 상투 꽂는 사람을 복수(福手)라 부른다. 복수결혼은 결혼 상대자가 서로의 복수가 되어 신랑은 신부의 귀머리를 얹어주고 신부는 신랑의 상투끈을 맺어주는 것으로 성례(成禮)가 된다. 이들 가운데는 찬물만 떠놓으면 서로 아주 가까운 친척들이 지켜보는 가운데 간단히 끝난다.

성혼대사(成婚大事)로 패가(敗家)하는 숱한 폐단을 없애려는 기독교도들의 과감한 혁명이었던 것이다. 이 복수결혼이 유행하자 가난해 장가 못 간 빈민 총각들도 앞 다투어 이 결혼방식을 받아들였다. …… 복수결혼은 1890년대에 들어 예배당결혼으로 전환하였다. 이것은 큰 고을에 예배당이 섬으로써 싹튼 것이다. 이 초창기 교회결혼은 신랑신부를 앞세워놓고 목사가 마태복음 19장 제1절부터 6절까지, 에베소서 5장 22절부터 33절까지 읽는다.

'자기의 아내 사랑하기를 자기같이 하고 아내는 그 남편을 경의하라'고 읽고 나면 '결혼증빙(結婚證憑)'이라는 결혼증명서에 도장을 찍는다. '금(今)에 양인(兩人)은 하나님의 명령(命令)과 기(其) 세우신 예법(禮法)대로 중인(衆人)앞에서 확실(確實)한 증거(證據)를 지어 결혼식(結婚式)을 행(行)한 바 차 부부(此 夫婦)는 아울러 양인(兩人)이 아니오 진실(眞實)로 일신(一身)이 되었으니 하나님께서 짝지어 주신 것을 사람이 나누지 못할지니라. 이러므로 자(玆)에 증명(證明)함.' 이 증명서에는 결혼 당사자, 친권자, 주례, 증인이 도장을 찍는다. …… (하략)

그렇다면 이러한 '신식결혼'을 가장 먼저 한 우리나라 사람은 누구였을까?

이에 대해서는 명확한 근거자료가 없으나, 일제강점기 때 잡지인 『별건곤(別乾坤)』제16·17호(1928년 12월), 82쪽에는 「각계각면(各界各面) 제일 먼저 한 사람」이라는 글을 통해 다음과 같이 밝혀놓았다.

[신식결혼(新式結婚)을 먼저 한 사람] 신식결혼도 근래에는 여러 가지의 의식이 있어서 기독교에는 기독교식이 있고, 천도교에는 천도교식이 있고, 기타 개인도 별의별식 심지어 임간(林間)결혼식까지 한 일이 있은즉 각 방면을 다 말하는 것이 옳을 것이나 조선에서 소위 '신식결혼'이라 하는 것이 처음으로 시작되기는 기독교회인 까닭에 여기에는 먼저 이 기독교 의식으로 혼인한 사람을 말하려 한다. 조선에 기독교가 유입된 역사는 자못 오래지만은 그 교회에서 공연하게 혼례식을 행하기는 거금(距今) 38년 전 경인년(庚寅年, 1890년) 2월에 비롯하였다.

그때 서울 정동예배당(貞洞禮拜堂) 안에는 교회에서 수양(收養)한 여자 중에 박시실녀(朴시실女)라는 여자가 있었고 또 교도 청년 중에는 제주(濟州) 사람 강신성(姜信成)이라는 남자가 있었었는데 남녀가 다 무의무탁(無依無托)한 가련한 사람들임으로 미국 선교(米國 宣敎) 부인 노(盧)씨는 그들을 불쌍히 여기는 동시에 결혼의 알선까지 하여 그의 주례하에 예배당 안에서 효시로 혼례식을 거행하였다. 그러나 그때만 하야도 일반이 아직 구식에 젖어 있고 서양사람들도 조선의 습관을 전연 무시하기가 어려우므로 소위 절충식(折衷式)을 써서 기도(祈禱), 예사(禮辭) 등은 기독교식으로 하고, 복색은 의연 구식으로 하였었다.

그러다가 그 뒤 임진년(壬辰年, 1892년) 가을에 와서 이화학당학생(梨花學堂學生) 황메레(黃袂禮, 황메례)씨와 배재학생(培材學生) 박모(朴某, 성명미상)와의 혼례식이 거행되었는데 그것은 순연(純然)한 기독식으로 여자는 '면사포'의 예복을 하고 남자도 후록코트에 예모(禮帽)를 쓰며 남녀 간 예물 교환까지 하였었다. 이것이 말하자면 기독교식으로의 완전한 신식결혼이라 하겠고 따라서 그 남녀가 조선에서 최초 신식결혼을 한 사람이라 하겠다.

이 기록에 따르면 최초의 서양식 결혼은 1890년에 있었고, '면사포'까지 올린 완벽한 서양식 결혼은 1892년에 있었던 것으로 파악된다. 하지만, 이 자료가 정리된 때가 1928년으로 그때로부터 무려 36년 내지 38년이나 되는 세월이 흐른 시점이어서 얼마나 신빙성이 있는 내용인지는 다소 주저된다. 더구나 이 당시의 결혼식 풍경을 담아낸 일차자료를 보지 못하는 것은 다소 아쉬운 대목이라고 하겠다.

여기에 나오는 황메례(黃袂禮, 余袂禮黃, 禮Mary; 1872~1933)는 1906년에 엄귀비(嚴貴妃)가 설립한 진명여학교의 총교사(總敎師)를 지낸 사람이었다. 그녀는 경남 마산의 여씨 집안에서 태어났으나 부모에게 버림을 받다시피 이화학당의 스크랜튼 대부인(Mrs. Mary F. Scranton, 施蘭敦 大夫人; 1832~1909)에게 맡겨졌고, 이화학당을 다니면서 '메리(Mary)'라는 이름을 얻게 되었다. 스크랜튼 대부인의 집에 살면서 상동교회(尙洞敎會)에 출석하였으며, 한때 여성병원인 보구여관(保救女館)의 조수로도 활동하였다. 1894년(일설에는 1899년)에 황씨 성을 가진 교인과 결혼하였고, 이때부터 서양식으로 남편 성을 따서 '황메례'라고 부르기 시작하였던 것이다. 하지만 불행하게도 남편은 결혼 3개월 만에 혼자 미국 유학길에 올랐다가 그곳에서 사망하고 말았다고 전해진다.

여기에서도 보듯이 황메례에 관해서는 아직 관련기록의 정리가 미비한 상태라서, 정확히 결혼한 때가 언제이고 또 그 상대자가 누구였는지에 대해서는 기록마다 그 내용을 달리하고 있는 형편이다. 따라서 1892년에 그녀가 서양식 결혼식을 올렸다는 부분은 정확한 기억을 바탕으로 한 것인지 다소 미심쩍다고 할 것이다.

그리고 비교적 근년에 이화여자고등학교에서 펴낸 『이화 100년사 1886~1986』(1994)에는 '부록 : 연대표'에 "1897년 4월 김룻시 최초의 신식결혼"이라는 표시가 등장한다. 김룻시는 1889년 4월에 이화학당에 입학하여 9년간 공부하고 18세 되던 해인 1897년에 결혼함으로써 졸업하였으며, 이내 서대문 평동 91번지(현재의 적십자병원)에 '서대문여학교'라는 이화학당부속여학교를 개설한 인물로 알려져 있다. 하지만 이 기록 역시 정확한 사실 여부를 가늠하기는 어렵다는 생각이다.

이에 비해 가장 확실한 기록을 통해 서양식 혼례가 이뤄졌음을 확인할 수 있는 최초의 자료는 『독립신문』 1899년 7월 14일자이다. 여기에는 「서양혼례」라는 제목 아래 다음과 같은 내용이 수록되어 있다.

> 오늘 오전 열 시 반에 배재학당 학도 문경호, 민찬호 양씨가 이화학당 학도 신규수, 김규수로 더불어 정동 새 예배당에서 혼인을 하는데 서양 예법으로 행한다는지라 혹 구경하려 하는 이가 있거든 임시하여 다 그리로 가서 볼지어다.

근대개화기 최초의 신식결혼식이 거행된 공간으로 알려진 정동제일교회의 전경이다(게일, 『전환기의 한국』, 1909).

비록 신부의 이름은 밝혀지지 않았으나 신랑의 이름이 명확하고, 일반 독자들에게도 구경을 오라고 하였으니 자못 흥미로운 사실이 아닐 수 없다. 하지만 이 결혼식에 대해서는 더 이상의 목격담이 전해지지 않고 있어 그 광경이 어떠했는지는 그저 상상에 맡길 따름이다.

그리고 약간 늦은 때의 기록이기는 하지만 『대한매일신보』 1907년 12월 24일자(국문판)에도 서양식 혼례에 관한 기사가 수록되어 있다. 이 결혼식의 주인공은 이른바 '조선의 마타하리' 또는 '요화(妖花)'라고 불렸던 배정자(裵貞子, 1870~1952)였다.

[혼례장관] 전 한성판윤 배국태 씨의 매제 배정자와 일본에 유학하여 졸업한 시종무관 박영철 씨가 새문밖 호텔에서 혼례를 재작일에 거행하였는데 혼인하는 예절과 잔치하는 음식을 다 서양법으로 하고 내외국 신사 수백 인을 청하여 대접하였다더라.

여기에서 말하는 새문밖호텔은 충정로 1가 75-2번지(현 농협중앙회 후면)에 있던 애스터 하우스(Astor House, 옛 스테이션호텔)를 가리킨다. 어쩌면 이날의 혼례는 우리나라에서 벌어진 호텔 결혼식의 원조쯤이 되는 것인지도 모르겠다.

일제강점기에 들어서서는 이른바 '신식결혼식'의 유행은 혼례풍속의 주류가 될 만큼 완연해졌다. 아직은 예식장 혼례와 같은 단계에 이르지는 못하였지만, 약간이라도 신교육을 받은 사람이라면 너나 할 것 없이 예배당에서 올리는 신식결혼식을 선호하였던 것이다.

『동아일보』 1925년 11월 17일자에 수록된 「대개는 형식에 불과한 소위 신식결혼식」이라는 제목의 기사는 이렇게 '돌변하고 있는' 세상의 결혼풍속도를 신랄하게 비꼬았다.

요사이 조선에서 행하는 결혼식은 두 가지로 나뉘어 있다. 하나는 예전부터 우리나라에서 해 내려오는 것과 같이 신부는 성적을 하고 활옷을 입으며 신랑은 사모관대에 대례복을 입고 서로 절을 하여 일생을 맹세하는 것이니 이것을 요사이 구식혼인이라 부른다. 또 하나는 신랑은 후록코트에 씰크 햇을 쓰고 신부는 조선옷에 너울이라는 것을 쓰고 예배당으로 가서 그리스도를 통하여 하나님 앞에 두 사람이 맹세를 하는 것이니 이것을 신식혼인이라 하여 신교육을 받은 사람은 누구나 할 것 없이 거반 다 이 형식을 취하는 것이요 혹간 이 형식을 취하지 아니하고 구식대로 혼인식을 하는 이가 있으면 오히려 이상히 생각할 만치 되었다. 결혼식 그 물건이 부부되는데 절대적 필요한 것이 아니요 일종 형식에 지나지 못하는 것이니 구식을 취해도 좋고 신식을 취해도 좋다. 그러나 결혼식을 아주 폐지한다면 모르거니와 이미 결혼식이라는 것을 통하여 두 사람이 일생을 맹세한다 하면 그것이 아무리 형식이요 예식에 지나지 못한다 하더라도 맹세하는 두 사람은 그 자리에서 가장 정중하고 경건한 마음과 태도를 가져야 할 것이다.

그런데 예배당에 가서 신식혼인을 하는 이로 보면 기독교신자보다 기독교신자 아닌 사람이 더욱 많다. 그 종교를 믿고 그 종교에 합당한 생활을 하는 사람 즉 기독교를 믿고 기독교인 사람이 기독 앞에 머리를 숙이고 맹세를 하는 것이라야 진실로 그 가운데 의미가 있는 것이다. 기독교에 대한 종교적 신앙이 조금도 없는 사람이 다만 그 당시만 형식적으로 머리를 숙이고 기도를 하며 서약을 하는 것은 그 혼인식 그 물건이 아무 의미가 없는 것뿐이 아니라 그것은 일종 허위요 모든 사람을 속이는 수단에 지나지 못하는 것이 된다. 혼인식을 하기 위하여 그 당시만 기독교인 노릇을 하고 집에 돌아와서는 곧 사당에 제사를 지내는 이가 많으니 이러한 모순되고 허위적 행동이 또 없으리라고 생각한다.

큰 예배당에서 유명한 목사 아래 혼인식을 하는 것이 외형적으로는 거룩해 보이고 신성해 보일는지 모르나 신랑신부 그 당자가 종교적 의식이 없으면 그것은 일종의 허위적 행동에 돌아가고 말 것이다. 그러한 허위적 행동을 취하는 것보다는 차라리 구식혼인을 하는 것이 옳다고 생각하며 그보다도 신랑신부가 손을 마주 잡고 우리는 오늘부터 잘 살겠노라 하고 직접 말하고 맹세하는 것이 오히려 참되고 진실한 것이라고 생각한다.

하지만 세상은 이미 결혼풍속뿐만 아니라 대부분이 '개화'와 '문명'이라는 이름으로 서양식으로 변모한 이후인지라, 이러한 질타가 사람들의 귀에 제대로 들렸을지는 참으로 의문이다.

5.
철도개통 이전에
서울과 인천을 오가는 방법

1899년 9월 18일은 우리나라의 첫 철도선로인 경인철도의 개통식이 벌어진 날이다. 『독립신문』 1899년 9월 19일자에는 이날의 풍경이 이렇게 채록되어 있다.

[철도개업예식] 경인철도회사에서 어저께 개업예식을 거행하는데 인천서 화륜거가 떠나 삼개 건너 영등포로 와서 경성에 내외국 빈객들을 수레에 영접하여 앉히고 오전 9시에 떠나 인천으로 향하는데 화륜거 구는 소리는 우레 같아야 천지가 진동하고 기관거에 굴뚝 연기는 반공에 솟아오르더라. 수레를 각기 방 한간씩 되게 만들어 여러 수레를 철구로 연하여 수미상접하게 이었는데 수레 속은 상, 중, 하 3등으로 수장하여 그 안에 배포한 것과 그 밖에 치장한 것은 이로 다 형언할 수 없더라. 수레 속에 앉아 영창으로 내다보니 산천초목이 모두 활동하여 닿는 것 같고 나는 새도 미처 따르지 못하더라. 대한 리수로 80리 되는 인천을 순식간에 당도하였는데 그곳 정거장에 배포한 범절은 형형색색 황홀찬란하여 진실로 대한 사람의 눈을 놀래더라. 정거장에 당도하여 일제히 내려서 각기 유람하다가 오정에 정거장으로 들어가서 하고 다과례를 행하는데 제제창창하고 차서가 부명하여 착란지폐

와 헌화지성이 없더라. …… 예식을 다 행하고 오후 1시에 서울빈객들이 도로 화륜거에 올라 2시 반에 영등포에 당도하여 서울빈객들은 서울로 들어오고 인천빈객들은 도로 타고 4시 반에 인천에 당도하였다더라.

이 당시에 설치된 기차 정거장은 경성(京城, 서대문; 서울), 남대문(南大門), 용산(龍山), 노량진(鷺梁津; 노들), 오류동(梧柳洞; 오릿골), 소사(素砂), 부평(富平), 우각동(牛角洞; 소뿔), 유현(杻峴, 축현; 싸릿재), 인천(仁川; 제물포) 등 10곳이었으나 아직 한강철교가 완성되지 못한 상태였으므로 서울에서 노량진 구간을 제외한 나머지 선로에 대해서만 부분개통이 되었다. 경인철도의 개통 시점에서 열차운행은 왕복 두 차례만 이뤄졌는데, 그 내역에 대해서는 『독립신문』 1899년 9월 16일자에 다음과 같이 소개되어 있다.

[화륜거 왕래 시간]
경인철도에 화륜거 운전하는 시간은 좌와 같다는데 인천서 동으로 향하여 매일 오전 7시에 떠나서 유현(杻峴) 7시 6분, 우각동 7시 11분, 부평 7시 36분, 소사 7시 50분, 오류동 8시 15분, 노량진 8시 40분에 당도하고 또 인천서 매일 오후 1시에 떠나서 유현 1시 6분에, 우각동 1시 11분, 부평 1시 36분, 소사 1시 50분, 오류동 2시 15분, 노량진 2시 40분에 당도하고 노량진서 서으로 향하여 매일 오전 9시에 떠나서 오류동 9시 33분, 소사 9시 51분, 부평 10시 5분, 우각동 10시 30분, 유현 10시 35분, 인천 10시 40분에 당도하고 또 노량진서 매일 오후 3시에 떠나서 오류동 3시 33분, 소사 3시 51분, 부평 4시 5분, 우각동 4시 30분, 유현 4시 35분, 인천 4시 40분에 당도한다더라.[1]

---

1) 경인철도의 열차운행시각은 1899년 10월 26일부터 인천에서 오전 8시와 오후 2시 출발, 노량진에서 오전 10시 30분과 오후 4시 30분에 출발하는 것으로 1차 조정되었고,

여기에서 보듯이 출발역에서 종착역까지 열차를 운행하는 데 걸리는 소요시간은 1시간 40분이었다. 철교공사가 완료되어 한강을 건너더라도 서울에서 인천으로 또는 그 반대방향으로 움직이는 27마일(약 43킬로미터)의 거리를 두 시간 남짓이면 주파할 수 있는 세상이 되었다는 얘기이다. 이로써 당일 왕복이 가능한 것은 물론이고 공연히 인천지역의 호텔에서 하루 또는 그 이상을 더 머물며 시간을 허비할 필요가 없어지게 되었다.

그렇다면 이러한 철도라는 교통수단이 생기기 이전에 서울과 제물포 사이를 오가는 방법과 경로는 어떠했던 것일까?

이에 대해서는 『경성부사』 제2권(1936), 1004~1005쪽에 다음과 같은 내용이 요약되어 있다.

[경인가도(京仁街道)와 마포 및 용산]

종전 경성(京城)에서 육로(陸路)로 인천(仁川)을 향하는 여객(旅客)은 본도(本道, 큰길)로서 서대문(西大門)에서 아현(阿峴)을 거치거나 또는 남대문(南大門)에서 만리재(萬里峴)을 거치며, 간도(間道, 샛길)로서는 청엽정(靑葉町, 청파동)에서 현 선린상업학교(善隣商業學校)와 효창공립보통학교(孝昌公立普通學橋) 양교의 중간에 있는 고개를 지나 조선서적인쇄회사(朝鮮書籍印刷會社)의 뒤편으로 나가서 마포용산간(麻浦龍山間)을 가로지르는 소구릉(小丘陵)의 고개를 넘어서 한강을 건너는데, 오류동(梧柳洞)으로써 경인간의

1899년 12월 1일부터는 하루 3회 왕복으로 늘어나 인천에서 오전 8시, 오전 10시 15분, 오후 2시 15분 출발, 노량진에서 오전 10시 10분, 오후 2시 10분, 오후 4시 30분에 출발하는 것으로 다시 변경되었다. 그리고 한강철교의 완공으로 전 구간 운행이 가능해진 뒤로는 1900년 7월 8일부터 인천역에서 오전 6시, 오전 7시 45분, 오전 10시 45분, 오후 1시 45분, 오후 4시 45분에 출발, 경성역에서 오전 8시 10분, 오전 10시 10분, 오후 1시 10분, 오후 4시 40분, 오후 7시 10분에 각각 출발하여 1일 5회 왕복하는 것으로 운행시각이 확대 결정되었다.

서울과 제물포를 오가는 주요통로였던 마포나루의 전경이다. 배를 타고 한강을 거슬러 올라오는 경우 이곳은 종착점이기도 하였다(퍼시벌 로웰, 『조선, 고요한 아침의 나라』, 1885).

중간휴게지로 삼았다. 그리고 어느 경우에도 꼭 마포를 통과하여 여의도(汝矣島)를 횡단했던 것이다. 다만, 큰물이 질 때에는 도강의 편리상 양화진(楊花鎭)을 경유했다. 고(故)로 경인왕래자(京仁往來者)가 용산을 경과했던 것은 단지 결빙기간(結氷期間)뿐이었으므로 마포는 경성과의 교통을 움켜잡은 중요한 지점이며, 그 번영은 멀찍이 용산의 위에 있었다.

당시 경인간은 도보(徒步) 외에는 승마(乘馬) 및 교여(轎輿, 가마)에 의하는 것밖에 없어 그 임전(賃錢, 삯)은 승마는 별당부첨(別當附添) 왕복 3원 50전, 편도 2원 50전, 타마(駄馬, 짐싣는 말)는 3관 오백문(1원 8전)이고, 교여는 작은 것도 4명이 필요하여 교부(轎夫, 교꾼, 가마꾼) 1명에 3관문(93전)이며, 또 전부 한강도선임(漢江渡船賃, 나룻배삯)으로 50문(2전)을 지불하게 되나 시간은 약 12시간이 걸리는 불편이 있었다. 그러다가 각국의 선박(船舶)이

내항하기에 이르러 용산은 마포에 대신하여 경성교통의 요충이 되어 양자는 그 위치가 전도되는 것을 보기에 이르렀던 것이다.

그리고 하야시 부이치(林武一, 1858~1892)가 펴낸 『조선안내(朝鮮案內)』(1891), 105~106쪽에도 서울과 제물포를 연결하는 교통수단으로 인천에서 마포 또는 용산까지 왕복하는 작은 증기선(蒸氣船)과 육로를 통해 승마(乘馬), 태마(駄馬, 타마), 교여(轎輿) 등을 이용하는 방법이 소개되어 있다. 이 가운데 한강을 거슬러 오르는 방식에 대해서는 사쿠라이 군노스케(柵瀨軍之佐, 1869~1932)의 『견문수기 조선시사(見聞随記 朝鮮時事)』(1894), 27쪽에 정리된 내용을 참조할 수 있다.

인천에서 경성에 이르고자 하는 자는 한강을 거슬러 오른다. 용산(龍山) 또는 삼호(三湖, 마포)에 상륙할 수 있다. 현재 한강을 상하로 운항하는 소기선(小汽船)은 다음과 같다.
용산호(龍山號), 경리호(慶利號), 순명호(順明號), 영태호(永泰號).
인천에서 출발하는 것은 조수의 간만에 따라서 그 시간 등이 일정하지 않지만 대개 매일 1회 상하행 운항이 있다. 승객임금은 인천에서 용산 또는 삼호까지 1등 금액 1원 50전, 2등 금액 80전이다. 음식은 배에서 원하는 대로 변통할 수 있다. 선주(船主)와 선원(船員)은 대체로 일본인이라 제반의 편의가 그러한 까닭에 많다. 다만 영태호(永泰號)의 한 척만은 지나상인(支那商人, 중국상인)의 소유이다.
인천과 경성 간은 육상(陸上)으로라면 거의 하루 일정이다. 수로(水路)라면 8시간이 필요하다. 이 두 곳 사이를 한강으로 오르내리며 운항하는 기선은 순명(順明), 경운(慶運), 경리(慶利), 용산(龍山), 한양(漢陽)의 다섯 척이 있다. 나는 순명호(順明號)에 탑승하여 6월 27일 인천항을 출발하여 경성으

로 향했다. …… (이하 생략)

하지만 이러한 한강운항선은 얼음이 어는 겨울철에는 전혀 다닐 수 없다거나 혹은 물때를 잘못 맞추면 운항이 순조롭지 못한 한계가 있었다. 영국의 저명한 지리학자이며 여행작가인 이사벨라 버드 비숍(Isabella Bird Bishop, 1831~1904) 여사는 『한국과 그 이웃나라들(Korea and Her Neighbors)』(1897), 35쪽에서 한강을 따라 항해하는 어려움을 이렇게 토로한 바 있었다.

섬들이 흩어져 있는 한강의 어귀에 자리한 제물포는 한강의 포구인 마포까지 56마일을 항해가 가능한 곳에 있었으므로, 그 결과 이 두 곳을 왕래하는 증기선을 개설하자는 논의가 다른 지역보다는 훨씬 더 진취적으로 몇몇 사람들 사이에 일어나게 되었다. 하시만 이러한 간단한 사업에 착수하는 데도 가지각색의 재난들이 불거졌다. 강 쪽에 자신을 의탁했던 거의 모든 승객들은 모래톱에 처박혀버린 보트와 이것을 꺼내기 위한 공허한 노력, 초조함과 분노, 그리고 대개는 지나가는 거룻배를 얻어 타고 시간 허비에 지치고 배고프고 넌더리를 내면서 여러 시간을 보낸 끝에야 마포까지 오르는 것으로 끝맺음을 내는 이야기 하나쯤을 간직하고 있다. 증기선의 동력은 스스로의 능력에 비해 단지 절반의 힘밖에 내지 못했으므로, 조류는 거세고 강은 종종 얕은 바닥을 드러냈으며 물살에 따라 모래톱은 이리저리 옮겨지곤 했다. 이러한 까닭에 이 천연의 고속도로는 몸소 이것을 소중하게 여기는 사람들에게 그다지 애용되지 못하고 있으며, '길'을 통해 수도로 향하여 올라가는 것에 모든 시스템이 갖춰졌다.

그런데 이러한 한강운항선이나마 생겨나기 이전에는 오로지 육로로 이동하는 것 외에 달리 선택의 여지가 없었다. 하지만 여기에도 출발에 앞서 세심한 준비와 주의가 필요했던 모양이었다. 일찍이 조선보빙사(朝鮮報聘使) 일행을 수행한 후 미국에서 먼저 귀국한 부대신 홍영식(副大臣 洪英植, 1855~1884)과 함께 1883년 12월에 우리나라를 찾은 퍼시벌 로웰(Percival Lowell, 魯越; 1855~1916)이 남긴 『조선, 고요한 아침의 나라(Choson, The Land of Morning Calm)』(1885)에는 그 당시의 형편을 이렇게 적었다.

(54쪽) 이 나라 고유의 교통수단으로는 제물포에서 서울까지 가는 데에 꼬박 하루가 걸린다. 해안에서 출발함에 있어서, 이 도시의 성문이 해질녘에 닫히면 너무 늦게 당도한 누구라도 성 밖에서 밤을 새야 했으므로, 제때에 출발하는 것은 무엇보다도 중요하다. 어둑해진 다음에 도착하는 것은 어느 곳이나 유쾌한 일은 되지 못하므로, 그렇게 되는 것을 사전에 피하는 것이 어떠한 경우에서도 상책이 된다. 그러므로 이러한 점에서, 더구나 12월이 되고 있다는 사실에서 해는 점점 짧아지고 우리가 이용할 수 있는 시간은 최저선으로 떨어졌기 때문에 이른 시각에 출발하는 것이야말로 절대명제였다.

제물포에서 육로를 통해 서울로 이동할 때에는 많은 경우에 '가마'가 이용되었다. 1890년 가을 우리나라에 처음 도착한 닥터 셔우드(Rosetta Sherwood, 1865~1951; 홀 부인)의 경험도 바로 그러했다.

[1890년 10월 13일 월요일] …… 우리가 도착한 날은 마침 왕비[조대비]의 장례일이었다. 그래서 이 지방 사람들 모두가 서울로 가고 없어서 우리가 타고 갈 가마꾼들을 구할 수가 없었다. 서울의 성문은 저녁 7시면 닫기 때문에 시간을 맞출 수가 없어서 우리는 제물포에 있는 호텔에서 하루를 묵었다. 이

5. 철도개통 이전에 서울과 인천을 오가는 방법   263

근대개화기 외국인들이 서울로 진입하기 위한 길목 구실을 했던 제물포항구의 전경이다. 사진의 정중앙에 보이는 삼층 건물이 대불호텔이다. 경인철도가 생기기 이전에는 이른 아침에 때를 맞춰 출발하지 않으면 성문이 닫히기 전에 서울 도성에 당도하는 것이 거의 불가능했으므로 으레 인천에서 하루 이틀을 더 묵어가는 것이 보통이었다.

호텔은 스튜어드라는 중국 사람이 경영하고 있었다. 우리는 호텔에서 게일(James Scarth Gale)을 알게 되었다. …… 우리는 게일 씨의 도움으로 가마꾼을 구해 아침 8시 30분에 출발했다. 서울로 가는 동안 그는 매우 유쾌한 동반자가 되어 있었다.

가마 하나에는 8명의 가마꾼이 따랐다. 4명씩 한 조가 되어 교대하면서 가마를 나른다. 현지 관리들은 가마꾼을 4명밖에 쓰지 않고 어떤 이들은 2명만 쓰기도 한다. 그것은 의자 위에 앉지 않고 좌정하므로 그들의 가마는 우리 것보다 가볍다. 가마꾼들은 평균 1시간에 6킬로미터 정도의 속도로 빠르게 달린다. 교대할 때는 교대할 팀이 같은 속도로 옆에서 걸어가면서 가마의 손잡이를 잡고 멜빵을 한쪽 어깨에 걸치면서 들어오면 다른 편은 물러나가는 식으로 상당히 민첩하게 교대하는데 걸음이 멈춰지거나 늦어지지 않는다. 그들이 지고 있는 가마의 멜빵에 두터운 천을 대면 어깨가 아프지 않을까 하여 내 뜻을 그들에게 전하려고 했다. 그러나 게일 씨는 소용없는 일이라고 했다. 가마꾼들은 어떠한 새로운 방법도 택하지 않는다는 것이다.

우리는 바퀴가 달린 것이라고는 아무것도 볼 수 없었다. 게일 씨는 작은 말을 타고 갔다. 가끔 등 양쪽에 짐을 지고 가는 작은 말이나 소가 이끄는 작은 캐러밴이 지나가는 것을 볼 수 있었다. 여행가방과 트렁크들은 제물포에서 서울까지의 장장 45킬로미터를 줄곧 지게에 져서 날랐다.[2]

그런데 간혹 서울과 인천을 오가는 교통수단으로 '자전거'가 이용되는 경우도 있었다. 특히 서양인 선교사들 사이에는 이 무렵 도시와 도시 사이를 새로운 속도로 주파하는 일에 골몰했던 자전거광(自轉車狂)들이 적지 않았는데, 이들의 자전거 신기록 행진에 관한 자료들을 모아보면 대략 이러하다.

(1) 『디 인디펜던트(The Independent)』 1896년 4월 9일자
    그레이엄 리 목사(Rev. Graham Lee)와 닥터 웰스(Dr. J. H. Wells)는 월요일 아침에 평양을 출발하여 화요일 저녁에 서울에 당도하였다. 이것은 지금까지 두 도시 사이에 자전거로 만들어진 가장 빠른 여행기록이다.

(2) 『더 코리안 리포지토리(The Korean Repository)』 1896년 4월호, pp.172~173
    그레이엄 리 목사(Rev. Graham Lee)와 닥터 헌트 웰스(Dr. J. Hunter

---

2) 셔우드 홀(Sherwood Hall), 김동열 옮김, 『닥터 홀의 조선회상(With Stethoscope in Asia : Korea)』(좋은씨앗, 2003), 66~68쪽.

Wells)는 4월 6일 월요일 오전 5시에 평양을 출발하여 오후 6시 45분까지 자전거를 달려 83마일의 거리를 주파하였다. 다음 날 아침에 그들은 다시 4시 반에 자전거에 올랐고, 78마일을 달린 끝에 오후 7시 43분에 서울의 서대문에 당도하였다. 평양의 동문에서 수도 서울의 새문(서대문)까지의 거리는 이들의 자전거에 부착된 주정계(cyclometer)에 따르면 3분의 1마일의 편차가 있긴 하지만, 161마일이었다. 이것은 두 도시 간의 거리를 22마일쯤 단축시킨 것이다. 우리는 이들이 달성한 최고의 기록이 서울에서 평양이 아니라, 평양에서 서울 간에 이뤄진 것이라는 사실을 지적하는 것에 대해 이들 형제가 양해해주리라고 희망하는 바이다.

(3) 『더 코리안 리포지토리(The Korean Repository)』 1896년 10월호, p.417

'독립신문 편집자'는 닥터 알렌(Dr. H. N. Allen)에게 후하게도 '자전거 달인(an expert bicyclist)'이라는 칭호를 부여하였다. 닥터 알렌은 서울과 제물포 사이를 그의 자전거로 모든 정지시간을 포함하여 3시간 14분 만에 주파하였다. 지난봄에 우리가 기록했듯이 평양과 서울을 달린 그레이엄 리 목사는 세 시간 좀 못 되어 이 구간을 주파하였다. …… 우리가 짐말을 타고 제물포로 갈 때면 으레 마지막 한, 두 마일은 어둠 속에서 헤매기가 일쑤였다고 알고 있는데, '자전거'를 타고 규정시각이 세 시간 남짓이라는 대답은 이제 우리들을 깜짝 놀라게 만들었다.

(4) 『디 인디펜던트(The Independent)』 1896년 12월 22일자

레이놀즈 씨(Mr. Reynolds)는 수원과 서울의 남대문 사이의 거리를 2시간 45분에 주파하였다. 이것은 깨지기 어려운 신기록이다. …… 닥터 드루(Dr. Drew), 레이놀즈 씨(Mr. Reynolds), 벨 씨(Mr. Bell) 그리고 정킨 씨(Mr.

Junkin)를 포함한 남장로교의 대표단은 지난 금요일에 이곳에 당도하였다. 레이놀즈 씨는 전주에서 서울까지 이틀 만에 자전거로 여행하였다. 평양의 리 씨(Mr. Lee, 그레이엄 리 목사)는 레이놀즈 씨와 시합에 도전하여 자신의 이전 기록을 고정시키지 않는 한, 평양과 서울 사이를 이틀 만에 주파한 자신의 챔피언 기록을 바야흐로 잃을 지경에 이르렀다.

(5) 『디 인디펜던트(The Independent)』 1897년 4월 8일자

레이놀즈 씨(Mr. W. D. Reynolds)의 최근 자전거 신기록은 제물포에서 서울까지 걸린 3시간 10분이다. 닥터 레이드(Dr. C. F. Reid)는 레이놀즈 씨로 하여금 서울에서 가장 빠른 자전거 타는 사람이 되게 하려는 생각을 하였고, 그리하여 송도와 서울 사이를 6시간 만에 주파하게 하였다. 평양의 사이클리스트(리 목사를 말함)가 이전의 기록을 갱신하지 않는다면, 그는 이 분야에서 그의 챔피언 벨트에 도전하려는 무수한 경쟁자들에 직면할 것이다.

(6) 『디 인디펜던트(The Independent)』 1897년 4월 15일자

평양의 그레이엄 리 목사(Rev. Graham Lee)는 며칠 전 서울을 잠깐 방문하였다. 그는 조선에서 자전거타기의 챔피언이라는 자신의 평판을 지속하고자 자전거를 타고 이곳까지 오는 동안 또 다른 신기록을 작성하였다. 그는 평양과 송도(개성) 사이의 진흙탕 100리 길을 4시간 50분에 주파하였고, 다시 송도에서 임진강까지 60리 거리를 1시간 55분에, 그리고 그 뒤로는 4시간 5분 만에 서울에 당도하였다. 이것은 송도와 서울 사이를 실제로 6시간에 주행한 것이 된다.

(7) 『디 인디펜던트(The Independent)』 1897년 5월 25일자

또 하나의 자전거 신기록이 레이놀즈 씨(Mr. W. D. Reynolds)에 의해 갱

신되었다. 그는 제물포의 마이어상사(E. Meyer & Co., 세창양행) 사무소 앞에서 서울의 남대문까지의 거리를 2시간 56분에 주파하였으며, 제물포의 고갯마루 꼭대기에 있는 마지막 조선인 가옥을 기점으로 하면 남대문까지 2시간 23분이 걸렸다. 이 소식을 들으면, 평양의 리 목사(Graham Lee, 서울 평양 간 자전거 신기록을 세운 사람)는 어떤 생각을 할까?

이렇듯 제물포에서 서울로 이동하는 교통수단을 고르는 일은 근대개화기에 우리나라를 찾은 무수한 서양사람들이 당면해야 했던 굉장한 고민거리의 하나였던 것이다. 그 와중에 인천지역의 숙박업소, 특히 대불호텔이나 스튜어드호텔과 같은 서양식 호텔이 날로 번성했던 것은 이러한 시대적 상황이 가져다준 결과물이었다. 하지만 1899년 경인철도의 개통은 이 모든 지리적인 제약을 한꺼번에 해소하였고, 서울지역에 서양식 호텔이 본격적으로 등장하기 시작한 것은 딱 그 시점이었다.

한편, 『더 코리안 리포지토리』 1897년 10월호에는 존스 목사(George Heber Jones, 趙元時; 1867~1919)가 쓴 「제물포(Chemulpo)」라는 글이 수록되어 있는데, 여기에도 서울과 인천을 연결하는 여러 교통수단의 면면이 자세히 잘 정리되어 있다. 참고삼아 내용의 일부를 여기에 덧붙여둔다.

(375~377쪽) 서울까지 왕래하는 방법에는 두 가지가 있다. 첫째, 매혹적인 시골을 가로질러 통상적으로 조랑말, 우마차, 자전거, 인력거, 그리고 가마로써 통행이 가능한 26마일 거리의 육상통로인데, 하지만 장마철이면 이것은 무용지물이 된다. 한강의 제방이 넘치고 서울 근처의 길들이 물에 잠기면 땅이 물러지고 진흙투성이가 되므로 이것들이 통행하는 것은 불가능해진다. 이 길은 이러한 계절에 격렬한 폭우로 물이 불어난 급류를 지나는데, 해마다 이곳을 건너려고 시도하다가 여러 한국인들은 자신의 목숨을 잃는

다. 조랑말의 등에 올려진 채 운송되는 화물들이 이 길을 다 통과하는 데는 10시간가량이 걸리며, 우마차에 의한 경우라면 그 소요시간은 하루 또는 이틀이거나 심지어 사흘까지로 늘어난다. 중국인들은 북경 수레와 노새를 들여와서는 자기네 나라 사람들에 의해 즐겨 사용되고 있다. 이 도로를 지나는 여행자들은 대개 4명에서 8명의 가마꾼이 메는 가마를 타는데, 어느 계절이냐에 따라, 그리고 일꾼들의 마음이 어떠하냐의 정도에 따라 4 내지 16달러의 비용이 든다. 조랑말은 한국인들로부터 조달되지만 안장은 없다. 이 방법은 일본인들과 중국인들이 선호하며, 이들은 자신의 상품과 수하물을 말 등에 올린 다음 그 위에 올라타서 이동한다. 여기에는 1 내지 3달러의 돈이 먹힌다. 인력거로 서울로 가는 데는 5달러가량의 비용이 든다. 자전거를 가진 사람들도 이 도로는 이용 가능한데, 해군장교들이 끊은 기록으로는 1시간하고도 55분이 걸렸으며 그 아래의 신기록은 2시간 15분이다.

　서울로 오가는 또 다른 교통수단은 한강을 통하는 것이다. 이것은 한국에 있어서 가장 크고 역사적인 하천의 하나이다. …… 엄청난 조류가 제물포를 통해 들어와서 이 나라의 수도에까지 밀려들면, 커다란 정크선과 4 내지 6피트의 천흘수(淺吃水, light draft) 증기선이 깊어진 수심을 타고 거슬러 오를 수 있게 된다. 서울 위쪽 상류로는 이 나라의 작은 전통 선박으로 135마일을 더 거슬러 올라갈 수 있는데, 최고 항해기록은 해발 780피트 지점까지이다. …… 제물포와 서울을 연결하는 한강운항의 종착점은 제물포에서 53마일을 오르는 동시에 서울에서는 4마일 떨어진 지점에 있는 용산이다. 해상통로를 통해 제물포에서 서울까지 가는 전체거리는 57마일로 육상통로가 26마일인 것에 비해 엄청난 차이가 나는데, 이것은 육상통로가 밑변이 되고 수상통로가 꼭지점을 이루는 형태로 이 두 개의 통행로가 하나의 삼각형을 이루고 있는 탓이다. 무수한 여울과 모래톱이 곳곳에 도사리고 있음에도 불구하고 바다로부터 밀려드는 거대한 조수는 제물포에서 출발하는 대규모 화물선단과 엄청난 양의 상품들이 바람이나 날씨와는 무관하게 서울로 수송되거나, 그리고 일본인, 중국인, 한국인들의 정크선이나 거룻배가 강의 연안에 흩어진 포구들로 이동할 수 있게 만들어준다.

한강을 지나다니는 최초의 정기적인 증기운항선은 1888년에 시작되었다. 그해 6월 제물포의 몇몇 한국인 기업가들이 회사를 조직하여 오사카로부터 목조선박 두 척을 사들여 '용산호'와 '삼호호'라는 이름을 붙였다. 이 회사 자체는 삼호, 삼개, 삼강과 마포 등으로 다양하게 알려진 서울 종착점의 이름을 따서 '삼호회사'라고 상호를 지었다. 그 이듬해에는 '채강호'가 한강선단에 추가되었으나 1888년 9월 30일 서울 하류 30마일 지점에서 운항도중 암초에 부딪혀 전파되었으며 희생자는 없었다. 그 시절 서울에서 제물포 또는 그 반대방향으로 움직일 때 걸리는 여행시간이 8시간에서 30시간까지도 걸렸기 때문에, 하천운항은 일종의 복권과도 같았다. 이 교통수단은 이제 제물포의 한 일본인 회사의 수중으로 넘겨져, 각각의 방향을 주파하는 데에 5시간 30분과 6시간을 소요하며 매일 한 차례씩 증기선이 왕복 운항되고 있다. 조류의 흐름에도 구애받지 않는 까닭에 출발시각은 종종 한밤중에도 잡혀 있으므로, 승객들에게 대단한 편의를 제공해주고 있다. 오하이오나 미시시피 강에서 볼 수 있듯이 2피트 수심의 흘수로 운항하는 증기선이 이 모든 것들의 처방책이 될 것이다.

6.
이 땅에 처음 자전거가 등장하던 시절의 풍경

자전거(自轉車)는 근대시기에 흔히 '자행거(自行車)'라고도 많이 불렸다. 이것은 '자전차'로도 읽히지만 이보다 '자전거'라고 더 많이 불렸던 까닭은 그 시절에 기차를 가리키는 '열차(列車)'를 일컬어 '열차'라고 읽기보다는 오히려 '열거'라는 표현이 더 흔하게 발견되는 것과 같은 맥락으로 풀이된다. 또한 '전차(電車)'라는 발음이 정착된 것은 훨씬 후대의 일이고 초기에는 대개 '전거'라는 이름으로 통용되었던 것도 이와 같은 이치이다.

우리나라에 자전거가 처음 들어온 때의 얘기를 하자면, 으레 등장하는 인물은 서재필(徐載弼, Philip Jaisohn; 1864~1951)과 윤치호(尹致昊, 1865~1945) 두 사람이다. 1896년 독립협회 시절에 서재필 박사가 미국에서 자전거를 먼저 들여와서 타고 다니다가 그 다음으로 윤치호도 함께 자전거를 타고 다니게 되었다는 그런 내용으로 소개되고 있다.

가령 『별건곤』 제16·17호 (1928년 12월)에 수록된 관상자(觀相者)라는 필명의 「각계각면(各界各面) 제일 먼저 한 사람」이라는 글에서는 이러한 설명이 등장한다.

[자전거(自轉車)를 제일 먼저 탄 사람] 아무리 문화가 남의 나라 뒤떨어진 우리 조선이라도 하루 동안에 내왕하는 자동차가 일천백삼 대에 이르고 (10월 15일에 경성부에서 조사한 남대문 부근 교통차수) 공중을 평지보다 더 쉽게 돌아다니는 여비행가(女飛行家)까지 생긴 오늘에 있어서 자전거 타는 이야기를 한다면 삼척의 동자라도 그다지 신통하게 여기지 않을 것이다. 그러나 사인교(四人轎), 평교자(平轎子)를 타거나 그렇지 않으면 생쥐 같은 말이나 방울 당나귀를 타고 다니던 몇 십 년 전에 자전거를 타고 다니는 사람이 있다면 그야말로 무른 귀신의 조화를 부리는 사람으로 알기 쉬울 것이다.

그런데 지금으로부터 32년 전 병신년(즉 1896년)에 서재필(徐載弼) 박사는 남 먼저 자전거를 타고 다니었다. 그는 갑신년 김옥균 정변 때에 멀리 미국에 망명하여 그 나라에 입적(入籍)까지 하였다가 기후 13년 만에 정부의 초빙에 의하여 귀국함에 미국에서 타던 자전거를 가지고 와서 타고 다니었는데 그때에 윤치호(尹致昊) 씨는 그에게 자전거 타는 법을 배워가지고 또 미국에 주문을 하여다가 타고 다니었다.

위에 말한 것과 같이 그때만 하여도 아직 일반의 지식이 몽매한 까닭에 그들의 자전거 타고 다니는 것을 보고 퍽 신기하게 생각하여 별별 말을 다 하되 서 씨는 서양에 가서 양인(洋人)의 축지법(縮地法)을 배워가지고 하루에 몇 백 리 몇 천 리를 마음대로 다니더니 윤 씨는 대대가전(代代家傳)의 차력약(借力藥)이 있어서 남대문을 마음대로 훌훌 뛰어넘어 다니느니 하고 또 자전거를 안경차(眼鏡車)니 쌍륜거(雙輪車)니 하는 별명까지 지었었다.

그리하여 독립협회 시대에도 여러 사람들이 서 씨나 윤 씨를 보면 조화꾼이라고 부상(負商)패들이 함부로 덤비지를 못하며 또 한참 접전을 할 때에 그가 포위중에서 자전거종(自轉車鐘)을 한번 울리면 여러 사람이 무슨 대포나 터지는 듯이 겁을 내이고 도망하며 속담에 '안경(眼鏡)갑오'라는 말이 꼭꼭 맞는다고 떠들었었다. 지금에 그 일을 생각하면 또한 격세의 감이 없지 않다.

1901년 우리나라를 찾은 미국인 사진여행가 버튼 홈즈가 자전거여행 도중 동네사람들에게 길을 묻다가 되려 구경 대상이 되고 만 장면이다. 아무리 자전거가 유행하기 시작했다손 치더라도, 여전히 이것은 낯설고 신기한 물건이었던 시절이었다(버튼 홈즈, 『버튼 홈즈의 여행강의』 제10권, 1901).

미국인 사진여행가 버튼 홈즈가 자전거를 어깨에 메고 개울을 건너는 모습이다. 여전히 자전거를 마음 놓고 타기에 도로 여건이 그다지 좋지 못하였으나, 자전거는 이미 1896년 무렵부터 이동속도를 크게 단축하는 편리한 교통수단으로 인식되기 시작했다(버튼 홈즈, 『버튼 홈즈의 여행강의』 제10권, 1901).

갓 쓰고 조랑말을 탄 조선인이 어슬렁어슬렁 고갯길을 내려오는 반면 중절모를 쓴 서양인은 애써 자전거를 끌고 고갯길을 오르는 장면이 대조적이다. 버튼 홈즈의 여행동선에 따르면, 이곳은 금곡 홍릉 방면으로 넘어가는 망우리고개가 아닌가 싶다(버튼 홈즈, 「버튼 홈즈의 여행강의」 제10권, 1901).

'자전거광'이었던 호레이스 알렌이 자전거를 즐겨 타던 시절에는 이와 같이 곧고 평탄한 도로를 만난다는 것이 그야말로 꿈과도 같은 일이었다. 하지만 그로부터 몇 년이 지나지 않아 서울 곳곳에는 이와 같은 대로가 건설되기 시작하였다(버튼 홈즈, 「버튼 홈즈의 여행강의」 제10권, 1901).

그런데 이러한 설명은 어느 정도까지 사실에 부합하는 것일까? 몇 가지 기록을 훑어보면, 자전거의 도래는 서재필에 훨씬 앞서 이미 이루어진 것으로 확인되며, 그 시기도 생각보다는 많이 앞선다.

이에 관해서는 주한미국공사를 지낸 호레이스 알렌(Horace N. Allen, 安連; 1858~1932)이 저술한 『조선견문기(Things Korean)』(1908), 132쪽에 수록된 내용을 먼저 살펴볼 필요가 있다.

…… 1884년에 우리 해군장교들 가운데 한 사람이 제물포에 정박중인 자기 배에서 구식의 높은 바퀴가 달린 자전거 하나를 갖고 서울로 올라왔다. 우리들이 혼잡한 큰 거리를 지나갈 때에 그는 자전거를 탔었고 나는 말을 타고 있었다. 이 좋은 구경거리가 눈에 띄자 군중들은 우리를 보려고 거리 한복판으로 모여들었다. 우리가 지나갈 수 있도록 비켜준 좁은 통로를 미끄러지듯이 지나가자 그때까지 그런 것들을 본 적이 없는 그들은 이 이상한 물건을 보고 너무 놀라 입을 벌리고 뒤로 넘어질 지경이었다. 큰 바퀴와 그 위에 탄 사람이 옆을 지나가도 아무런 해도 끼치지 않는 것을 보았고 또한 그것이 새로 도착한 외국인이 벌인 또 하나의 별스런 장면이란 것을 알게 되자, 그들은 처음의 놀라움에서 벗어나 나중에는 서로 부둥켜안고 웃음을 터트리고 있었다.

이러한 알렌의 증언이 맞다면, 우리나라에 처음 자전거가 상륙한 때는 1896년이 아닌 1884년의 시점까지 거슬러 올라가야만 마땅할 것이다. 이 당시 자전거를 끌고 서울의 거리에 나타난 해군장교는 미국 전함 오시피호(USS Ossipee)를 타고 들어온 필립 랜스데일 소위(Lieutenant Philip Van Horne Lansdale, 1858~1899)였으며, 그는 그해 12월 4일에 발생한 갑신정변과 관련하여 미국공사관을 보호하기 위해 서울로 파견된 대열에 포함되어 있었던 것으로 알려진다.

그런데 우리나라에 자전거를 전래한 최초의 인물은 이탈리아 출신의 보리오니(F. Borioni, 富理安來)라고 적어놓은 기록도 있다. 그는 북양대신 이홍장(李鴻章, 1823~1901)에 의해 조선해관(朝鮮海關)의 총책임자로 부임하던 독일인 묄렌도르프(Paul George von Moellendorf, 穆麟德; 1847~1901)를 수행하여 1883년 6월에 조선으로 건너와서 인천해관(仁川海關)의 세관리(稅官吏)로 장기간 근무했던 사람이었다.

『더 코리아 리뷰(The Korea Review)』 1903년 1월호에 수록된 「뉴스 칼렌다」 항목에는 휴가차 일시 귀국하려던 그의 동정을 알리고 있는데, 바로 여기에 그가 한국에 자전거를 소개한 첫 번째 인물이었다는 구절이 포함되어 있다. 다만, 여기에는 아쉽게도 그가 언제, 어디서, 어떻게 자전거를 이 땅에 소개했던 것인지에 대해서는 별다른 부가설명이 없다.

이제 막 이탈리아로 휴가차 귀국하려는 참에 있는 제물포의 해관 세관리(海關 稅官吏) 보리오니 씨(Mr. F. Borioni)는 조선에 건너온 최초의 외국인들 가운데 한 사람이었다. 그는 1883년 6월에 입국했다. 그 당시 우리나라에 왔던 최초의 20인 가운데 단지 4명, 즉 스트리플링(Stripling) 씨, 라포트(Laporte) 씨, 모젤(Morsel) 씨, 그리고 보리오니(Borioni) 씨만 잔류하고 있다. 보리오니 씨는 한국에 자전거를 소개한 첫 번째 인물이었다. 우리는 다른 자료들을 통해 인력거(Ricksha, 人力車)가 제물포에서 최초로 도입된 것으로 파악하고 있다. 이러한 교통수단이 제물포에서 사용되기도 이전에 서울에서 먼저 소개되었다는 것은 항상 의구심의 대상이었다. 해리호텔(Harry's Hotel)이 번창하고 쿠퍼 씨(Mr. Cooper)가 인천의 거물이었던 옛 시절에, 구식이 되어버린 두 대의 인력거가 있었던 것을 우리는 어렴풋이 기억한다. 그리고 항구에 1886년 영광의 제4일[7월 4일 독립기념일]에 한 무리의 미국인들이 당도하여 플리머스(Plymouth)의 순례자들처럼 거친 바위의 땅에 상륙했을 때 이들 가운데 두 명의 숙녀는 쿠퍼 씨가 애처로이 고개를 가로저었으나, 이 교통수단을 차지했었다. 2마일을 나아간 뒤에, 이들 숙녀는 기꺼이 인력거를 버리고 말안장 위로 올라갔다. 그때로부터 제물포에서는 구루마(kuruma)가 아주 최근까지도 거의 사용되지 않았다.

근대개화기에 자전거의 등장이 조선사람들에게 어떠한 영향을 주었고, 또 어떠한 반응을 보였는지에 대해서는 알렌의 기록을 통해 그 단면을 엿볼 수 있다. 그 자신이 대단한 '자전거광(自轉車狂)'이었던 알렌은 서울 주변의 여러 곳으로 자주 자전거 나들이를 다녔을 뿐만 아니라 서울과 제물포 사이를 3시간 남짓에 주파한 기록을 갖고 있다. 이에 앞서 그레이엄 리 목사(Rev. Graham Lee)와 헌터 웰스 박사(Dr. J. Hunter Wells)는 1896년 4월 6일 아침에 평양을 출발하여 이틀 만에 서울까지 161마일이나 되는 거리를 돌파하는 경이로운 기록을 남기기도 하였다.

바야흐로 신문지상에도 '자행거'의 구매에 관한 광고와 더불어 자전거 도난사고와 교통사고에 대한 소식이 자주 수록되고 있었다. 그리고 자전거 타고 바람 쐬기 좋은 곳을 소개하는 내용도 종종 등장하였는데, 『디 인디펜던트』 1896년 5월 21일자에 수록된 다음의 기사도 그러한 사례의 하나였다.

서울 인근에서 오후 나절 바람 쐬기 가장 좋은 장소는 동대문 밖의 국영농장[King's Farm, 국왕의 친경지인 동적전(東籍田)을 가리키는 듯함]이라는 사실을 여러분들에게 알려드리는 일은 즐겁다. 이곳과의 거리는 가마건, 조랑말이건, 인력거건, 자전거건 간에 한번 나들이하기에 딱 좋다. 이곳 언덕 위에 지어진 여름가옥은 전망이 대단히 좋으며, 시원하고 상쾌하다. 이곳에는 언덕 아래에 창고가 하나 있는데, 누구나 탄산수와 레모네이드 등과 같은 모든 종류의 다과를 즐길 수 있는 곳이다. 누구라도 마음 가는 대로 하고, 이 방에서 독서를 하면서 단지 마음 편히 쉬거나 나중에 거래상대와 거래를 성사시킬 수도 있을 것이다. 이 창고의 열쇠는 『디 인디펜던트(독립신문사)』 사무소에서 얻을 수 있다.

알렌이 『더 코리안 리포지토리(The Korean Repository)』 1896년 8월호에 게재한 「한국에서의 자전거타기 경험」(320~322쪽)이란 글에는 그 당시 서울에 이미 십여 대 이상의 자전거가 존재했다는 사실을 전해주고 있다.

    자전거(bicycle)는 확실히 조선에서 뿌리를 내리고 있다. 이미 열네 대의 자전거가 사용중이고, 다른 여러 대의 자전거도 지금 주문상태에 있다고 알려진다. 현재 서울에는 여성 이용자가 4명이나 있다.
    꼴사나운 짐수레를 제외하고 조선에서 바퀴 달린 운송수단이 없다는 것은 어떤 종류의 것이든 바퀴장치가 통행할 수 있는 도로시설이 갖추어지지 않도록 만들었다. 죽 뻗어 있는 길에서도 느닷없이 돌담을 갖춘 도랑이 가로막기 일쑤이고, 그래서 짐수레라면 상대적으로 안전하게 부딪치겠지만 자전거통행자에게는 꼭 내릴 것을 강요하는 것이다. 그리고 자전거 타는 사람이 페달도 밟지 않고 낯선 긴 언덕을 내려오는 막바지에서 이러한 일이 발생할 때면, 그는 재빠르게 뛰어내릴 준비를 해야만 한다.
    나는 북서문(창의문을 말함)에서 내려오는 길고 가파른 내리막길의 막바지에서 그와 같은 상황에 처했는데, 브레이크도 없고 그때는 앞바퀴를 발끝으로 누르면 된다는 유용한 임시방편도 몰랐던지라 자전거와 운전자 모두가 심하게 곤두박질칠 찰나였다. 바윗돌이 아닌 덤불이 되기를 바라면서 나는 자전거를 12피트쯤 돼 보이는 산울타리 쪽으로 틀었고, 그 순간 앞바퀴가 그것을 타고 오르더니 나는 그 뒤로 나뒹굴어 떨어졌다. 다행히 조선사람들이 웃지는 않았는데, 자전거에서 내리는 통상적인 방법으로 비쳐졌거나 기껏해야 서양식 방법은 그렇겠거니 하면서 이들은 아주 낯선 이 기계가 어쨌거나 아주 괴상하다고 생각했을 것이다.

몇 차례 자전거를 타고 어떤 길을 지나다닌 뒤에는 그 길이 얼마나 다르게 보이는 것인지는 놀랄 만하다. 나는 수없이 타고 걸으며 이 내리막길을 지나다 보니, 이 길을 잘 안다고 확신할 수 있었다. 그러므로 나는 자전거를 빼고 무엇이든 해보았다. 그랬더니 다시금, 처음에는 자전거를 타기에 적합지 않아 보이는 도로도 더 자주 다니면 다닐수록 이 길은 더 좋아 보이는 것 같았다. 공동묘지(양화진외국인묘지를 말함)까지 이르는 길은 누군가를 낙담시킬 만큼 도중의 절반가량은 아주 나쁘지만 몇 번의 시도 뒤에는 거의 드물게 자전거에서 내리는 정도로도 여기를 통과하는 것이 가능해진다. 이 길의 나머지 절반은 단지 유쾌하게 다닐 만하다. 아주 멋진 경치, 평탄하고 단단한 표면, 그리고 단지 구릉들이 즐거움을 주기에 충분하다. 마포와 용산으로 나아가는 도로들도 차츰 익숙해지고 있다. 한강으로 가는 도로는 변명의 여지없이 엉망이다.

서울의 자전거 나들이 중에 최고는 동대문을 벗어나 관영농장으로 가는 5, 6마일쯤의 짧은 구역이며, 좀 더 길고 좀 더 그림 같은 풍경은 동대문을 나서 13마일쯤 되는 왕릉군(Royal Tombs, 동구릉을 말함)으로 가는 길이다. 장마철이 오기 전에 누구든 이 가운데 어느 곳이나 별다른 어려움 없이 다녀올 수 있다. 아마도 세 곳 정도만 자전거에서 내릴 필요가 있을 것이다. 서울에는 훌륭한 단거리 자전거여행길이 많으며, 이 도시의 대로(大路)라면 어디에서든 이것이 가능하다.

신속하고 간편하게 제물포에 도달하는 유일한 방법은 자전거로 가는 것이다. 특별하게 진력하지 않더라도 3시간이면 주파할 수 있고, 다만 모래지역을 통과하는 17분의 노고를 빼면, 그건 즐거운 자전거여행이다.

　이제껏 자전거는 사람들로 하여금 선량한 성품을 고취하는 것 같다. '자전거 체면(the bicycle countenance)'이라는 기간을 넘기면 자전거는 확실히 운전자에게 쾌활한 영향을 미치는 효과가 있다. 들판의 일꾼들은 그들의 괴상한 구경거리에 대해 한결같이 일을 멈추고, 웃고, 농담을 던진다. 도로의 통행인들은 대개 "좋구나, 좋아", "잘 굴러가네" 또는 이와 비슷한 종류의 찬사로서 소리친다. 때때로 소리도 없는 준마가 맥 빠진 보행자 뒤에서 나타나 바람처럼 그를 스쳐 지나갈 때, 그의 소스라쳐 놀람은 가관일 만큼 우스꽝스럽다.

　어느 날 세 명의 숙녀와 세 명의 다른 남자와 더불어 동대문으로 가까이 가다가 커다란 바구니 모양의 모자를 쓰고 상당히 술에 취한 세 명의 조선 사람과 갑자기 마주치게 되었는데, 이들은 자기의 물건을 다 팔고 무거운 발걸음을 돌려 집으로 가던 중이었다. 우리가 그들에게 돌진하자 그들은 너무 놀라 움직이지 못하고 넋을 놓고 그 자리에 서서 뭔가를 중얼거렸는데, 내 생각에는 그것이 영어로 말하면 "또 만나네"라고 하는 뜻의 조선말인 듯했다. 아마도 용을 닮은 듯한 이러한 긴 행렬의 출현이 그네들에게 다시는 마주치지 않기를 맹세하는 원인이 되었을지도 모르겠다.

　개들은 자전거에 대해 가장 웃기는 방식으로 반응을 한다. 어떤 개가 자전거가 스르르 다가와서 잠에서 화들짝 깨어날 때, 그것이 깜짝 놀라는 광경은 늘 가관일 만큼 우스꽝스러우며, 근처의 사람들은 개가 상처 하나 없음에도 깨갱거리는 소리를 내며 안전한 피난처를 찾아 달아나는 장면을 웃고 즐기기도 한다. 하지만 개들이 자전거가 접근하는 것을 묵묵히 지켜볼 만큼 여유가 있을 때는, 그는 어리석은 짓에 빠져들게 되며, 그리하여 얼마나 쉽사리 이것을 따라잡을 수 있는지를 보여주자는 헛된 욕망 속으로 그를 슬며시 현혹하며 지나가는 이 기계의 옆을 나란히 따라서 온순하게 달리고 있을 것이다. 그는 대개 다른 소년들이거나 간혹 어떤 어른들이 이 짓을 시도함에 따라 이내 이것을 포기하고 돌아선다. 이따금 개들이 달리며 뒷바퀴를 낚아채는데, 하지만 대개 이것은 단지 시늉에 지나지 않는다.

자전거 타는 사람들에게 여성들은 가장 큰 골칫거리이다. 장옷을 두르고 있어서 그들은 아주 조금만 볼 수 있으며, 그냥 내버려두면 쉽게 지나칠 수 있으나, 하지만 그들은 안전하게 피해 가려는 찰나에 누군가 참견하기 좋아하는 사람이 뒤에서 길을 비키라고 소리치게 되면 이것이 곧바로 그녀로 하여금 자전거로 뛰어들게 만드는데, 왜냐하면 어떤 조선여자라도 그녀가 폴짝 피할 때 결코 먼저 살펴보지는 않으니까 말이다.

이 같은 일이 벌어지면, 부근의 남자들이 대개 모여들어 그건 그녀의 잘못이며, 그녀가 치인 것이 "고의는 아니었다"고 하며 자전거운전자를 감싸준다. 명백히 그들은 이러한 외국의 발명품을 그토록 급작스레 멈추게 만든 것이 무슨 문제를 일으키는 것이 아닌가 하는 두려움을 갖고 있다. 그들의 선량한 마음이, 혹은 그것이 무엇이든 간에, 혼잡한 거리를 빠르게 달리는 자전거운전자들에 의해 강요된 것이어서는 안 될 일이다. 사람들로 붐비는 거리를 질주함으로써 여성들과 아이들을 절뚝거리게 하는 위험을 감수하지 않더라도, 밖으로 나가 한 바퀴 잘 돌 수 있는 좋은 장소는 충분히 많이 있다.

현재로서, 나 자신처럼 단지 즐기기 위해 자전거를 타는 사람들은 거의 없다. 상당수의 사람들은 '시골 볼일(country work)'에 이것들을 사용하며, 자전거를 타고 내륙으로 장거리의 성공적인 여행들을 이뤄냈다.

그리고 그가 정리한 『외교사연표』(1901)라는 자료에도 "[1896년 여름] 자전거 열병(Bicycle fever)이 서울에 번지다"라고 적었다. 이와 관련하여 『디 인디펜던트』 1896년 5월 7일자에는 훈련원 하도감 자리에 자전거 트랙이 개설될 예정이라는 요지의 기사가 수록된 것이 눈에 띈다. 이 일이 그대로 성사된 것 같지는 않아 보이지만, 딱히 서재필과 윤치호가 아니더라도, 바로 그 시기에 서울 거리에는 이미 자전거가 크게 유행하고 있었음을 간접적으로나마 엿볼 수 있는 대목이 아닌가 한다.

> [자전거 이용자에 대한 공고(Attention bicyclists)] 고향 같은 도시들에서는 대개 자전거 애용자들을 위한 훌륭한 트랙이 갖추어져 있다. 수많은 훌륭한 도로가 잘 갖추어진 곳에 이 같은 일이 필요로 한다면, 그와 같은 트랙이 이곳에 존재하는 것은 얼마나 바람직한가? 조선정부에서는 야구경기들이 벌어지곤 하는 동대문 안쪽 하도감(Ha Tah Gam, 下都監) 앞의 연병장 둘레에 우리가 신더 트랙(cynder track; 석탄재를 깔아 만든 경주용 트랙)을 건설하는 일에 호의적으로 동의하였다. 트랙 안쪽의 운동장에서는 또한 야구, 크리켓, 테니스 등의 운동경기를 할 수 있게 된다. 이 자리에 설치될 커다란 천막(가설물)은 스포츠를 관람하고자 하는 숙녀분들과 여타 사람들에게 충분한 공간을 제공할 것이다. 운동장은 자전거, 인력거 또는 다른 운송수단을 통하여 대로에서 충분히 접근하는 것이 가능하지만, 누구에게나 상당한 운동을 필요로 할 정도로 충분한 거리만큼에 떨어져 있다. 이와 같은 프로젝트에 관심이 있는 모든 사람은 이 계획이 실현 가능한지를 검토해보기 위해, 5월 8일 금요일 오후 5시에 테니스를 할 시간에 개최될 회합에 참석하기를 바란다.

그리고 "떴다 보아라 안창남의 비행기, 내려다보니 엄복동의 자전거" 하던 '자전거 대왕(自轉車大王) 엄복동(嚴福童) 선수가 혜성처럼 나타나 한 시대를 풍미하는 것은 그로부터 약 십수 년 후의 일이었다. 그제서야 자전거는 서양사람들이 건네준 유용한 교통수단이자 생활필수품에 그쳤던 것이 아니라 우리들 스스로 오락과 흥행의 수단으로 이용하던 시대로 막 접어들게 된 셈이었다.

7. 서울탐방 외국인이 궁궐을 구경하는 절차

근대시기 우리나라를 찾은 서양인들이 선호했던 최고의 관광지는 단연 '궁궐'이었다.

이들이 남겨놓은 서울탐방기에는 경복궁(景福宮)을 '구궁(舊宮, Old Palace)'으로, 창덕궁(昌德宮)을 '신궁(新宮, New Palace)'으로 나타낸 경우를 흔히 보게 된다. 반대로 경복궁을 일컬어 '신궁'이라 하고 창덕궁을 '구궁'으로 적어놓은 경우도 허다하게 발견된다. 여기에서 경복궁을 '구궁'이라 함은 조선의 건국초기에 이 궁궐이 제일 먼저 생겨난 것이라는 뜻을 담고 있으며, 경복궁을 '신궁'이라고 표현할 때는 고종 시기에 이르러 이 궁궐이 새로 중건되었다는 뜻에서 취해진 이름이다. 각각의 경우 창덕궁은 동일한 맥락에서 경복궁의 별칭과는 정반대되는 이름을 가지게 되는 것이다. 그리고 경복궁은 경회루(慶會樓)의 이미지가 강하여 종종 '하궁(夏宮, Summer Palace)'으로 표기되기도 하였다.[1]

---

1) 한편 경희궁(慶熙宮)의 경우에는 서울거주 서양인들 사이에 '뽕나무궁궐(Mulberry Palace)'로 통용되었는데, 이는 근대 시기 이 궁궐에 뽕나무밭이 만들어진 것에서 연유한다. 이와 관련하여 호레이스 알렌(Horace N. Allen)의 『외교사연표(A Chronological Index)』(1904), 164쪽에는 "[1884년 일자미상] 메르텐스(A. Maertens, 麥登司)가 도착하여 양잠업무를 개시하였다. 그는 자신의 업무를 위해 서대문 안쪽의 궁궐 내에 경작지를 정하고 여기에 뽕나무를 식재하였는데, 이에 따라 '뽕나무궁궐(Mulberry Palace)'이

하지만 이 당시에 국왕이 거처하는 궁궐을 직접 공개하는 일은 거의 드문 일이었고, 경복궁으로 이어한 때는 창덕궁(창경궁 포함)이, 반대로 창덕궁에 이어한 때는 경복궁이 관람허용 대상이 되는 방식이 주로 이뤄졌다. 가령, 호레이스 알렌은 자신의 1885년 2월 18일자의 일기책에서 민영익의 주선으로 임금의 윤허를 얻어 자기의 부인 파니(Fannie)와 더불어 경복궁 관람과 사진촬영을 나선 때의 일을 적었는데, 여기에는 "이 추운 날씨임에도 우리가 서둘러 구경을 나온 이유는 [갑신정변 때 희생된] 청국군, 일본군, 조선인들의 망령으로 가득 찬 현재의 궁궐에 대한 왕비의 불평으로 인해 국왕이 곧 이곳으로 이어할 예정이기 때문이다"라고 적었다.

그런데 1896년 아관파천 이후 1897년 고종이 경운궁으로 이어한 이후에는 약간 사정이 달라졌다. 경운궁(慶運宮, 덕수궁)은 공개되는 일이 거의 없었던 반면, 빈 궁궐로 변한 경복궁과 창덕궁은 서양인들의 발길이 더 많이 닿는 곳으로 변한 까닭이었다.

그러나 이 두 궁궐이라고 해서 아무렇게나 함부로 구경할 수 있는 것이 아니라 여기에도 엄밀한 절차가 필요했다. 우선은 각국공사관이나 영사관을 통해 궁궐관람에 대한 공함(公函)을 발송하고, 여기에 황제의 윤허가 있었다는 궁내부의 회신을 받은 이후에야 궁궐출입이 허용되었던 것이다.

예를 들어, 궁내부거래안에는 "[1901. 5. 9] 미국공사 안련(安連, 알렌)이 함(函)을 보내 미국인 8, 9명과 함께 5월 11일 오후 동서(東西) 두 궁궐 관람을 청하니 아뢰어 알리라는 조회(照會) 제48호", "[1901. 5. 9] 알렌과 미국인 8, 9명의 5월 11일 두 궁궐 관람에 대해 윤허받았으니 미국 공관

라는 명칭이 생겨나게 하였다"라고 정리되어 있다. 그리고 알렌이 『더 코리안 리포지토리(The Korean Repository)』 1895년 3월호에 기고한 「정동과 그 주변의 전설(Legends of Chong Dong and Viciniry)」이라는 글에도 '뽕나무궁궐'이라는 용어가 생겨난 유래에 대한 설명이 포함되어 있다.

에 다시 답하라는 조복(照覆) 제41호", "[1901. 5. 11] 미국공사 알렌의 함(函)에 의하면 5월 11일 자신과 미국인 8, 9명이 궁궐을 관람하려 했으나 비가 와서 가지 못해 5월 13일 가려 하는데 만약 그 날도 비가 온다면 그 이튿날 관람할 터이니 요컨대 오는 월요일 이후 비가 오지 않는 날 관람하겠다 하니 아뢰어 알리라는 조회 제49호", "[1901. 5. 12] 알렌과 미국인 8, 9명이 오는 월요일 이후 비가 오지 않는 날 두 궁궐 관람과 영국사관(英國士官) 몇 명이 5월 15일 두 궁궐 관람에 대하여 윤허받았으니 양쪽 공관에 다시 답하라는 조복 제42호" 등의 내용이 남아 있다. 다소 복잡한 듯해도, 통상 이러한 방식으로 궁궐관람에 관한 윤허절차가 이뤄졌던 것이다.

하지만 이러한 요청이 있다 하더라도 궁궐 전체의 관람을 허용하는 것이 아니라 특정한 구역에 대해서는 배관(拜觀)이 허락되지 않았다. 1895

1901년 미국인 사진여행가 버튼 홈즈가 담아낸 청량리 홍릉(명성황후의 능)의 모습이다. 이 무렵 건청궁은 을미사변의 흉변을 당한 곳이라는 이유로, 그리고 홍릉은 황후를 모신 소중하고 신성한 공간이라는 이유로 두 곳에 대해서는 외국인의 관람이 거의 허용되지 않았다.

년 을미사변의 흉변이 있었던 곳이라 하여 대개 관람지역에서는 제외되었던 경복궁 안 건청궁(乾淸宮)과 같은 공간이 대표적인 사례였다. 건청궁과 관련한 현존하는 사진자료가 거의 남아 있지 않거나, 출입구 쪽에서 담아낸 거의 제한된 구도의 사진자료만 남아 있는 것은 이러한 제한관람의 사정이 반영된 결과로 볼 수 있을 것이다.

실제로 이와 관련하여 1902년 여름 우리나라를 찾은 일본의 동경제대 건축과 세키노 타다시(關野貞, 1867~1935) 교수의 경우 『한국건축조사보고(韓國建築調査報告)』(1904)를 통해 1902년에 경복궁을 탐방했을 당시의 상황을 이렇게 술회했다.

(151쪽) …… 이곳에서 북쪽으로 나아가 몇 개의 문을 지나면 조금 너른 연못이 있고, 못 가운데는 작은 섬이 있으며 중앙에 육각형의 누정을 세워 취향정(醉香亭)이라고 이름 부르고 백란(白欄)의 나무다리가 있어 이곳으로 통한다. 연못가와 붙어서 나아가면 건청궁(乾淸宮)에 달하는데, 여기는 곧 을미지변(乙未之變)에 왕비(王妃)가 조락(殂落)했던 곳으로 내가 갔을 때에는 일체 외국인의 출입을 허락하지 않음으로써 그 내부의 전우(殿宇)를 조사할 수 없었다.

그리고 『대한매일신보』 1908년 4월 28일자에는 이러한 금지사항을 어기고 공공연히 건청궁 내부의 관람을 주선한 사건으로 분란이 일어났던 일이 다음과 같이 수록되어 있다.

[용두사미] 일전에 일본 수병이 경복궁을 구경할 때에 주전원경 이겸제 씨가 법부대신 조중응 씨의 명령을 어기지 못하여 건청궁 안 곤녕합문의 깊이 잠근 것은 파쇄하고 명성황후 피해하시던 형적을 구경시킨 것은 이왕에 게

재하였거니와 해사건에 대하여 일장풍파가 일어났는데 그 사실을 자세히 들은즉 그 이튿날에 승녕부 시종 이용한 씨가 경복궁에 가서 전각수직하는 사람을 대단히 힐책하였더니 주전원 이사 황진국 씨는 그 수직인이 이시종에게 무수히 구타를 당하여 기지사경이 되어 방금 병원에서 치료하는 줄로 보고하였고 그 후에 궁대 이윤용 씨 집 낙성연에 고등관이 많이 모였는데 이 시종이 조법상을 면책하여 가로되 이약 사법대신으로 막중한 궁궐을 들어가서 깊이 잠근 전각을 파쇄케 하였느냐 한즉 법대가 가로되 궁궐문은 고사하고 비록 광화문을 파쇄하였기로 누가 막으리요, 자네는 승녕부 시종이 무슨 관계가 있는데 이같이 힐난하느냐 하였는데 그 이튿날 총상 이완용 씨가 그 사실을 듣고 이시종을 오라고 청하거늘 이시종이 가지 아니하였더니 총리가 그 아들 이항구 씨를 보내어 오라 하는 고로 부득이하여 갔더니 이총리가 말하되 지금 세상에는 바른말하는 사람이 소용없거늘 무슨 열성으로 입바른 말을 하고 화를 자초하느뇨, 조법대와 이원경을 찾아보고 사과하는 것이 옳은 줄로 권하거늘 이 씨가 조중응 이겸제 양 씨를 심방하고 사과하였는데 이 씨가 만일 사과치 아니하였드면 참 전각 수직인을 구타한 줄로 얽어서 불측한 화를 받을 뻔하였다더라.

건청궁 이외에 청량리 홍릉(洪陵)과 같은 곳도 신성한 공간이라 하여 초기에는 외부인의 관람이 잘 윤허되지 않았다.

이와 관련된 자료들을 대략 훑어보면, '궁내부안(宮內府案)'에 포함된 것으로 "[1899. 9. 15] 상해 독일영사의 경복궁, 창덕궁 관람은 윤허받았으나 홍릉 관람에 대해서는 황제에게 감히 아뢸 수 없었다는 조복(照覆) 제88호", "[1900. 6. 27] 러시아공사 및 러시아 사람의 경복궁, 창덕궁 관람은 윤허받았으나 홍릉 관람에 대해서는 홍릉이 소중한 곳이라 의논하기 어려우니 러시아 공관에 다시 답하라는 조복 제71호", "[1900. 8. 24]

「대한제국 관보」1900년 3월 5일자에는 궁내부가 정한 '경복궁 배관자 수지'의 내용이 수록되어 있다. 경복궁 관람에 대한 입장료를 내기 시작한 것은 이때가 처음이다.

미국인 부부가 오는 일요일 경복궁을 관람함에 대해서는 윤허받았으나 홍릉을 관람함에 대해서는 홍릉의 소중함이 각별하여 허락하기 어려우니 다시 답하라는 조복 제93호", "[1901. 3. 31] 러시아 제독(提督) 이하 제원(諸員)이 4월 1일, 2일, 3일 경복궁과 홍릉을 관람하는 사안에 대하여 홍릉은 현재 천릉(遷陵)하는 역사(役事) 때문에 관람하기 불편하여 허락하기 어렵겠다는 어명을 받았으니 러시아 공관에 다시 답하라는 조복 제17호" 등에서 그러한 흔적을 찾아낼 수 있다.

그런데 이러한 궁궐관람 절차 역시 다소 번거로운 점이 없지 않았던지, 차라리 구경값도 지불할 테니 좀 더 간편한 절차를 마련해달라는 청원이 계속 이어졌던 모양이었다. 『제국신문』 1901년 6월 11일자에 수록된 「연서조청(聯署照請)」이라는 제목의 기사는 당시의 상황을 이렇게 전하고 있다.

각국 공영사가 연명하야 정부로 조회하기를 한성에 철로가 연속하야 외국인이 많이 출입하는 터인데 한성내에 별반 공원지도 아직 없고 구경할 곳은 위아래 대궐뿐인데 한 번 구경하자면 공문을 거래하는 일이 심히 불편한즉 통신원 같은 곳에 처소를 정하고 외국사람이 입성하야 구경하기를 청하거든 통변하는 사람을 몇씩 두었다가 바로 지로하야 구경하면 일도 심히 편리하겠고 또 한 번 구경하는데 은화 일 원 육십 전씩 낼 터이니 허가하라고 하였더라.

서울주재 각국공사관의 요청에 따라 1901년 8월 이후에는 "예식원에서 외국인 유람 빙표(憑標)를 만들어 각 공관에서 궁궐관람을 청하는 조회가 있을 때에 해당 공관이 이 빙표를 보내 관람인원이 그것을 갖고 궐문에 가서 파수하는 순검에게 제시하여 출입하는 방식"으로 변경되었다. 그리고 마침내 순종황제 때인 1908년 3월 3일에는 궁내부에서 "경복궁 배관자(景福宮 拜觀者)의 수지(須知)"를 새로 정하여 매 일요일과 수요일 양일에 걸쳐 궁궐 자유관람을 허용하되 관람료를 따로 징수하는 방식으로 변경된 것으로 확인된다. 말하자면 오늘날처럼 궁궐을 구경할 때에 입장료를 내는 행위의 시초가 바로 이것이었던 셈이다.